기호: 개념과 역사

기호: 개념과 역사

움베르토 에코 지음

김광현 옮김

IL SEGNO
by UMBERTO ECO

Copyright (C) 2020 Umberto Eco's Estate
Korean Translation Copyright (C) The Open Books Co., 2000, 2009
All rights reserved.

일러두기
- 이 책의 원서는 *Il Segno*의 프랑스어판이다. 프랑스어판 옮긴이가 단 각주는 〈원주〉라고 표기했다. 그 외의 각주는 한국어판 옮긴이가 달았다.
- 움베르토 에코 마니아 컬렉션 중 기호학 관련 저술의 경우, 옮긴이에 따라서 기호학 용어를 다르게 번역했을 수 있음을 밝혀 둔다. 현재 기호학 관련 용어의 한국어 번역어는 통일된 상태가 아니라는 점에서, 작위적인 통일보다는 서로 경합되는 상이한 번역어를 그대로 노출하기로 결정하였다. 아울러 책의 뒷부분에 옮긴이들의 번역어를 원어와 병기해서 표로 만들어 놓았다. 참고로 관련 기호학 용어집은 다음 문헌을 참조하기 바란다.
  1. 한국 기호학회 기호학 용어 표준화팀, 「기호학 용어 표준화」, 『기호학 연구』 제24집 (2008), 533~574면.
  2. 쿠르테스 그레마스, 『기호학 용어 사전』, 천기석·김두한 옮김(민성사, 1988).
  3. 이정민·배영남, 『언어학 사전』(박영사, 1988).

이 책은 실로 꿰매는 정통적인 사철 방식으로 만들어졌습니다.
사철 방식으로 만든 책은 오랫동안 보관해도 손상되지 않습니다.

서문

이 책의 이탈리아어판은 1972년에 집필되었다. 그 후 『일반 기호학 이론*Trattato di Semiotica generale*』(1975), 『이야기 속의 독자 *Lector in fabula*』(1979), 『기호학과 언어 철학*Semiotica e filosofia del linguaggio*』(1984)이 출간되었다. 이 책의 초고는 네 개의 장으로 구성되었으며, 나는 다양한 기호 이론들을 정리한 다음 결론을 대신해서 일반 기호 이론의 윤곽을 그려 보았다. 그러나 당시의 결론은 차후에 발표된 다른 저서 때문에 그 가치를 상실했다.

하지만 많은 친구들과 동료들은 이 책이 기호학 입문서로는 아직도 쓸모가 있다는 주장을 내세워 프랑스어 번역을 적극 추천했다. 이에 따라 나는 초고를 수정했고 부분적으로는 몇 가지 문제를 발전시켰다. 때문에 독자들이 손에 쥐고 있는 이 책은 본래 모습과 40퍼센트 정도 다른 모습으로 다시 태어나게 되었다.

이 책에는 강조할 만한 세 가지 특징이 있다. 첫째, 나는 현재 기호학이 다루는 모든 주제보다는 다양한 기호의 개념을 분석하고자 했다. 둘째, 하나의 이론을 정립하기보다는 다양한 기호 이론의 파노라마를 펼쳐 보였다. 이 책은 최종적인 결론을 제시하거나 독창적인 이론을 정립하기보다는 기호에 대한 몇 가지 문제를 제기하는 데 그친다(그중 몇몇은 미결 상태로 머물 것이다). 간혹 나는 앞으로 해결해야 하는 문제를 강조하며 지금까지 시도한 해결 방안을 모색하기도 했다. 셋째, 이 책에서 나는 기호의 개념이 특수 기호학이나 언어학에만 의존하지 않는다는 원칙을 고수한다는 의미에서 철학 사조의 전체적인 역사를 훑어보고자 했다. 따라서 (변형 생성 문법과 같이) 오늘날 언어학의 영역에서 논의되는 문제들과 (전제의 문제, 대화의 준칙, 언술 행위, 서사 구조, 문학 기호학 등의) 담화 기호학 및 텍스트 기호학에서 제기되는 문제들을 다루지 않았다. 한마디로 이 책이 중점적으로 다루는 문제는 기호의 개념과 그것이 제기하는 철학적 문제들이다.

나는 기호에 대한 모든 담화가 바로 이런 개념에서 출발해야 한다고 생각한다. 모쪼록 이 책이 기호학의 문제를 — 어쩌면 처음으로 — 그 복합성의 정점에서 다루고자 하는 독자들에게 유용하길 기대한다.

움베르토 에코
1987년, 볼로냐

차례

5   서문

11   서론

1   기호학적 과정

1·1 커뮤니케이션 과정의 요소로서 기호   33

1·2 의미 과정의 요소로서 기호   38

1·3 기호에 대한 세 가지 시선: 의미론, 통사론, 화용론   44

1·4 기호학의 최소 단위   44

2   기호의 분류

51   2·1 첫 번째 분류 기준: 기호의 근원

52   2·2 두 번째 기준: 의미 작용과 추론

59   2·3 세 번째 기준: 기호학적 특성의 강도

           (또는 시니피앙이 기호학적인 사용에서 벗어나는 기호들)

62   2·4 네 번째 기준: 발신자의 의도와 의식의 강도

70   2·5 다섯 번째 기준: 물리적 경로와 수신자의 감각 체계

74   2·2 여섯 번째 기준: 시니피에와의 관계

79	2·7	일곱 번째 기준: 시니피앙의 재생 가능성
83	2·8	여덟 번째 기준: 지시 대상과의 관계
94	2·9	아홉 번째 기준: 기호가 수신자에게 미치는 영향
100	2·10	담화의 기능
103	2·11	기호의 종합적인 분류

3 구조주의적 접근 방법

3·1	코드와 체계로서의 언어	109
3·2	계열과 연사: 분절 체계	113
3·3	대립과 차이	116
3·4	모델로서의 구조	125
3·5	기호학적 기능	132
3·6	외시적 의미와 내포적 의미	134
3·7	의미 형태, 실체, 연속체	140
3·8	의미 자질	148
3·9	의미 내용의 체계	155
3·10	사전과 백과사전	158
3·11	문화적 단위들	169
3·12	백과사전과 총체적 의미 체계	175

4 기호의 생성 양식

181	4·1	비언어적 기호들의 분절론
186	4·2	언어학적 모델의 한계
188	4·3	기호 생성의 모델

5 ___ 기호의 철학적 문제들

5·1 상징적 동물로서의 인간	201
5·2 범기호학적 형이상학	205
5·3 사고와 현실과 기호의 관계	213
5·4 기호의 일의성에 대한 신화	270
5·5 해석소와 무한한 기호 현상	275

281	참고 문헌
295	찾아보기
298	기호학 관련 용어표
303	옮긴이의 말
305	움베르트 에코 연보

서론

I

파리를 여행하던 이탈리아인 시그마 씨가 갑자기 〈복부에 통증〉을 느낀다고 가정하자. 내가 이토록 일반적인 용어를 사용하는 이유는 시그마가 느끼는 통증이 아직은 부정확하기 때문이다. 그러나 시그마는 자신이 느끼는 통증을 정의하기 위해 마음을 가다듬는다. 속 쓰림인가, 위경련인가, 아니면 설사인가. 그는 부정확한 자극을 지칭하려 한다. 그리고 이런 자극들을 지칭함으로써 문화화한다. 다시 말해 그는 몇 분 전까지만 해도 자연적 현상의 총체에 불과한 것들을 정확하고 〈코드화된〉 목록으로 정리한다. 그럼으로써 시그마는 의학 서적이나 일간지들이 이미 부여한 그런 경험들의 명칭을 사용하여 자신의 통증을 지칭한다.

드디어 시그마는 적합한 단어를 찾아낸다. 그 단어는 그가 느끼는 통증을 가리킬 뿐만 아니라 그러한 통증을 가리키기 위해 존재하는 단어이기도 하다. 시그마는 자신의 통증을 의사에게 호소하려 하며, 그때 그는 복통 대신에 자신이 생각해 낸 단어를 사용할 것이다(의사는 그 단어를 이해하겠지만 어쩌면 한 번도 그런 통증을 느끼지 못했을 수도 있다).

시그마가 찾아낸 단어가 하나의 기호라는 데는 별 이견이 없을 것이다.

시그마는 의사의 진료를 받아 보기로 결심한다. 그는 파리 지역의 전화번호부를 뒤진다. 거기에는 정확한 기호들이 있으며, 누가 의사이고 그 의사에게 어떻게 연락할 수 있는지를 말해 준다.

시그마는 자신의 방에서 나와 그가 잘 알고 있는 간판을 찾아낸다. 그것은 다름 아닌 카페 간판이다. 그가 찾아낸 곳이 이탈리아 카페였다면 그는 계산대 근처에서 금속 색깔의 전화기를 찾았을 것이다. 그러나 그는 프랑스 카페에 들어와 있기 때문에 주위 환경에 또 다른 해석 규칙을 적용해야 한다. 그는 파리의 모든 카페의 한구석에는 공중전화와 화장실이 있다는 사실을 알고 있다. 주변 환경은 방향을 제시하는 기호 체계로 해석되며, 이런 경우 그것은 전화를 걸 수 있는 장소를 가리킨다.

시그마는 지하로 내려가 그곳에서 세 개의 작은 전화 박스를 보게 된다. 또 다른 규칙 체계는 그의 주머니 안에 있는 동전을 사용하는 방법을 말해 준다(그는 동전을 여러 개 가지고 있지만 모두 사용할 수는 없다. 따라서 그는 x라는 동전을 〈y라는 전화에 사용할 수 있는 동전〉으로 읽어야 한다). 동전을 넣자 전화기에서는 통화 가능을 알리는 신호음이 들린다. 이 신호음은 그가 이탈리아에서 듣던 것과 다르며, 그렇기 때문에 그것을 해독하기 위해서는 또 다른 규칙을 알아야 한다. 왜냐하면 이탈리아에서 이런 신호는 〈다른 전화가 연결된 상태〉라는 언어적 표현에 해당하기 때문이다. 그다음 그는 문자와 숫자가 새겨진 다이얼을 바라본다. 그는 자신이 통화하고자 하는 의사가 01.43.26.00.19에 해당한다는 사실을 알고 있다. 이런 숫자는 의사의 이름을 가리키거나 〈그 사람의 진료실〉을 의미한다. 집게손가락을 다이얼 구멍에 넣고 원하는 숫자에 맞추어 돌리는 일은 또 다른 의미 작용이다. 이런 행위는 의사와 통화를 하고 싶다는 것을 알리는 방법이다. 그러나 여기에서 두 가지 문제를 구분해야 한다. 예를 들어 어떤 사람의 전화번호를 메모했지만 그 사람과 한 번도 통화하지 않을 수도 있다. 아니면 엉뚱한 번호를 돌림으로써 엉뚱한 사람과 통화할 수도 있다.

또한 이런 번호는 매우 정교한 코드를 따른다. 예를 들어 국번(01.43.26)은 그 도시의 특정한 지역을 가리킨다.[1] 밀라노에서 같은 사람에게 전화를 걸려면 국번을 바꾸거나 다른 숫자를 추가해야 한다. 왜냐하면 밀라노에서 사용하는 국제 전화는 또 다른 코드를 따르기 때문이다.

그러면 시그마가 정확히 번호를 돌린다고 가정하자. 새로운 신호는 상대방과의 전화 연결을 가리킨다. 드디어 그는 프랑스어를 구사하는 어떤 사람의 목소리를 듣게 되는데 그것은 시그마의 모국어가 아니다. 진료 시간을 예약하기 위해

---

[1] 사실 이 국번에서 01은 파리 시를 가리키고 나머지 4개 숫자는 그 도시의 구역을 가리킨다.

(그리고 나중에는 자신의 복통을 설명하기 위해) 시그마는 코드 전환을 해야 하고 자신이 이탈리아어로 생각하는 것을 프랑스어로 옮겨야 한다. 이 덕분에 의사는 예약을 접수하고 자신의 주소를 시그마에게 알려 준다. 그 주소는 파리의 특정한 지역과 건물의 층수, 그리고 그 층의 호수를 가리키는 기호이다. 또한 진료 자체는 시그마와 의사 두 사람 모두가 기준으로 삼을 수 있는 보편적인 기호 체계, 즉 모든 벽시계가 가리키는 시간이 있기 때문에 가능하다.

그다음에는 시그마가 택시를 알아본 다음 그것을 세우는 데 필요한 작용을 비롯하여 택시 기사에게 말하는 방법, 그리고 그 기사가 (일방통행 표시, 빨간불, 좌회전/우회전 금지 표시 등의) 교통 신호판들을 해석하는 데 필요한 작용들이 이어진다. 또한 시그마는 건물의 승강기를 알아보고, 그가 원하는 층에 가기 위해 그 버튼을 누르는 데 필요한 작용과 의사가 근무하는 건물을 비롯하여 문패를 알아보는 데 필요한 행동도 알아야 한다. 시그마는 의사의 작은 문패 옆에 위치한 버튼 중에서 초인종과 복도의 조명등도 구분해야 한다. 이런 차이는 버튼의 모양이나 위치, 또는 그 위에 새겨진 도식으로 드러난다(예를 들어 하나에는 종 그림이 있고 다른 하나에는 전구 그림이 새겨져 있다). 결국 의사를 만나기 위해 시그마는 수많은 규칙들을 알아야 하는데, 이런 규칙들은 다시 수많은 기호를 특정한 기능과 결합시키거나 그림 기호들을 특정한 실체와 결합시킨다.

마지막으로 시그마 씨가 의사 앞에 앉아 그날 아침에 느낀 것을 말한다고 생각해 보자. 그는 〈배가 아픕니다〉라고 말한다.

 의사는 분명 이런 단어들을 이해하지만 그것만을 신뢰할 수는 없다. 의사는 시그마가 자신의 통증을 적합한 단어로 표현했다고 확신하지 않는다. 의사가 언어를 통해 시그마에게 질문을 하면 시그마는 앉은 자세에서 그가 느끼는 통증의 종류를 정확히 기술해야 한다. 그다음 의사는 시그마의 배와 간 부위를 눌러 본다. 그의 촉감은 다른 이들이 모르는 의미를 갖는다(왜냐하면 그는 이런저런 촉감이 신체적 변화를 가리킨다는 것을 책에서 배웠기 때문이다). 의사는 (자신이 느끼지 못하는) 시그마의 통증을 해석하고 그것을 자신의 촉각과 대조한다. 만약 의학 기호학적 코드가 정확하다면 이 두 가지의 느낌은 일치할 것이다. 시그마의 통증은 프랑스어로 전달된다. 따라서 의사는 언어 사용에 근거하여, 소리의 형태로 표현되는 단어들이 그런 통증과 일치하는지를 규명해야 한다. 그러나 의사는 이 점을 약간 의심쩍게 생각한다. 왜냐하면 시그마가 부정확한 단어를 사용할 수 있기 때문이다. 또한 시그마의 복통이 부정확한 것이 아니라 이탈리아어를 프랑스어로 잘못 옮길 수도 있다. 그는 〈배〉라고 말하지만 어쩌면 〈간〉이 안 좋을 수 있다(게다가 시그마는 너무나 무식해서 이탈리아어로도 배와 간을 혼동할 수 있다).

 이제 의사는 시그마의 손바닥을 관찰한다. 손바닥에는 불규칙한 붉은 반점들이 있다. 〈이거 안 좋은 신호인데〉라고 중얼거린다. 〈술을 너무 많이 드시지 않습니까?〉라고 묻는다. 시그마는 인정한다. 〈어떻게 아셨죠?〉 물론 순박한 질문이다. 왜냐하면 의사는 이런 증후 내지는 증세를 너무나도 명백한 기호로 해석할 수 있기 때문이다(즉 의사는 이런저런 반점이나 부푼 상태가 무엇을 가리키는지를 알고 있다). 그렇지만 의사가 절대적인 확신을 갖는 것도 아니다. 그는 시그마의 발언과 자신의 촉각, 시각적 경험에 따라 몇몇 증세를 식별했으며 그것들을 대학에서 배운 과학적 개념으로 정의했을 뿐이다. 그러나 그는 똑같은 증세들이 다양한 질병을 가리키거나 그 역의 관계도 가능하다는 사실 역시 알고 있다. 어쨌든 의사는 증세에서 질병의 기호로 넘어가야 한다. 이것이 그의 직업이다. 여기서는 X선 촬영이 불필요하다고 가정하자. 왜냐하면 그렇지 않은 경우 의사는 영상-사진 기호에서 그것들이 가리키는 증후로 넘어간 다음, 다시 증후에서 증세로 넘어가야 하기 때문이다. 이때부터 그는 단 하나의 기호학적 규약이 아니라 여러 규약을 다루어야 한다. 그리고 이런 문제들은 오진의 원인이 되기도 한다.

그러나 이는 우리가 상관할 바가 아니다. 단지 시그마 씨가 별 탈이 없기를 기대해 보기로 하자. 어쨌든 의사가 써주는 진단서를 읽을 수 있다면, 어쩌면 그는 본래의 건강을 회복하고 파리에서 휴가를 즐길 수 있을 것이다(그러나 의사들의 필체를 생각하면 진단서를 해독하는 일은 결코 순조롭지만은 않을 것이다).

하지만 시그마는 고집불통에다가 앞날도 생각하지 않기 때문에, 〈술을 끊지 않으면 간 질환에 대한 모든 문제는 당신이 알아서 하시오〉라는 의사의 경고에 대해, 남은 여생을 모든 음식과 마실 것을 가려 먹으면서 우울하게 보낼 바에는 차라리 건강에 대한 모든 걱정을 접어 두고 인생을 즐기겠다고 대응할 수도 있다. 이때 시그마는 멋진 인생과 건강을 대립시키지만 이것은 흔히 말하는 인생과 죽음의 대립과 다르다. 즉, 죽음이라는 영원한 위험 부담은 있지만 아무런 고민 없이 사는 인생은 우울함으로 일축된, 이른바 〈걱정으로 가득 찬 건강〉과 대립한다. 따라서 시그마는 (정치나 미학에서와 마찬가지로) 자기만의 관념 체계를 갖고 있으며 이는 특유의 가치와 〈의미 내용〉의 구성체로 나타난다. 이런 의미 내용들은 개념이나 정신적 범주의 형태로 나타나며 그렇기 때문에 그것들은 다른 무언가의 대체물 — 다시 말해 그것들이 이끌어 내는 결정과 그것들을 정립하는 경험들을 〈대신해서 사용되는〉 대체물 — 이 된다. 몇몇 학자들은 이런 내용들이 시그마의 개인적인 삶의 기호이자 대인 관계 속에서 나타나는 기호라고 말한다. 이것이 맞는 말이라면 논의할 가치가 있을 것이다. 어쨌든 분명한 것은 많은 사람들이 그렇게 생각한다는 사실이다.

그러나 지금 중요한 것은, 〈복통〉이라는 일시적이고 자연스러운 문제에 직면한 일반 사람은 즉각 〈기호 체계〉의 조직망에 들어간다는 사실이다. 그런 조직망에서 어떤 기호 체계는 현실적인 기능에 필요하며 다른 기호 체계들은 우리가 〈이데올로기〉라고 부르는 태도 및 입장과 좀 더 밀접하다. 사회적 상호 작용의 관점에서 보면 어쨌든 이 모든 기호 체계는 너무나도 중요한 나머지, 시그마에게 사회적 삶을 보장하는 것이 이런 기호들인가, 아니면 시그마가 인간으로서 살고 있는 이런 사회가 거대하고도 복합적인 〈기호 체계의 체계〉가 아닌가 하는 질문을 제기할 수도 있다. 왜냐하면 사회와

서론

문화가 시그마를 인간화하지 않았다면, 다시 말해 기호를 만들고 전달할 수 있는 고등 동물로 만들지 않았다면 과연 그는 자신의 통증을 합리적으로 의식할 수 있었을까, 그리고 그런 통증을 생각하고 분류할 수 있었을까 하는 질문이 제기되기 때문이다.

지금까지 검토한 사례는 마치 〈기호의 침략〉이 산업 문명에만 해당되며 네온 간판이 번쩍이고 교통 신호판과 모든 종류의 소리와 신호들로 가득 차 있는 대도시에서만 일어난다는 생각을 갖게 할 수 있다. 한마디로 가장 평범한 의미의 문명이 있어야만 기호들이 존재한다는 오해를 낳을 수 있다는 말이다.

그러나 사실은 그렇지 않다. 심지어는 시그마가 시골 한구석에서 살아가는 농부일지라도 그는 역시 기호의 세계 속에서 살 것이다. 그는 새벽부터 밭길을 거닐 것이고 지평선 너머 떠오르는 구름을 보면서 그날의 날씨를 예상할 것이다. 그리고 나뭇잎의 색깔들은 그에게 계절의 변화를 말해 줄 것이며, 언덕 위로 보이는 지형의 무늬들을 보면서 그는 그런 토지에 적합한 재배를 생각할 것이다. 수풀의 싹들은 장과(漿果)의 종류를 말해 줄 것이다. 그는 독버섯과 식용 버섯을 구분할 뿐만 아니라, 태양의 회전 방향을 미리 보지 못한 날에도 대수림(大樹林)의 나무 한쪽에 낀 이끼를 보고 북쪽을 알아낼 것이다. 시계가 없어도 그는 태양의 위치로 시간을 알 수 있으며 불어오는 바람 속에서 도시인들이 해독할 수 없는 수많은 것들을 들을 것이다. 심지어 이런저런 냄새들은 바람이 어디서 불어오는지를 말해 줄 수도 있다(왜냐하면 그는 꽃들이 자라는 장소를 알고 있기 때문이다).

만약 시그마가 사냥꾼이라면, 그는 흙 위에 남겨진 자국이나 가시나무에 걸린 동물의 털 같은 작은 흔적들을 보고 그곳을 지나간 사냥감의 종류와 심지어는 그 동물이 지나간 시간을 알 수 있을 것이다. 결국 자연 속에 파묻혀 살지라도 시그마는 기호의 세계 속에서 사는 것이다.

그러나 이런 기호들은 자연적 현상들이 아니다. 왜냐하면 자연적 현상 자체는 아무것도 전달하지 않기 때문이다. 그것들이 시그마에게 무언가를 말할 수 있는 이유는 농촌에서의 경험들이 그에게 자연을 〈읽는 법〉을 가르쳤기 때문이다. 따라서 시그마가 기호의 세계 속에 사는 이유는 그가 자연 속에서 살기보다는, 그리고 비록 혼자 살지라도 그는 사회 속에서 살고 있기 때문이다. 이런 농촌 사회가 자연의 현상들을 해석할 수 있는 자체의 코드를 만들지 않았다면 농촌은 살아남지 못했을 것이다(그렇기 때문에 이런 현상들은 〈문화적〉 현상으로 바뀌는 것이다).

이쯤 와서는 기호의 개념을 다루는 책이 무엇을 분석해야 하는지가 명백해지는데 그것은 다름 아닌 〈모든 것〉이다.

물론 시그마가 혼자 생각하는 것을 포함하여 두 주체 사이에서 상호 작용을 일으킬 수 있는 모든 과정을 기호라고 부른다면 언어학자는 우리의 분석 대상이 끝도 없을 거라고 반박할 것이다. 다시 말해 언어학자는 단어나 몇 가지의 기호들, 그리고 신호 체계처럼 본래 의미의 〈가공품〉들도 있다고 말할 것이다. 그리고 기호가 아닌 것은 모두 지각적 경험 내지는 사전의 경험을 토대로 가설과 예상을 펼칠 수 있는 능력이라고 주장할 것이다.

이런 견해는 틀림없는 상식으로 가득 차 있어 보인다. 앞으로 전개되는 논의에서 우리는 이런 반박을 거부하겠지만 독자는 그런 논의를 아직 접하지 못한 상태이다. 그럼에도 불구하고 언어학자들의 반론이 너무 제한적이라는 사실을 꼬집을 수 있는 두 가지 현상을 지적해 보자.

먼저, 철학의 사조나 역사 속에서 기호의 개념은 매우 포괄적인 의미로 사용되었으며 심지어는 앞서 언급한 대다수의 현상에도 그 개념을 적용할 수 있다는 사실이다. 다른 한편으로는 (사전들이 충실하게 기록하고 있는) 기호의 통상적인 의미는 마치 의도했듯이 〈기호〉라는 용어를 너무 광범위하게 사용하는 습관을 심어 주었다는 사실을 지적할 수 있다.

II

프랑스에서는 철학자든 동네 주민이든 많은 사람들이 〈기호〉의 개념을 사용하며, 특히 일상 언어에서도 〈*C'est un mauvais **signe***〉, 〈*Fais-moi **signe** dès que tu es prêt*〉, 〈*T'es né sous quel **signe**?*〉와 같은 표현을 흔히 볼 수 있다.[2] 철학자들은 지식인답게 〈기호〉라는 단어를 엄격하고 일관된 의미로 사용하는 반면에 일상 언어에서의 〈기호〉는 이런 예문에서 볼 수 있듯이 일종의 동음이의어에 가깝다고 할 수 있다.

---

[2] 이런 문장에서 〈*signe*〉는 〈기호〉로 번역될 수 없으며 단지 〈나쁜 징조다〉, 〈준비되는 대로 말하라〉, 〈너의 별자리는 무엇이니〉로 의역된다.

다시 말해 이 단어는 다양한 상황에서 다양한 의미로 사용되며 대부분의 경우에는 모호하고도 추상적인 의미로 통용된다. 차후에는 철학자들의 사용법에서도 얼마나 막연한지 검토할 것이다. 그러나 현재로서는 일상 언어만을 살펴보기로 한다. 사실 일상 언어에서도 〈기호〉는 나름대로 정확하고 〈기술적으로〉 수용 가능한 특유의 의미를 갖는다. 여기서 〈기술적〉이라는 말은 기호의 모든 가능성을 연구하는 학문 분야, 즉 기호학 내지는 기호론의 관점을 반영한다.

그러면 일상 언어를 사용 가능한 자료로 간주하면서 기호에 관한 사전 항목들을 살펴보자. 사전 선택에 따르는 주관적 문제를 극복하기 위해, 여기서는 『로베르 대사전 *Le Grand Robert*』(11개의 의미), 『라루스 프랑스어 대사전 *Le Grand Larousse de la langue française*』(11개의 의미), 『렉시 *Lexis*』(7개의 의미), 『리트레 *Littré*』(15개의 의미)라는 신뢰할 만한 출처를 기준으로 〈기호〉의 이상적인 항목을 만들어 보기로 한다.

기호 〔표시, 상(像), 인감, 신호, 증거, 성좌(星座)를 의미하며 라틴어의 *signum*에서 유래되었음.〕

A. 1. 부재하는 다른 것에 대한 예측, 추론, 정보를 끌어낼 수 있는 지각된 사물, 표시, 흔적, 증후. 질병에 시달리는 사람 내지는 그런 사람에게서 볼 수 있는 질병 특유의 표현(물리적 증세, 기능적 증세).

   2. 어떤 현상이나 특히 어떤 사람의 정체를 알기 위해

기술하는 (자국, 상처 등의) 물리적 표시들(이런 기호들은 신분증이 명시하는 한 개인의 특징이 될 수 있다).

3. 자세나 행동, 또는 느낌을 표현하는 몸짓, 행위 등(예를 들어 프랑스어에는 ⟨*donner des **signes** d'allégresse*⟩, ⟨***signes** extérieurs de richesse*⟩와 같은 표현이 있다).[3]

B. 4. 무언가를 전달하거나 표현하기 위한 의도적인 동작(예를 들어 명령, 욕구, 정보 등. 프랑스어에는 무소식을 의미하는 ⟨*Ne pas donner **signe** de vie*⟩라는 표현이 있다).

5. 사물이나 사람을 알아보기 위해 만든 인쇄물 또는 표시판.

6. 추상적인 주제를 규범적으로 가리키는 단순한 그래프 형태(점, 선, 직선, 곡선). 동일한 기능의 복합적인 그래프 형태(숫자, 화학 공식, 식물 부호, 별자리, 군대에서 사용하는 ⟨규약적 기호들⟩). 주의: 간혹 이런 기호들은 상징으로 분류된다(그러나 이런 기호들은 10번과 11번 의미에서 제시되는 동음이의어와 혼동해서는 안 된다).

7. 구체적인 사물을 가리키는 물리적 표현들. 예를 들어 한 동물의 개념 또는 대상을 전달하는 그 동물의 그림.

8. (언어학) 청각 이미지로 개념 내지는 대상을 표현하는 방법(단어 등). 이런 표현에 포함되는 모든 요소들.

---

3 이 문장들은 ⟨환희를 나타내다⟩, ⟨부자 행세⟩로 번역될 수 있다. 이 경우에도 ⟨기호⟩라는 단어는 의역할 수밖에 없다.

9. 단어, 개념, 대상을 비롯하여 소리의 이미지를 가리키는 시각적 가공품의 모든 요소. 예를 들어 알파벳의 문자, 인쇄 활자, 속기 문자, 생략 부호, 구두표, 음악 부호, 구분부(區分符), 모스 부호, 점자.

10. 규범적인 성격이나 형식적인 특징에 근거하여 하나의 사건, 가치, 제도, 목적 등을 가리키는 조형적 실체와 비조형적 실체로서의 상징. 예를 들어 (《십자가의 기호》, 〈고행의 기호〉로서의) 십자가, 낫과 망치, 해골, 문장(紋章), 해양 신호(깃발, 불꽃, 사다리꼴 신호). 이런 기호의 동의어로는 상징도, 기장, 가문(家門), 신호가 있다.

11. 조형적 실체와 비조형적 실체로서 하나의 사건이나 가치 등을 가리키는 막연하고 암시적이며 부정확한 실체로서의 상징.

C. 12. (라틴어법, 드물게) 군기.

13. 천문학적 기호. 별자리(또는 운세의 기호).

14. 〈*Sous le signe de*〉: 이런저런 영향 전조 아래, 이런저런 분위기에서, 미리 설정한 조건 아래.

15. (고어) 서명.

16. (드물게) 점쟁이에게 건네주는 돈.

17. 자연 현상, 신이나 신비적인 힘 또는 어떤 교리의 예증과 같은 미지의 의도를 반영한다고 간주되는 사건. 어떤 징조나 기적.

사실 우리가 인용한 사전들은 위의 목록보다 덜 체계적으로 기호의 의미를 나열하는데 그것은 〈기호〉의 일상적인 용법을 보다 잘 나타내기 위한 수단일 것이다. 어쨌든 우리가 기호의 의미를 정리한 이유는 다음과 같은 집합을 구분하기 위해서이다.

1. 먼저 A라는 항목을 설정하여 무언가를 인식하거나 그 존재를 추론할 때 사용되는 비의도적 기호, 즉 일종의 자연적인 사건으로 구성되는 기호들을 구분해 보았다(예를 들어 언덕 위에서 연기가 피어오르면 그곳에 불이 있다고 추론할 수 있다). 다른 한편으로는 B라는 항목을 설정하여 흔히 〈인공적인 기호〉라고 일컬어지는 것들, 다시 말해 일정한 규약에 따라 인간이 커뮤니케이션을 하기 위해 사용하는 기호들을 모아 보았다.

2. 기호의 기본 의미와 (은유나 외연에 근거하는) 파생 의미를 구분할 수 있다. 이 두 가지 의미는 같은 항목에 포함시킨다.

3. C라는 항목을 설정하여 〈기호〉를 사용하는 복합적인 표현들과 문학적 용법 내지는 더 이상 사용되지 않는 표현들을 구분했다(이런 것들은 A와 B 항목에서 외연적으로 파생한 표현일 수도 있다). 따라서 15번 의미는 5번 의미에 기초한다고 할 수 있다. 또한 여러 사전들이 제시하는 14번 의미는 고립되고 독립적인 의미이지만 이는 앞으로 논의될 문제를 함축하는 의미이기도 하다. 즉 14번 의미의 〈기호〉가 13번 의미에 기초할지라도 그것은 특정한 문맥에서만 가치를 부여받는 단위들의 존재를 입증한다. 마지막으로, 모든 사전들

이 별개의 항목을 만들 정도로 폭넓게 다루는 17번 의미는 그것을 규명하는 데 필요한 형이상학적, 종교적 또는 신비적 가설에 따라 1, 4, 8번 의미의 확장으로 간주될 수 있다. 여기서는 신적 언어의 증후, 지시, 지표 또는 본래의 단어들을 찾아볼 수 있다.

어쨌든 이런 정의들을 살펴보면 한편으로는 모든 종류의 기호에 공통되는 성질과, 다른 한편으로는 다양한 종류의 기호들을 구분하는 특징들을 찾아볼 수 있다. 바로 이런 공통점과 특수성의 관계에 기초하여 기호의 수많은 정의와 분류가 고대로부터 오늘날까지 이어진 것이다. 비록 철학자나 언어학자들이 이런 정의와 분류들을 제의했지만 그것들은 기호의 〈일상적인 사용법〉에 근거한다는 명백한 특징을 갖는다. 이런 관점에서 보면 언어학자와 철학자들은 일반 화자들이(또는 사전들이) 항상 사용해 온 정의와 분류를 반복하거나 또는 새로운 정의를 제시하지만 그것은 〈일반 상식〉이라는 대중적인 영역으로 즉각 흡수된다고 생각할 수 있다.

우리는 이러한 일반(또는 전문적) 상식을 재검토하는 일에서 우리의 분석을 시작하고자 한다. 왜냐하면 출발점은 필요할 뿐만 아니라 이런 분류법의 목록과 역사를 거슬러 올라감으로써 실질적인 〈기호의 현상학〉을 구축할 수 있기 때문이다. 그러나 이런 식의 접근은 공연하고 부질없게 보일 수 있다. 그렇지만 이렇게 하지 않으면 기호에 대한 담화는 그야말로 막연하고 은유적인 상태에 머물 것이다. 또한 수많은 철학자들이 이토록 막연한 담화에 만족했다는 사실은 결코 변명이 될 수 없다. 오히려 이런 사실은 좀 더 엄격하고 〈기술적인〉 입장을 유도해야 할 것이다.

아리스토텔레스와 플라톤은 언어 철학에 관한 해설을 언어학 및 문법과 직결되는 고찰과 뒤섞는 데 아무런 수치심도 느끼지 않았다.

반대로 오늘날에는 언어 활동에 대한 순수 기술적인 분석을 비웃는 일종의 학구적인 철학이 생겨났다. 사실 그 원인은 점점 전문화되는 언어학이 아닌 〈총체적인〉 이론적 담화로서 세심한 기술적 분석에 도전하려는 철학에서 찾아야 한다(엄격하고 전문화된 연구 방식을 요구하는 분야에서 철학자들은 그들의 무능을 인식하게 된다). 이런 의미에서 인간은 〈상징적 동물〉이고 그렇기 때문에 인간이 커뮤니케이션을 한다는 말은 그야말로 철학적인 발언처럼 들린다. 반대로, 인간이 커뮤니케이션을 하는 방법과 의미 작용을 지배하는 메커니즘을 기술하는 일은 더 이상 철학이 아니라 언어학 내지는 다른 분야의 연구 대상이 될 것이다. 그렇기 때문에 하이데거와 같은 저명한 철학자가 어원에 기초하여 철학적 논증을 감행하는 것은, 언어학자의 입장에서 그야말로 끔찍한 발상이자 이시도루스Isidorus를 무덤 속으로 돌아눕힐 수도 없는 주장이다. 이에 반해 모든 의미 작용의 메커니즘을 분류하고 구조화하는 데 일평생을 보낸 퍼스C. S. Peirce는 기호학적 기여보다는 자신이 쓴 몇 페이지의 윤리적, 형이상학적 내용 때문에 아직도 철학자로 분류되고 있다(퍼스는 의미 작용에 대한 연구 때문에 철학계에서 대우를 받지 못하지만, 논리학에 대한 연구 때문에 철학자로 간주되기도 한다. 그렇지만 기호학에 대한 그의 관점을 모르면 그가 신과 현실 세계, 그리고 인간의 정신에 대해 말하고자 한 것도 이해할 수 없다). 물론 다른 과학 분야들이 근시안적이고 맹목적인 전문화를 추구했기 때문에 놓치는 일반적인 문제들을 철학에서 다루어야 한다. 그러나 총체적인 문제를 다룬다고 해서 특수 분야의 성과들을 무시할 필요는 없다. 오히려 철학은 특수한 분야들을 참고하고 그 성과들을 해석해야 한다(특히 그것들이 철학이 아닌 다른 영역에서 얻어졌다면 더욱 그렇다). 심지어는 아직 주목할 만한 연구 결과를 얻지 못한 분야에서 철학이 앞날을 개척하려면 무엇보다 이런 연구들을 자극해야 한다.

이제 두 가지 문제가 기호 철학에서 제기된다. 즉, 지난 2세기 동안 언어학이 이룩한 성과를 고려하지 않으면 언어 철학은 정립될 수 없으며, 언어학의 문제 제기를 (비언어적 영역을 포함하는 모든 차원의) 의미 작용의 문제로 확장하려면 반드시 〈기호학을 정립해야 한다는 것이다〉.

그러나 이쯤에 와서도, 기호학은 과연 의미 작용의 철학이 취할 수 있는 기술적 형태에 불과한가 아니면 언어 철학이 기호를 논의하기 위해 확보하는 분석적 기술인가 하는 질문에는 아직 답변할 수가 없다.

그렇지만 다음 두 가지 사실에는 이견이 없을 것이다.

1) 물리학과 심리학에서 일어난 일로서 언어학적으로 가장 중요한 〈철학적〉 업적 중에는 철학자가 아닌 물리학자와 심리학자들의 성과가 있다는 사실이다(물리학에서는 아인슈타인과 하이젠베르크가 있었고 언어학에서는 소쉬르Saussure

와 옐름슬레우Hjelmslev가 있었다).

2) 오늘날의 기호학은 커뮤니케이션과 의미 작용의 기능을 기술하는 데 성과를 보이는 연구 방법이다.

따라서 이 책에서는 전반적으로 학구적인 철학 담화의 모습과는 거리가 먼 방법을 도입했는데 그 이유는 〈기호〉의 문제를 철학적으로 사고하는 것이 무엇보다 중요하기 때문이다. 우리는 모든 〈기호 현상〉의 학술적 기술을 시도할 것이고 그것의 구체적인 기능을 분석하는 동시에 부분적인 정의라도 제시해 보기로 한다. 이러한 접근 방법 없이는 기호 철학을 정립할 수 없거나, 정립하더라도 그릇된 결과만을 얻게 될 것이다. 그러나 이러한 접근을 통해서 그야말로 기호 철학이 해야 할 일을 해낼 수 있을 것이다. 그리고 기호 철학은 모리스Morris가 제기하는 문제 — 요컨대 〈언어의 구조가 곧 자연의 구조인가 하는 문제는 《구조》와 《언어의 구조》라는 개념이 규명된 다음에야 논의 대상이 될 수 있다〉는 사실 — 를 항상 염두에 두어야 할 것이다(모리스, 1938 : 22면).

따라서 여기서 말하는 기호 철학은 모든 철학 담화가 그것의 개념들을 제어할 수 있게 하는 분석을 구축해야 한다. 다시 말해 〈기호학은 전통적으로 철학이라는 바탕에서 비롯되는 임무를 수행해야 한다. 흔히 철학은 철학적 언어 속에서 기호의 다양한 기능들을 뒤섞었기 때문에 무력함을 드러냈다. 그러나 철학의 오랜 전통은 인간 활동의 특수한 형태들을 철저하게 연구하고 좀 더 체계적이고 보편적인 지식을 얻기 위한 투쟁으로 장식되어 왔다. 그리고 이런 전통은 철학을 기호학이나 과학과 통합하고 동일시하려는 노력, 다시 말해 순수 기술 기호학의 좀 더 일반적이고 체계적인 양상과 스스로를 통합하려는 과정에서 그 현대적 모습을 드러낸다〉(모리스, 1938: 58~59면).

이 책의 목차를 훑어보면 독자는 다음과 같은 접근 방법을 식별할 수 있을 것이다.

우선, 제1장에서는 기호의 임시적이고 대략적인 정의를 제시한다. 이런 정의가 임시적이고 대략적이라고 말하는 이유는 그것이 기존의 다양한 정의들을 고려하는 일종의 〈평균적인 정의〉이기 때문이다. 이런 정의는, 고대에서 오늘날까지 이어지는 기호들의 다양한 분류 방법을 살펴보는 단계이자 제2장으로 넘어가는 데 필요한 디딤돌이 될 것이다. 따라서 제1장과 제2장은 나름의 관용을 요구한다. 즉 이 두 장은 이론적으로 통일된 관점을 구성하기보다는 오히려 수많은 관점들의 파노라마를 제공한다.

비록 다양한 이론들의 파노라마를 훑어볼지라도 제3장은 좀 더 균일하게 전개된다. 여기서는 언어학에서 발전한 구조주의적 접근 방법과 시발점을 같이하는 〈기호의 내적 구조〉를 다룬다. 제3장 전체를 이런 접근 방법에 할애한 두 가지 이유는 다음과 같다. 우선 20세기가 진행되는 동안 기호학에 가장 결정적인 영향을 미친 것은 다름 아닌 구조주의적 접근 방법이기 때문이다. 또 다른 이유는, 비록 이런 접근 방법을 다른 기호 체계에 그대로 적용할 수 없을지라도 그것은 비언어적 기호들을 이해하는 데 매우 소중하고 튼튼한 이론적 기초를 제공하기 때문이다.

그다음, 기호의 다양한 생산 및 해석 방식을 기술하는 제4장은 제3장에서 논의한 언어학적 모델을 뛰어넘으려는 시도를 반영한다. 그렇지만 이를 위해서는 언어학에서 정립된 개념들을 사용할 수밖에 없을 것이다. 어쨌든 제4장은 1, 2, 3장에 비해 좀 더 엄격하게 전개된다. 왜냐하면 여기서는 단 하나의 이론적 접근을 시도하기 때문이다.

제5장은 기호의 철학적 문제를 다룬다. 물론 이 책이 다루는 가장 복잡한 문제이기도 하다. 그러나 기호 철학의 역사를 논하지는 않는다(즉, 그 역사를 거슬러 올라가지는 않는다). 여기서는 문제들을 개별적으로 분석하는데 그렇기 때문에 제5장은 1, 2, 3장만큼이나 관용을 요구할 수도 있다. 그러나 이 장이 퍼스의 이론으로 끝나는 것은 우연이 아니다. 내가 퍼스를 인용하여 이 책을 결론짓는 이유는 독자들에게 그의 이론의 가치를 보여 주기 위해서이다.

물론 이 책은 기호학을 알리고 보급하기 위해 썼지만 통일된 이론의 소개서는 아니다. 그렇지만 1, 2, 3장은 4, 5장에 비해 다소 쉬운 내용들을 담고 있다는 측면에서 이 책의 난이도는 나름대로 점진성을 갖는다고 할 수 있다.

마지막으로 몇 마디 덧붙이기로 하자. 이 책은 〈기호의 개념〉을 다룬다. 흔히 기호학은 기호를 연구하는 학문으로 소개되지만 기호란 특정한 커뮤니케이션 체계에 기초하여 인간이 커뮤니케이션을 할 때 작동하는 과정이자 퍼스가 기호 현상이라고 부른 과정의 원료가 된다. 그렇지만 기호 현상에서는 고립된 기호를 사용하는 경우가 있을 수 없다. 간혹 고립된 기호를 사용하는 것처럼 보일 때도(예를 들어 하나의 단어, 교통 신호, 손짓) 그것은 항상 문맥에 근거한다(내가 식당에서 /비프스테이크/라고 말하면 그것은 /비프스테이크를 주세요/라는 요구가 된다). 기호 현상의 세계에서 기호들은 언술, 단언, 명령, 요구 등의 형태로 조직된다. 그리고 이런 언술들은 다시 텍스트와 〈담화〉를 구성한다. 따라서 우리는 담화의 기호학이 없으면 기호학 자체도 불가능하다고 거듭 강조하고자 한다. 어떤 경우에도 고립된 실체로서의 기호 이론은 기호들의 미적 사용을 설명할 수 없으며, 그렇기 때문에 예술의 기호학은 필연적으로 텍스트와 담화의 기호학으로 간주되어야 한다.

따라서 이 책의 한계는 명백하다. 그럼에도 우리는 기호의 한 정의에서 출발하여 기호 현상에 대한 더욱 폭넓은 이론에 도달할 수 있다는 사실을 보여 주고자 한다. 일단 기호를 정의한 다음에는, 정보를 주고 거짓말을 하거나 설득을 하고 상대방을 지배하기 위해 한 사회는 이런 기호들을 어떻게 사용하는지 밝혀야 할 것이다. 이렇게 기호에 대한 담론은 이 책이 안고 있는 한계를 넘어선다고 할 수 있다.

결국 기호학은 기호 현상의 생명을 연구하는 학문 분야라고 할 수 있다. 시그마 씨에 대해서도 우리는 구체적인 기호 현상의 과정들을 기술했다. 시그마와 의사를 비롯하여, 우리의 보잘것없는 우화에 등장하는 모든 인물은 몰리에르의 극 중 인물인 주르댕처럼, 자신들도 모르는 사이에 기호 현상을 실천했다. 물론 우리가 지금까지 소개한 접근 방법과는 다르게 기호 현상을 실천했다. 단지 모든 등장인물들은 기호 현상의 한가운데에 있는 기호의 본질에 대한 비판적 고찰에 임하지 않았을 따름이다.

1___기호학적 과정

1·1 커뮤니케이션 과정의 요소로서 기호

1·1·1 기호는 정보를 전송하고, 한 사람이 알고 있는 무언가를 다른 이들이 알 수 있도록 말하거나 가르쳐 주기 위해 사용된다. 따라서 기호는 다음과 같은 유형의 커뮤니케이션 과정에 도입된다고 할 수 있다.

정보원 — 발신자 — 경로 — 메시지 — 수신자

이 도식은 통신 분야의 엔지니어들이 정보 전송의 이상적인 조건들을 정의하는 과정에서 제시한 도식의 축소형이다. 그런데 이 도식은 수많은 커뮤니케이션 과정에 적용된다. 예를 들어 큰 지진이 필리핀을 황폐하게 만들었는데 어떤 신문사 특파원이 그 소식을 텔렉스로 전송한다고 가정하자. 이 경우 필리핀에서 일어난 일은 정보원이고, 그 특파원은 발신자이며 텔렉스 시스템은 경로, 소식 자체는 메시지, 그리고 그것을 받아 보는 편집장은 수신자이다.

여기서는 몇 가지의 기술적 문제(전기 신호, 발신기, 수신기 등의 문제)와 이 모델을 단순화할 수 있는 몇 가지 가능성은 일단 접어 두기로 한다(예를 들어 작가의 경우 발신자와 수신자는 거의 일치한다). 또한 실제 일어난 지진과 신문을 통해 읽을 수 있는 뉴스 사이에도 수많은 커뮤니케이션 과정이 개입한다는 사실도 접어 두기로 한다(예를 들어 특파원과 편집장, 그리고 편집장과 편집국장을 거쳐 일반 독자에게 전달되는 과정).

1·1·2 이런 관점에서 보면 메시지는 기호에 해당한다. 사실 (대다수의 경우가 그렇듯이) 하나의 메시지는 수많은 기호로 구성되는 복합적인 조직체일 수 있다. 하지만 여기서는 좀 더 기본적인 커뮤니케이션 과정에 주목하기로 한다. 예를 들어 나에게 말을 건 친구에게 /당장!/이라고 소리친다고 생각해 보자. 이런 경우 나는 정보원과 거의 동일시될 수 있는 수신자이며, 경로는 내가 발화한 음파가 통과하는 공기이다. 또한 이 경우에 /당장!/은 고립된 기호로 간주될 수 있는 메시지이다.

물론, 앞서 말했듯이 위의 도식은 커뮤니케이션을 매우 단순화한 모델이다. 그렇기 때문에 위의 도식은 다음과 같은 문제를 해결하지 못한다. 예를 들어 메시지는 곧 음성 메시지인가, 아니면 그런 메시지의 시니피에인가? 메시지는 문자로 구성되는가, 또는 문자가 아니라 내가 소리 높여 읽을 수 있는 발성들인가? 이 책의 일부분은 바로 이런 문제를 다룰 것이다.

1·1·3 어쨌든 이런 도식에는 무언가가 추가되어야 한다. 즉 프랑스어를 아는 사람만이 /*Tout de suite*/라는 기호를 이해할 것이다. 프랑스어를 모른다면 그 사람은 무분별한 소리 덩어리만을 지각할 것이고 그것의 의미를 파악하지 못할 것이다. 결국 발신자와 수신자는 코드를 공유해야 하는 것이다. 그리고 코드란 기호에 의미를 부여하게 하는 일련의 규칙을 가리킨다.

이 점을 강조하면서 우리는 또 다른 관점을 고려해야 한다. 요컨대 기호는 〈커뮤니케이션〉 과정에 개입하는 요소에 그치기보다는 의미 작용에 참여하는 실체라는 것이다(예를 들어 나는 의미 없는 소리의 연속체를 전달할 수도 있다).

하나의 코드가 규칙을 정립한다는 말은 통상적으로 이런 규칙이 규약으로 설정된다는 의미를 갖는다. 그러나 규약성은 자의성의 동의어가 아니다. 빨간색이 위험이라는 개념을 가리키는 이유와, 종잇장에 막연히 그려 본 몇 개의 선이 사람의 모습을 연상시키는 이유는 수도 없이 많다. 그러나 이 모든 경우에도 이렇게 설정된 의미 작용의 관계 양식은 규약적일 수밖에 없다.

마찬가지로 징후들도 이런 정의에 해당한다. 물론 징후들은 유연적일 수가 있지만 피부의 이런저런 반점들을 간 질환의 지표로 간주하게 하는 것은 어디까지나 문화적 규약이다.[1] 규약이 바뀌면 이런 지표들이 무언가를 가리킬 수 있는

---

1 앞으로 사용하는 〈유연성*motivation*〉이란 용어는 시니피에와 시니피앙의 관계가 자의적이지 않다는 의미로 사용하기로 한다.

1 ___ 기호학적 과정

능력도 즉각 바뀌기 마련이다.

코드는 기호의 필요충분조건이다. 코드가 존재하기 때문에 하나의 병리학적 증후도 기호가 될 수 있으며 이는 환자의 의도와 무관한 문제이기도 하다(그리고 이런 코드는 의학 기호학적 코드이다). 코드는 그것이 부정확하고 유연하거나, 또는 불완전하고 모순될 때도 코드로서 존재한다(다시 말해 신속하게 재구성될 수 있거나, 시니피앙이 거대하고 분할될 수 있는 의미 내용의 일부분만을 가리킬 때, 마지막으로 그런 시니피앙이 속하는 하위 체계와 다른 하위 체계가 모순되는 경우, 다시 말해 하나의 하위 체계에서는 시니피앙과 시니피에가 결합되지만 다른 하위 체계에서는 그런 시니피에가 전혀 다른 시니피앙으로 표현되는 경우에도 코드는 어디까지나 코드이다). 따라서 패션 〈코드〉는 부정확하고 연약하며 불안정하고 일시적이지만 그것은 언어 코드만큼이나 엄연한 코드이다.

이렇게 코드들이 가질 수 있는 부정확하고 연약하며, 불완전하고 일시적이자 모순적인 특성은 기호의 정의를 무력화시키지 않는다. 기껏해야 이런 특징은 의미를 모호하게 만들어 그것의 커뮤니케이션을 다소 어렵게 할 뿐이다. 커뮤니케이션이 다소 어려울 수 있다는 것은 기호를 기호로서 인식하지 못한다는 뜻이 아니라 그때 사용되는 코드가 앞서 언급한 특징들을 드러낸다는 의미를 갖는다.

1·1·4 코드가 부재하기 때문에 어떠한 의미도 가질 수 없는 커뮤니케이션은 자극-반응의 과정에 그친다. 자극들은 〈다른

무언가를 대신한다〉는 기호의 가장 기본적인 정의도 만족시키지 못한다. 자극은 다른 무언가를 대신하는 것이 아니라 그것을 〈직접〉 일으킨다. 강력한 빛은 나의 눈을 감게 하지만 그것은 나에게 눈을 감게 하는 명령과 매우 다르다. 전자의 경우 나는 아무런 생각 없이 눈을 감는다. 그러나 후자의 경우 나는 우선 명령을 이해해야 하고, 따라서 메시지를 해독해야 한다(이것이 기호 과정이다). 그런 다음 나는 그 명령을 따를지 여부를 결정한다(이는 나의 기호학적 능력에서 유래하는 의지의 과정이다). 따라서 파블로프의 실험에서 개한테 침을 흘리게 하는 종소리는 하나의 자극이다. 이런 소리는 실험이 진행되는 동안 종소리와 결합시킨 먹이와 동일한 효과를 일으킨다. 그러나 이 종소리는 먹이를 대신해서 제시된 것이 아니기 때문에 〈조건 반사〉라고 한다. 종소리에 이어 음식이 등장한다는 사실을 이해하는 인간의 경우는 전혀 다르다. 이 경우 종소리는 음식의 지표이다. 이는 식사 시간을 알리는 군대 나팔소리와 마찬가지로 그야말로 언어로 표현될 수도 있는 인공적 기호이다. 동물 기호학자들은 동물들도 기호 과정에 참여할 수 있다는 사실을 인정한다. 그렇지만 종소리가 하나의 기호로 간주되려면 그 개가 먹이를 얻기 위해 매일 파블로프 연구소에 가서, 〈조건화된〉 심리학자가 종을 울리고 먹이를 가져다줄 때까지 침을 흘려야 한다. 다시 말해 기호 과정은 모든 지적 과정과 마찬가지로, 그 과정이 역전될 수 있을 때 비로소 기호 과정으로 인정될 수 있다. 한마디로 기호에서 지시 대상으로 넘어갈 수 있을 때만 지시 대상에서 기호로 거슬러 올라갈 수 있는 것이다. 또는 연기가 있으면 불이 있다는 사실뿐만 아니라 불이 연기를 일으킨다는 사실 역시 아는 순간부터 기호 과정은 존재하는 것이다.

1·2 의미 과정의 요소로서 기호

<u>1·2·1</u> 여기서 논의되는 기호의 두 번째 관점은 앞서 거론한 관점보다 덜 명확할 수가 있다. 예를 들어 다음과 같은 구분들이 명백하지 않던 원시 문명이나 다소 이상한 관점들이 지배하던 시대는 항상 존재했다. 즉 어떤 문화들은 말과 사물을 동일한 것으로 보거나 〈명사는 곧 정신의 의지이다 *nomina sunt numina*〉라고 주장했다. 이런 구분은 플라톤과 아리스토텔레스로 대표되는 이른바 고대 그리스의 전성기에 이미 그 모습을 드러내지만, 스토아학파에 이르러서야 본격적으로 제기된다. 스토아학파에 따르면 모든 기호 과정은 다음과 같이 구분된다.

— 〈세이마이논 *seimainon*〉: 물리적인 실체로서 지각되는 시니피앙 또는 표현.

— 〈세마이노메논 *semainomenon*〉: 물리적 실체를 가리키지 않는 표현이나 시니피에 또는 내용.

— 〈틴카논 *tynchanon*〉: 사물을 가리키는 기호로서 물리적 실체 내지는 사건 또는 행위가 될 수 있는 것.

<u>1·2·2</u> 이런 구분은 언어 철학과 언어학의 역사 속에서 다양한 명칭으로 언급되어 왔다.

우리도 이런 구분을 앞으로 전개될 논의의 출발점으로 삼기로 한다. 또한 우리가 사용할 용어들을 미리 제시하기 위해 이런 구분을 삼각형의 도표로 정리하기로 한다.

그러면 /말(馬)/이라는 기호를 예로 들어 보자(이제부터는 /＊＊＊/를 사용하여 기호의 〈시니피앙〉를 표현하기로 한다). 한국어를 모르는 에스키모인에게 /말/이라는 시니피앙은 아무런 의미도 갖지 않는다(달리 말하자면 에스키모인은 한국어의 코드를 모른다). /말/의 시니피에를 에스키모인에게 설명하기 위해서는 에스키모어로 그것을 번역해야 한다. 또는 백과사전적 방식으로 말이 과연 무엇인지를 정의하거나, 아니면 종이 위에 말의 그림을 그려 주어야 한다. 앞으로 보게 되겠지만 이 모든 방법은, 내가 설명해야 하는 시니피앙 대신에 다른 시니피앙을 제시하는 방법을 의미한다(이런 시니피앙들은 언어적 내지는 시각적일 수도 있지만 우리는 그것을 기호의 〈해석소〉라고 부르기로 한다). 어쨌든 경험적으로 우리는 에스키모인이 언젠가는 /말/의 의미를 이해할 거라는 사실을 알고 있다. 이때 어떤 사람들은 에스키모인의 머릿속에 하나의 〈관념〉 내지는 〈개념〉이 생겨났다고 말한다. 다른 이들은 우리가 그에게 〈반응의 능력〉을 자극했다고 말하며 이런 능력 덕분에 그는 진짜 말을 데려오거나, 자신이 정확히 이해했다는 것을 보이기 위해 갑자기 말의 울음소리를 흉내낼 거라고 말한다. 결론적으로 말하자면 에스키모인이 코드를 갖게 되는 순간부터 /말/이라는 시니피앙은 그것을 말한 사람과 마찬가지로 (아직은 정의하지 않는) 〈시니피에〉를 가리키게 된다. 우리는 이런 시니피에를 〈***〉로 표현하기로 한다〔구어(口語)에서는 시니피에를 가리키기 위해 그것의 시니피앙을 사용할 수밖에 없는 어려움이 있다. 사실 시니피앙 /말/은 시니피에 〈x〉를 가리킨다고 말하는 것이 더 정확하다〕.

이 모든 의미 작용은 말이 부재하는 상황에서도 일어날 수 있다. 우리 눈앞에 있는 말이든, 오래전부터 존재했거나, 지금 또는 미래에 존재할 수 있는 모든 말이든, 그것은 시니피앙 /말/의 〈지시 대상〉이 될 수 있다. 기본적인 상식을 갖춘 사람이라면 이런 지시 대상의 개념이 모호하다는 데 동의하겠지만 이런 개념이 우리의 일상적인 경험을 설명할 수 있는 가장 쉬운 방법이라는 점도 인정할 것이다. 즉 기호를 발신할 때 〈흔히〉 우리는 사물을 다룬다고 생각한다. 그러나 앞서 언급한 삼각형은 시니피앙과 지시 대상의 관계를 점선으로 나타낸다. 이 두 실체의 관계가 불투명하기 때문이다. 그리고 무엇보다 영어에서는 말을 /말/이 아닌 /horse/라고 부를 수 있는 것처럼 이 관계는 대체로 자의적인 성질을 갖기 때문이다. 또 다른 이유는 말이 부재하는 상황뿐만 아니라 어떠한 말도 존재한 적이 없는 상황에서도 시니피앙 /말/을 사용할 수 있기 때문이다. 예를 들어 시니피앙 /일각수/는 분명 존재하며 언제든지 그것을 종이에 쓸 수 있다. 그리고 시니피에 〈일각수〉는 신화나 문장학(紋章學) 또는 중세 전설에 어느 정도 익숙한 사람에게는 너무나도 명백할 따름이다. 그렇지만 일각수의 지시 대상은 실질적으로 존재한 적이 없다.

1·2·3 이런 분류에 대해 제기할 수 있는 지적 사항들은 일반 상식을 넘어서며, 그렇기 때문에 우리는 이 문제를 일단 접어 두기로 한다. 여기서 우리는 위의 삼각형을 새롭게 해석하기로 하는데 그러기 위해서는 삼각형의 세 범주에 대해 여러 학자들이 제시한 다양한 분류 방법들을 살펴볼 필요가 있다.

```
                    해석소(퍼스)
                    지시 현상(오그던, 리처즈)
                    의미(프레게)
                    내연(카르납)
                    지시 대상(모리스, 1938)
                    의미 대상(모리스, 1946)
                    개념(소쉬르)
                    내포적 의미(스튜어트 밀)
                    정신적 이미지(소쉬르, 퍼스)
                    의미 내용(옐름슬레우)
                    의식 상태(뷔상스)

기호(퍼스)                              대상(퍼스)
상징(오그던, 리처즈)                      외시(모리스)
기호의 전달 수단(모리스)                   Bedeutung(프레게)
의미 표현(옐름슬레우)                      외시적 의미(러셀)
대리소(퍼스)                             외연(카르납)
의미소(뷔상스)
시니피앙(소쉬르)
```

이렇게 — 폭넓은 공감대를 형성하지도 않는 — 일반 상식은 기껏해야 삼분법에만 동의할 뿐, 각각의 범주에 부여하는 명칭에 대해서는 엄청난 차이를 드러낸다. 어떤 학자는 우리가 지시 대상이라고 부른 것을 /시니피에/라고 부르며, 우리가 /시니피에/라고 한 것은 /의미/로 취급한다. 그리고 예를 들어 프레게Frege가 〈*Bedeutung*〉이라고 부른 것을 어떤 학자는 〈시니피에〉 또는 〈의미〉로, 또 다른 학자는 〈지시 대상〉으로 간주한다. 이런 차이는 전문 용어상의 차이에 그칠 수도 있지만 때로는 더 근본적인 개념의 차이를 함축하기도 한다. 사실 이 모든 분류법을 논한다는 것은 결국 수많은 논쟁으로 가득 찬 의미론의 역사를 거슬러 올라가는 처사와 다를 바 없다. 그렇기 때문에 우리는 앞으로 위의 분류법 중 몇 가지만을 살펴보는 데 만족하기로 한다. 그럼에도 불구하고 다음과 같은 난처한 문제는 여전히 남는다. 요컨대 이런 분류에서 기호는 과연 무엇인가? 삼각형 위쪽에 위치한 실체들인가? 소쉬르(1916)는 우리에게 기호가 시니피에와 시니피앙을 갖는 양면의 실체라는 것을 가르쳤다(언어학에서는 삼각형 오른쪽에 위치한 지시 대상은 어떠한 관여성도 갖지 않는다고 말한다). 그러나 소쉬르의 견해는 기호의 일상적인 용법이 허용하는 범위를 너무 많이 넘어선다.

게다가 하나의 시니피앙은 다양한 시니피에를 가리킬 수 있는 만큼 소위 기호라는 단위는 매우 까다로운 문제를 제기하며 지속적으로 재구성되는 상호 관계망 속에서 사라져 버리는 경향도 있다. 또한 철학적 담화에서조차 /기호/는 거의 항상 〈시니피앙〉의 동의어, 다시 말해 〈다른 무언가를 대신하는 것〉으로 사용되고 있다. 따라서 기호의 다른 용법을 명시하지 않는 이상, 우리도 /기호/를 〈시니피앙〉의 의미로 사용하기로 한다. 사실, 이론적으로는 /기호/라는 용어가 너무나 모호하고 기만적이기 때문에 그것의 사용을 피해야 한다. 그러나 일상 용법의 모호성을 드러내는 사전적 정의에 따르면 이러한 모호성 뒤에는 일련의 기호학적 불변수가 존재할 수도 있는데 우리는 그것을 편의상 /기호/라는 용어로 지칭하기로 한다.

1·2·4 그러나 분명한 사실도 있다. 즉 의미 과정의 한 요소로서 기호를 분류할 때 기호는 어쨌든 〈다른 무언가를 대신하여 사용된 것〉으로 나타난다는 점이다. 예를 들어 고대인들은 기호를 〈다른 것을 대신하는 그 무엇 *aliquid stat pro aliquo*〉이라고 말했다. 그리고 퍼스는 이를 〈*something which stands to somebody for something in some respect or capacity*〉(1931: 2·228)로 정의하는데, 이는 〈어떤 관계나 명목하에 누군가를 위해 무언가를 대신하는 것〉으로 번역될 수 있다. 여기서 〈어떤 관계〉는 기호가 그 대상 전체를 가리키기보다는 — 다양한 추상화 단계를 거쳐 — 〈이런저런 관점이나 특정한 실천적 사용의 관점〉에서 그것을 대신한다는 의미를 갖는다.

1·3 기호에 대한 세 가지 시선: 의미론, 통사론, 화용론

모리스(1946)는 기호를 정의하는 세 가지 방법을 제안한 바 있으며 학계에서는 그의 방법이 널리 활용되고 있다. 실제로 기호는 다음 세 가지 차원에서 지각될 수 있다.

의미론적 차원 기호는 그것이 의미하는 것과의 관계를 통해 정의될 수 있다.

통사론적 차원 기호는 다른 기호들의 연속체에 도입되는 방법에 근거하여 특정한 조합 규칙에 따라 정의될 수 있다. 사실 〈통사론〉은 기호가 전달하는 시니피에와 무관하게, 그리고 경우에 따라서는 어떠한 시니피에도 전달하지 않는 기호까지 포함하여, 시니피앙 부분의 내적 구조에 대한 연구를 가리키기도 한다(예를 들어 단어를 직접 성분으로 분할하는 방법을 생각할 수 있다).

화용론적 차원 기호는 그것의 근원과 수신자에게 미칠 수 있는 영향, 그리고 수신자들의 기호 사용법 등에 근거하여 정의될 수 있다.

1·4 기호학의 최소 단위

1·4·1 기호의 최소 단위를 정의하는 일은 매우 어려워 보인다. 흔히 우리는 〈단어〉라고 불리는 것들과 그것을 구성하는 알파벳 문자들도 기호로 간주한다. 그렇다면 알파벳 문자들

이 가리키는 소리들도 기호로 간주해야 하지 않는가? 그리고 하나의 곡선이나 점도 기호로 간주할 수 있다면 양궁의 표적은 단일 기호인가 아니면 여러 기호의 구성체인가? 또한 이런 표적의 원형들을 분리하면 그것들은 어떠한 의미를 갖는가? 그리고 /기호/라는 단어가 기호라면 /십자가 기호/라는 표현은 어떻게 분석되어야 하는가? 더 나아가, 대략 〈내가 지금 위치하고 있는 곳〉을 의미하는 /여기/라는 표현이 기호라면 그것은 복합 기호인가 아니면 단일 기호인가? 그리고 이런 표현이 여러 기호로 구성된다면 이런 복합체에서 /여기/는 과연 무엇을 의미하는가? 요컨대 〈내가 지금 위치하고 있는 곳〉을 의미하는가? 이는 물론 화자의 관점을 반영하지만 이런 말을 듣고 있는 청자의 입장에서 보면 /여기/는 〈말하는 사람이 위치한 곳〉을 의미하며 내가 이런 명령에 복종하고자 할 때도 그렇게 이해해야 할 것이다. 그리고 마지막으로 이런 표현을 단일 기호로 간주할 수 없는 이유는 비록 하나의 기호이긴 하지만 경우에 따라 몸짓으로도 표현될 수 있기 때문이다.

1·4·2 고대의 문법학자들과 언어학자들도 이 문제를 정확히 인식하고 있었다. 예를 들어 아리스토텔레스는 다음과 같은 기호를 구분했다.

오노마onoma /필론Philon/, /배/처럼 규약에 근거하여 사물을 가리키는 기호.

레마rhema /그는 건장하다/처럼 시간의 개념을 관련시키는 기호(레마는 항상 하나의 오노마이지만 오노마는 절대

레마가 될 수 없다).

로고스 logos　담화의 차원까지 확장될 수 있는 복합 기호.

<u>1·4·3</u> 이런 구분 이외에도 아리스토텔레스는 ⟨*syn-desmoi*⟩ 라는 기호도 언급하는데 그것은 대략적으로 관사, 전치사, 각종 소사(小辭), 부사 등 독립적인 시니피에가 아닌 문맥적 시니피에를 갖는 기호들을 가리킨다(예를 들어 프랑스어의 /à/는 그 자체로서 의미를 갖기보다는 /*je vais à la maison*/, /*je donne cette chose à un tel*/, /*mettre à feu et à sang*/ 같은 구체적인 표현에서 의미를 갖는다).[2] 이런 구분은 스토아 학파까지 이어졌고 중세의 문법학자들은 이 모든 기호들을 범주적 기호와 공범주적 기호로 한층 더 명백하게 구분한다. 중세 학자들의 구분에 따르면 /집/은 (/가다/ 동사와 마찬가지로) 범주소인 반면에 /……에/는 공범주소이다. 이런 정의는 언어 기호뿐만 아니라 (+, −, ×, ⊃, ∧, ∪와 같은) 논리 수학적 연산 기호에도 해당한다.

<u>1·4·4</u> 물론 그리스 학자들도 한 단어의 시니피에에 추가되는 격어미 기호들을 구분했다. 예를 들어 라틴어에서 /*lupus*/는 오노마이고 굴절 어미 /*us*/, /*i*/, /*um*/들도 역시 기호들이다. 이런 어미들은 내가 늑대한테 행위를 가하는지, 아니면 늑대가 나에게 행위를 가하는지를 설정한다.

---

2 이 문장들은 각각 ⟨나는 집에 간다⟩, ⟨나는 이 물건을 어떤 이에게 준다⟩, ⟨……을 완전히 파괴하다⟩로 해석될 수 있다.

<u>1·4·5</u> 이런 하위 구분은 모리스의 기호 분류법과 관련해서 다시 논의될 것이다(2·9 참고). 어쨌든 분명한 것은 고대인들도 기호의 최소 단위에 대해 고민했다는 사실이며 앞서 언급한 모든 것들이 〈어떤 방식으로든〉 기호라는 사실을 충분히 인식했다는 점이다. 사실 이 문제를 가장 간단하게 해결하는 방법은 어쩌면 〈단순 기호〉와 〈복합 기호〉의 존재를 인정하는 일일 것이다. 물론 복합 기호는 여러 개의 단순 기호로 구성된다. 그러나 문제는 복합 기호의 시니피에가 그것을 구성하는 단순 기호들의 시니피에를 합계한 것에 불과한지를 밝히는 데 있다.

뷔상스Buyssens는 〈기호〉와 〈의미소〉를 언급하면서 이런 구분을 좀 더 예리하게 다룬다. 그에 따르면, 시니피에의 단위는 의미소로서 발신자의 의식 상태를 전달하는 표현이다. 예를 들어 /여기로 오너라/는 하나의 의미소이자 하나의 시니피에를 갖는다. 그러나 /여기/를 고립시켜 보면 그것은 시니피에가 아닌 하나의 〈가치〉만을 갖는다. 엄격히 말하자면 하나의 기호 자체는 의미 작용을 갖지 않는다. 교통 신호판의 화살표는 교통 방향과 관련되는 다양한 의미소를 연상시킨다. 그러나 화살표 자체는 의식 상태를 구체화하지 못한다. 의식 상태를 구체화하기 위해서는 특정한 색깔과 방향을 갖는 화살표가 특정한 장소에 위치한 특정한 신호판에 자리 잡고 있어야 한다. 고립된 단어의 경우도 마찬가지이다. 예를 들어 책상이라는 단어는 다양한 상황을 이야기하는 다양한 문장의 한 잠재적 구성 요소에 불과하다. 따라서 이 단어 자체만으로는 화자의 의식 상태를 재구성할 수 없다(뷔상스,

1943 : 3～38면).

그렇지만 현재로서는 시니피에를 가질 수 있는 모든 실체를 기호로 정의하기로 한다. 물론 /그는 여기에 있다/에서 등장하는 /여기/가 고립되면 그것은 시니피에를 갖지 않는다고 말할 수 있다. 또한 /어디에 있니?/라는 질문에 대한 /여기/라는 대답은 그것이 질문을 전제로 할 때만 의미를 갖는다는 점도 인정해야 한다(사실 이런 대답은 /여기에 있다/로 발화되어야 하는 것의 의미소이다). 그렇지만 또 다른 사실도 지적해야 한다. 예를 들어 초등학생에게 /여기/와 /저기/의 차이를 물으면 아이는 설명할 수 있을 것이다. 즉 하나의 정의를 중개로 아이는 /여기/의 시니피에를 제시할 것이다. 물론 그것은 막연하고 다양한 용법을 반영하겠지만 어쨌든 엄연한 시니피에이다.

퍼스는 다음과 같은 것들도 기호의 범주에 포함시킨다.

—— 술어 기호*Rhème*: 때로는 고립된 단위로서, 때로는 기술 내지는 현대 논리학적 의미의 기능적 명제로서 정의되는 기호.
—— 서술 기호*Dicisigne*: /소크라테스는 유한한 존재이다/와 같은 명제.
—— 논증 기호*Argument*: 삼단 논법과 같은 복합적인 추론.

삼단 논법과 같은 완전한 담화를 하나의 기호로 간주하는 것은 다소 대담한 처사이다. 그러나 몇몇 상황에서는 〈서술 기호〉를 단일 기호로 충분히 간주할 수 있다. 예를 들어 한 사람의 사진과 같은 시각 기호는 단 하나의 의미적 기능을 갖는 동시에 〈안경을 쓰고 검은색 옷차림에 미소를 짓고 있는 사람〉과 같은 문장이자 언어 행위로 해석될 수 있다. 또한 언어 기호를 자의적인 기호로 정의하는 과정에서(그는 언어 기호를 상징 기호라고 부른다) 퍼스는 상징이 하나의 단어에서 한 권의 책에 이를 수 있다고 역설하기도 했다.

기호의 범주에 대한 논의를 정리한다는 의미에서 우리는 (불가피한 예외를 제외하면) 앞으로 (단순 및 복합) 기호와 언술 또는 단어를 구분하기로 한다. 예를 들어 /찻잔/은 단순 기호이며 /커피 한 잔/은 복합 기호이다. 논리학자들은 전자를 명사로, 그리고 후자를 서술로 간주하면서, 둘 중 어느 것도 참이나 거짓일 수 있는 사실을 진술하는 게 아니라 단지 무언가를 외시 *dénotation*한다고 주장할 것이다. 반대로 /이 찻잔은 깨졌다/는 여러 기호로 구성되는 언술이며 그것은 참이나 거짓의 무언가를 진술한다. 이런 의미에서 보면 수많은 단어로 구성되는 이 책은 (퍼스가 제의했듯이) 외연적으로만 하나의 상징으로 고려될 수 있을 것이다. 사실 이미 이 책은 다양하게 조합되는 기호들의 길고 긴 연쇄를 구성하고 있다.

2 ___ 기호의 분류

2·1 첫 번째 분류 기준: 기호의 근원

 기호학의 최근 경향은, 인간과 모든 종류의 존재들이 무생물을 비롯한 다른 모든 존재와 커뮤니케이션을 할 때 사용하는 모든 신호들까지도 연구의 대상에 포함시키려 한다. 따라서 유전 코드에 포함되는 정보와 언젠가는 일어날 수도 있는 외계와의 커뮤니케이션과 관련된 정보들도 기호로 분류되고 있다. 동물들의 커뮤니케이션 체계를 연구하는 〈동물 기호학〉과 생명체 내에서의 커뮤니케이션을 연구하는 내생(內生) 기호학도 바로 이러한 흐름과 맥을 같이한다(동물 기호학은 화학적 및 후각 커뮤니케이션의 모든 방식들까지 연구 대상으로 삼는다).

 그러나 우리는 이러한 극단적인 문제를 다루지 않을 것이며 우리의 연구 범위를 상호 개인적인 관계에 개입하는 기호들, 다시 말해 이미 기호로 인정되는 실체들을 분류하는 데 제한하기로 한다. 그럼에도 세보크Sebeok가 제시하는 기호 분류를 살펴보는 것은 나름대로 의미가 있을 것이다.

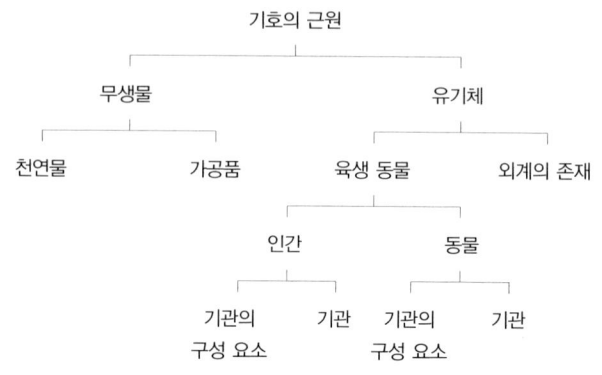

2·2 두 번째 기준: 의미 작용과 추론

2·2·1 아주 오래전부터 사람들은 〈인공 기호〉와 〈자연 기호〉를 구분했다. 인공 기호란 정확한 규약에 따라 (인간 또는 동물일 수도 있는) 누군가가 무언가를 다른 이에게 전달할 때 사용하는 기호들을 일컫는다(예를 들어 단어, 그래프 기호, 그림, 음표 등). 이런 기호의 근원에는 항상 〈발신자〉가 있다. 자연 기호에는 의도적인 발신자가 없으며, 자연적 근원에서 유래하기 때문에 징후나 지표로 해석될 수 있다(예를 들어 의사가 간염으로 진단하게 되는 피부의 반점들, 누군가가 들어오는 소리, 비를 예고하는 먹구름 등). 환희와 같은

무의식적인 기호들처럼 자연 기호들이 특정한 심리 상태의 징후로 나타날 때는 〈표현적 기호〉로 간주되기도 한다. 그러나 이런 기호들이 모사될 수 있다는 사실은 표현적 기호들조차도 사회화된 언어로 〈사용〉되고 있으며, 또한 그런 언어로서 분석될 수 있음을 의미한다.

2·2·2 그렇지만 본래 자연적인 기호들의 경우는 다르다. 많은 학자들은 자연적 현상들을 기호로 분류했지만 다른 학자들(뷔상스와 세그레Segre, 1970)은 그런 기호들의 존재를 인정하면서도 기호로서의 지위는 부여하지 않았다. 이는 〈자연 현상의 기호학〉을 제창한 그레마스Greimas의 관점과는 다른 입장이기도 하다. 그에 따르면 (기상학적 기호나 사람의 걷는 방식 등) 물리적 차원의 모든 현상은 우리가 현실 세계를 해석할 수 있는 의미 작용의 현상들이며, 우리는 수많은 경험을 통해 이런 현상들을 〈읽는〉 방법을 배웠다.

2·2·3 뷔상스의 정의를 수용한다면(그에 따르면 기호는 인간이 자신의 의식 상태를 다른 이에게 전달할 수 있게 하는 그 무엇이다), 어떤 사람이 별 의도 없이 흘리는 〈지표〉나 테이블 위에 새겨진 술잔의 〈흔적〉을 기호로 부르는 일은 단순한 은유에 그칠 것이다. 그렇지만 일상 언어가 이 두 가지 경우를 기호로 지칭하는 것은 우연이 아니다. 그리고 우리는 모리스와 마찬가지로 〈기호는 그것이 해석자에게 무언가의 기호로 해석될 수 있어야만 기호이다〉라는 견해와 〈따라서 기호학은 어떤 특정한 사물의 유형을 연구하기보다는 기호

현상에 참여할 수 있는 일반적인 사물들을 연구하는 학문이다〉라는 입장을 받아들이기로 한다(모리스, 1938).

2·2·4 이런 입장에 반론을 제기하고자 하는 사람은, 우리가 생각하는 기호는 또 다른 현상을 〈추론〉할 수 있는 그런 현상에 그친다고 말할 것이다. 하지만 추론은 논리적이고 지적인 과정이며 반드시 커뮤니케이션 현상일 필요는 없다. 그럼에도 불구하고 다음과 같은 구체적인 사례를 검토해 볼 필요는 있다.

나는 친구를 기다리기 위해 기차역에 가야 한다.

첫 번째 가설 나는 기차에서 내리는 또 다른 친구를 본다. 그는 나에게 말한다. 〈친구 녀석이 다른 객차에 있는데 곧 내릴 거 같다.〉 이런 가설은, 지각할 수 없는 것을 〈대신하는〉 실제적인 언어 기호로 구성된다.

두 번째 가설 나는 내 친구에게 〈도착할 때는 「르몽드」지를 창가에서 흔들겠다〉는 내용의 편지를 받았다. 나는 창가에서 흔들리는 신문을 보고 그 친구가 기차에 있다는 것을 알게 된다. 신문은 단순한 징후에 불과할 수도 있다. 그러나 이 경우 신문을 흔드는 행위는 명백한 규약의 결과이다.

세 번째 가설 나는 짐꾼이 내리는 여행 가방을 보는데 그 것은 동양 여러 나라의 호텔 스티커가 붙은 러시아산 여행용 가죽 가방이다. 나는 여행을 할 때 친구가 그 가방을 주로 사용한다는 사실을 알고 있다. 그 순간, 나는 친구가 도착했다는 사실을 확인하지만 그는 아직 기차에서 내리지 않았다. 가방은 하나의 지표이며 나는 경험에 근거하여 그것을 내 친구와 연관시킨다. 즉 그것은 충분히 사회화된 경험으로서, 내가 살고 있는 사회에서는 〈그 작자는 그런 가방을 들고 여행을 하는 유일한 인간이야〉라는 농담의 대상이 될 수 있다.

네 번째 가설   나는 기차에서 친구의 아내를 본다. 두 사람이 항상 함께 여행을 하기 때문에 그 친구도 기차에 있다고 추론한다.

물론 네 번째 경우는 다소 모호하다. 엄격히 말하자면 친구의 아내는 기호가 아니다. 그렇지만 나는 그녀를 마치 〈그녀와 관련이 있지만 부재하는 무언가를 나타내거나 추론하게 하는 지표, 표시, 징후 그리고 더 일반적으로는 지각된 무엇〉으로 간주한다(이는 앞서 우리가 정리해 본 이상적인 사전의 첫 번째 항목과 일치하는 정의이다). 그러나 이것은 〈지표〉의 의미를 극단적으로 끌고 가는 경우에도 과연 이런 지표들을 〈기호〉로 간주할 수 있겠는가 하는 질문을 낳게 한다.

문제는 (연기나 피부 반점, 또는 여인의 외모와 같은) 지표의 성질보다는 여행 가방의 경우에서처럼, 내 친구와 그 아내 사이의 〈규약적 관계〉와의 밀접한 관련에 있다. 달리 말하자면 기호의 지위는 코드의 존재에 근거한다는 말이다.

2·2·5 어쨌든 우리는 옛날 학자들이 제의했던 몇 가지 정의를 발전시켜 볼 수 있다. 그리고 이런 정의에서 우리는 추론의 문제를 기호학의 영역으로 끌어들일 수 있다. 예를 들어

홉스Hobbes는 다음과 같이 말했다. 〈기호는 결과의 명백한 전항(前項)이다. 아니면 이와 반대로, 유사한 결과들이 확인되는 경우, 기호는 전항의 결과이다. 그러나 결과가 확인될 수록 기호는 더욱 확실해진다〉(『리바이어던』, 1·3). 또한 볼프Wolff는 기호를 〈다른 것의 과거 또는 미래의 존재를 추론하게 하는 무엇〉으로 정의한다(『존재론Ontologie』, 952면). 마지막으로 스토아 학자들은 기호를 〈정당한 연결로 구성되어 결과를 밝혀낼 수 있는 명제〉로 정의한다(섹스투스 엠피리쿠스Sextus Empiricus, 『수학에 반대하여 Adversus Mathematicos』 VIII, 245면).

이런 관점에서 보면 가장 포괄적인 기호의 정의는 아바냐노Abbagnano의 『철학 사전 Dictionnaire de Philosophie』에서 찾아볼 수 있다. 그는 기호를 다음과 같이 정의한다. 즉 기호는 〈다른 사물이나 사건을 가리키는 모든 사물이나 사건이다. 이 정의는 매우 일반적이며 모든 것을 가리킬 수 있는 가능성을 기호의 개념에 포함시킬 수 있게 한다. 예를 들어 결과와 원인(또는 그 역으로), 조건과 그 결과, 회상을 일으키는 자극과 그 회상, 단어와 그 시니피에, 무언가를 가리키는 몸짓과 그 대상, 특별한 상황에서의 지표나 징후와 그 상황 등의 관계를 모두 포괄한다〉.

2·2·6 그러나 결과로부터 원인을 밝혀내는 일과 프랑스어의 /cheval(말[馬])/에서 이 단어의 개념으로 넘어가는 일은 전적으로 다르다. 전자는 복잡한 지능을 요구하는 반면에 후자는 조건 반사의 모든 특징을 갖는다고 할 수 있다. 결국

⟨추론⟩과 ⟨연상⟩은 서로 다른 것이며 언어의 일반적인 사용자는 /cheval/과 이런 시니피앙이 가리키는 시니피에를 거의 구분하지 못한다(이런 특징 때문에 소쉬르는 기호를 시니피앙과 시니피에의 결합체로 간주했다). 그러나 이 문제는 다음 두 예를 통해 접근할 수 있다.

우선 어느 누구도 기호의 지위를 부인할 수 없는 언어 활동의 한 요소, 즉 제유법이라고 일컬어지는 수사학적 표현 기법을 검토해 보자. 콜럼버스의 함대를 표현하기 위해 내가 ⟨*Les voiles du découvreurs de l'Amérique*(아메리카를 발견한 돛)⟩라고 말한다면 이 표현이 지시하는 대상은 간접적으로 지칭되는 셈이다. 여기서 /*voiles*(돛)/은 전체를 부분으로 나타내는 제유법의 형태 중 하나이다. /*découvreur de l'Amérique*(아메리카 발견자)/는 환유법으로서 하나의 행위로 그 행위를 하는 사람을 가리킨다(이런 표현이 환칭 — 즉, 콜럼버스는 그야말로 아메리카를 발견한 장본인으로 제시된다는 말이다 — 일 수도 있다는 점은 일단 접어 두기로 하자). 이 두 표현 기법은 서로를 뒷받침하여 상호 연결되는 의미를 부여받는다. 그리고 이런 상호 연결은 지능의 빠른 작용을 통해 우리에게 하나의 실체에서 다른 실체로의 전환과, /*voiles*/ 대신에 ⟨*navires*(배)⟩를, 그리고 /*le découvreur*/ 대신에 ⟨콜럼버스⟩를 이해할 수 있게 한다. 그러나 과연 이런 작용이 결과에서 원인으로 넘어가는 것과 얼마나 다른지 하는 질문이 제기된다.

사실 수사학적 표현들은 그야말로 복합적인 기호이며, 특별한 추론 능력을 요구하지 않는 /*cheval*/과 같은 단순 기호들과는 비교할 수 없을 정도의 지적 노력이 필요하다. 그러면 다음 문맥에서 나타나는 단어 /cheval/을 보기로 하자. /cet aviateur est très à cheval sur les règlements du club; cela ne l'a pas empêché de faire un cheval de bois hier/.[1] 여기서 /cheval/은 두 번 등장하지만 어느 것도 우리가 잘 아는 동물인 말을 가리키지 않는다. 그럼에도 그것들은 동물로서의 /말/과 언어 행위로서의 /말/처럼 단순한 동음이의어가 아니다. 나는 문맥의 다른 기호들과 비교하여 이 기호의 두 의미 중 하나를 선택해야 하는데 이는 해석이 필요한 일이다. 어쩌면 위의 예가 다소 투박하게 보일지도 모르겠지만, 이보다 훨씬 더 복잡하고 모호성과 다의성의 강도가 더 높은 표현들은 수도 없이 많다(예를 들어 수수께끼와 같은 표현이나 기억술을 위한 암호 표기법을 생각할 수 있다).

이런 경우 의미 작용의 과정은 퍼스가 삼단 논법이라고 부른 추론 과정과 매우 밀접해진다.

---

1 이 문장은 비유적 표현으로서 다음과 같이 해석된다. 〈이 비행사는 비행 클럽의 규칙을 엄격하게 지킨다. 그렇지만 그는 어제 목마를 만들었다.〉 여기서 에코가 말하고자 하는 것은 프랑스어의 /cheval/이 본래의 의미와는 전혀 다르게 사용된다는 점이다. 다시 말해, /cheval/은 기본적으로는 〈말〉이라는 의미로 사용되지만 /être à cheval sur/는 〈무엇에 대해서 까다롭다〉로 해석되며, /cheval de bois/는 〈목마〉로 번역된다.

2·3 세 번째 기준: 기호학적 특성의 강도
(또는 시니피앙이 기호학적인 사용에서 벗어나는 기호들)

2·3·1 앞서 언급한 기호의 분류에 따르면 자연 기호와 인공 기호를 구분할 수 있다. 여기서 자연 기호를 엄연한 기호로 간주하는 이유는 그것들이 기존의 규약 체계에 근거하여 해석되기 때문이다. 그러나 모든 자연 현상들이 기호로 해석될 수 있다고 인정할지라도 우리는 과연 〈모든〉 인공 기호들을 기호로 해석할 수 있는가 하는 질문을 제기할 수 있다. 우선 우리는, 인공 기호 중에서 일부분은(예를 들어 언어와 교통 신호판은) 오로지 무언가를 의미하기 위해 만들어졌으며 (비록 명백한 가공품일지라도) 또 다른 것들은(예를 들어 자동차, 식기, 건축물, 의상, 시계) 커뮤니케이션을 위해 만들어졌다고 말할 수 있다. 그리고 소쉬르가 〈사회 속에서 기호들의 생명〉을 연구하는 일반적인 학술 분야를 구상했을 때 그는 군대 나팔이나 예절의 표시, 맹인들의 점자 기호와 같은 이른바 특수한 비언어적 기호들만을 생각했다는 사실을 지적할 수 있다.

2·3·2 그러나 최근 들어 기호학은 사물을 포함하여 사회와 문화의 모든 측면을 기호의 범주에 포함하려는 경향을 보인다. 즉 〈기능과 의미는 뒤섞이며 이러한 의미화는 필연적이다. 사회가 존재하는 순간부터 모든 용도는 그 용도의 기호로 바뀐다. 우비의 용도는 비로부터 몸을 보호하는 데 있지만 이런 용도는 특정한 기상 상태의 기호 자체와 불가분의

관계를 갖는다. 우리의 사회는 규격화되고 표준화된 사물만을 만들어 내는 만큼 이런 사물들은 필연적으로 한 모델의 실현 결과이자, 랑그*langue*의 파롤*parole* 또는 의미 형태의 실체일 수밖에 없다〉(바르트, 1964:39면).

기호-기능은 현대 기호학의 가장 중요한 관심사로 떠올랐다. 〈공간 근접학*proxemics*〉(홀Hall, 1966)은 두 사람 사이의 물리적 거리, 즉 미터와 센티미터로 잴 수 있는 그런 거리가 어떻게 하나의 사회적 태도를 의미하는지를 보여 주었다. 바야흐로 이러한 거리의 개념을 준수하는 사무용 책상은 명백한 의미 행위를 구성한다. 이런 책상은 내가 기업체의 회장과 이야기를 나누는지 아니면 말단 직원과 이야기를 나누는지를 〈말해 준다〉는 것이다.

2·3·3 또 다른 학자들은 소비 사회의 사물들에 대한 기호학을 정립하려 했다(몰스Moles, 1969; 보드리야르Baudrillard, 1968). 오늘날에는 건축도 커뮤니케이션의 체계로서 연구되고 있다(에코, 1968; 데푸스코De Fusco, 1969; 쾨니그 Koenig, 1970). 몇몇 학자들은 하나의 고립된 사물도(예를 들어 계단이나 문) 그것의 기능을 전달하며, 이런 기능이 실현되지 않을 때도 커뮤니케이션은 이루어진다고 말한다(예를 들어 우리는 닫힌 문을 무작정 통과하려다 코를 다치기보다는 그런 행위를 포기한다).

그렇지만 건축에서는 두 가지 의미를 구분할 수 있다(에코, 1968). 요컨대 건축학의 대상은 우선 (통과하기, 앉기, 나가기, 들어가기 등의) 〈일차적 기능〉을 갖는데 그것은 자연적 기호와 마찬가지로 비의도적 기호로 해석될 수 있다. 왜냐하면 그런 사물을 만든 이는 그것의 기능을 의미하기보다는 기능 자체를 가능케 하려는 근본적인 의도만을 갖고 있었기 때문이다(사실 이 점은 논란의 여지가 있다). 그다음, 거의 모든 건축물은 〈이차적 기능〉을 갖는다. 이런 기능에 대한 건축물의 기호학적 특징은 더욱 명백해진다. 예를 들어 난간이 화려한 조각으로 장식된 계단이나, 왕관을 떠올릴 정도의 화려한 무늬와 특별하게 디자인된 팔걸이와 등받이로 장식된 의자를 생각할 수 있다(그리고 이는 〈앉는 기능〉이라는 일차적 기능의 상실로 이어질 수 있다). 경우에 따라서 이차적 기능은 일차적 기능을 약화하거나 완전히 제거할 정도로 우세할 수도 있다.

이 같은 현상은 의상이나 자동차와 같은 모든 일상적 사물에서도 찾아볼 수 있다. 수도복은 (추위로부터 몸을 보호하고 감싸는) 명백한 일차적 기능을 갖지만 수도사들의 전용물이 됨으로써 이차적 기능을 갖게 되었다. 예컨대 수도복은 도미니크회 수도사와 베네딕트파의 수도사를 구분하기도 한다. 발레용 스커트는 (몸을 감싸는 동시에 드러내 보이는 식으로) 매우 제한되고 심지어는 거의 부재하기까지 하는 일차적 기능을 갖지만 이런 기능은 이차적 기능을 과장하는 역할을 한다.

2·3·4 이 모든 것과 앞 장에서 언급한 내용을 고려하여 우리는 다음과 같이 기호들을 새롭게 분류해 보기로 한다.

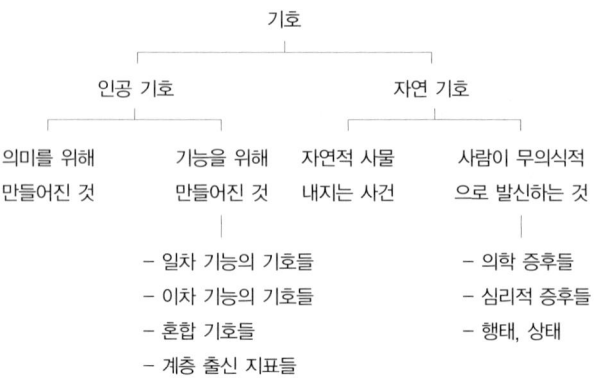

2·4 네 번째 기준: 발신자의 의도와 의식의 강도

<u>2·4·1</u> 어떤 사람은 호전적인 남자다움의 기호들을 과시하면서도 (다시 말해 군복이나 무기 등 특정한 기능을 위해 만들어졌지만 이차적 기능의 의미를 갖는 기호를 내세우면서도) 자신의 몸속에서 과다하게 분비되고 있는 여성 호르몬을 〈본인도 모르는 사이에 드러내거나 표현할 수 있다.〉 마찬가지로 플랑타주네Plantagenêt[2] 가문의 후계자라고 허풍을 떠는 사람이 고상한 단어를 사용하고, 영국 왕실의 화려한 식사를 자랑하면서도, 서민적인 발음을 통해 자신이 천민 출신임을 드러낼 수도 있다(뷔상스, 1943: 11~12면). 이 때문에 몇몇 학자들은 (인공적인 수단으로서 의도적으로

---

2 14명의 영국 왕을 배출한 가문.

발신되는) 〈커뮤니케이션 기호〉와 (속마음을 드러내거나 전달할 의도 없이 무의식적으로 발신되는) 〈표현적 기호〉를 구분했다. 이런 학자들에 따르면 커뮤니케이션 기호들만이 코드화되었고, 표현적 기호들은 직관적으로 이해될 뿐 코드를 따르지 않는다(다시 말해 기호의 시니피앙과 시니피에의 규약적 일치를 설정하는 규칙이 있다는 말이다). 그렇지만 한 배우가 여성적이거나 귀족적인 걸음걸이를 흉내 낼 수 있고, 성직자의 행태나 웅변을 모방할 수 있다는 점은 이런 기호들이 어떤 방법으로든 코드화되었다는 사실을 입증한다. 즉 이런 기호들은 정보를 전달하고 따라서 커뮤니케이션을 위한 인공적 도구로서 의도적으로 사용될 수 있다. 하지만 일상생활에서 대다수의 사람들은 이런 〈신호〉들을 별 의도 없이 발신하며 대체로 그것들은 누군가에게 해석된다. 따라서 우리는, (군복무를 면제받으려는 젊은이들이 간혹 사용하는) 의학적 증세들과 같이 왜곡될 수 있는 것을 포함하여 기호로 간주될 수 있는 모든 형상들을 자연적 기호의 범주에 포함하기로 한다.

어쨌든 한 가지 명백한 사실은, 나도 모르는 사이에 성급함(또는 상대방이 귀찮다는 마음)을 나타내는 손짓을 보일 때 상대방은 그것을 내가 〈드러낸〉 성급함의 기호로 〈읽는다〉는 것이다.

2·4·2 따라서 발신자(E)와 수신자(D)가 기호들을 의도적으로(+) 또는 별 의도 없이(−) 발신 또는 수신할 수 있다는 점과, 수신자가 발신자에게 의식적인 또는 무의식적인 의도

(IE)를 부여할 수 있다는 점을 고려하면 우리는 아래와 같은 도표를 그릴 수 있을 것이다.

E	D	IE
1. +	+	+
2. +	+	−
3. +	−	(+)
4. +	−	(−)
5. −	+	+
6. −	+	−
7. −	−	(+)
8. −	−	(−)

다소 추상적인 도표로 보일 수도 있지만 각각의 사례는 언제든지 일어날 수 있는 커뮤니케이션의 상황을 반영한다. 다음과 같은 상황을 생각해 보자.

1. 한 배우가 관절염 환자의 걸음걸이를 흉내 낸다. 그리고 관객은 의도적인 관절염 환자 연기를 인지한다.
2. 꾀병을 부리는 사람이 관절염 환자의 걸음걸이를 흉내 낸다. 그것을 보는 다른 사람은 그를 진짜 환자로 간주하고 자신의 병을 별 의도 없이 드러낸다고 생각한다.
3. 귀찮은 사람을 보내기 위해 나는 신경질적으로 책상에 손가락을 두드려 댄다. 상대방은 이런 기호를 의식적으로 지각하지 못한다(따라서 그는 내가 이런 기호를 의도적으로 보

냈는지 여부를 알 수 없다). 그러나 그는 나름의 불편함을 느끼고 자리를 뜰 때가 되었다는 것을 알아차린다. 그렇지만 의식적으로 해석된 기호들의 경우, 사실 이런 이해가 〈비의도적〉인지 또는 〈잠재의식의 차원〉인지를 판단하기가 어렵다. 이런 경우는 주의 깊게 듣지는 않았지만 그냥 들리는 단어의 경우와 유사하다. 이때 그는 단어의 소리라는 의미적 자극을 〈들을 수밖에 없지만〉 그렇다고 해서 그것이 무슨 소리인지 식별할 수는 없다. 정신 분석학에서는 이런 사례를 많이 다루어 왔다. 그러나 심리학에서 매우 중요하게 다루는 수신자의 의도성은 기호의 정의에 별 영향을 미치지 않는다. 왜냐하면 기호는 무언가를 의미하기 위해 발신된 것이기 때문이다. 이 문제는 앞서 언급한 불청객의 사례, 즉 시간이 지난 뒤에 메시지를 받았다는 사실을 알아차리고 그것을 의도적인 메시지로 이해하는 상황과도 매우 유사하다.

4. 앞서 언급한 사례와 동일하지만 단지 수신자는 메시지를 의식적으로 수신하지 않았기 때문에 내 의도 자체를 의문시할 수 없는 경우가 있다(어쩌면 그는 나중에 그런 기호들이 본의 아니게 발신됐다고 생각할 수 있을 것이다).

5. 나 자신도 이런 불청객 앞에서 책상 위에 손가락을 두드리면서 속마음을 표출하고 있다는 사실을 모를 수 있다. 그렇지만 상대방은 이런 메시지를 인지하고 그것이 의도적인 행동이라고 판단한 뒤 자리를 떠날 수도 있다. 이 기호는 증후에 해당하는데 차이점은 상대방이 애당초 없었던 의도를 알아차린다는 점이다(즉 하나의 사건에 시니피에를 부여한다는 말이다).

6. 심리 상담실에 마련된 안락의자에 길게 앉아 실언을 하는 경우를 생각할 수 있다. 정신 분석학자는 이런 실언을 엄연한 시니피에를 갖춘 기호로 해석하면서도 그는 자신의 환자가 그런 의미를 부여할 생각조차 못한다는 사실을 알고 있다(정신 분석학자는 경험을 통해 이런 해석을 하게 되었다. 이 코드는 하나의 시니피앙에 수많은 시니피에를 부여하게 하지만 그는 문맥에 근거하여 그것을 해독한다). 정신 분석학에서 흔히 볼 수 있는 또 다른 사례는 꿈을 이야기하는 경우인데 이때 환자는 자신의 꿈이 무언가를 의미한다고 믿지만 정신 분석학자는 그것을 전혀 다른 상황의 기호로 해석한다. 발신자가 실수할 수 있다는 점을 제외하면 이 경우는 5번 사례와 유사하다. 즉 기호는 다의적일 수 있으며 그것의 해석은 문맥에 좌우되기 때문에 이런 경우 정신 분석학자는 해석학자의 역할을 해내야 한다. 그렇지만 정신 분석학은 다양한 모호성을 예측하고 그것들을 모두 나열할 만한 정확한 코드를 제공한다. 어쨌든 〈어떤 사람은 하나의 상징을 사용하면서도 그것의 시니피에를 의식하지 못할 수가 있다.〉 즉 어떤 사람이 만들어 낸 것이 자신에게는 기호가 되지 않고 단지 그것을 해석하는 다른 이에게만 하나의 표현적 기호가 된다면, 기호를 만들어 낸 개인은 그것이 기호라는 사실을 비롯하여 바로 그 기호가 하나의 기호임을 나타낸다는 사실과 그것의 의미조차 구현할 줄 모르는 사람일 것이다. 이런 기호는 당연히 시니피에를 갖지만 그것을 아는 사람은 아무도 없는 셈이다. 따라서 〈무의식의 기호〉, 〈무의식적 시니피에〉 또는 〈잠재의식의 지적 작용〉의 표현에 해당하는 이런 기호들은 좀 더 유연하게 해석할 필요가 있다. 프로이트 학

파가 시도한 것은, 한 개인이 발신하는 몇몇 기호들의 의미 구현을 다른 이들의 그것과 비교하는 동시에, 그런 기호에 대해 스스로 의미를 부여할 수 없는 이유를 이론적으로 정립하는 일이었다. 프로이트가 다루는 상징들은 주로 도상들이며 그렇기 때문에 그것들은 특정한 관계에서만 지시 대상들을 외시한다(하늘을 나는 꿈은 발기된 성기를 가리키며 펼쳐진 책들에 대한 꿈은 여성의 생식기를 상징한다). 이런 도상들은 특별한 은유적 기호의 사례에 해당하는데 도상의 이런 특징은, 환자의 마음속에서 이런저런 과정이 환자에게 실현되지 않은 욕구의 부분적인 만족을 제공하는 은유적 의미를 가로막을 때마다 더욱 두드러지게 나타난다〉(모리스, 1946 : 396면).

7. 앞서 언급한 3번 사례와 유사한 경우를 살펴보자. 귀찮은 사람과 이야기를 나누면서 나는 손놀림으로 그런 감정을 드러낼 수 있다. 상대방은 이런 신호를 무의식적으로 감지하고 자리를 떠난다. 나중에 그는 그때 대화를 떠올리면서 자신은 분명 의도적인 메시지를 받았다고 판단한다. 3번 사례에서는 그가 옳았지만 여기서는 그렇지 않다.

8. 그러면 7번과 4번 사례와 매우 유사한 경우를 살펴보자. 불청객은 얼마 후에 내가 별 의도 없이 그런 신호를 보냈다고 생각하며 나의 그런 행위를 징후로 해석한다. 네 번째 사례에서는 잘못 판단했지만 여기서는 그가 옳다. 그렇지만 이 상황은 또 다른 해석을 가능케 한다. 즉 나는 나도 모르게 그런 마음을 드러냈지만 상대방은 왠지 불편함을 느끼고 자리를 떠나는데 그 순간에는 물론이고 시간이 지난 후에도 그는 실제 일어난 일을 인식하지 못한다. 그러나 이것은 일상생활에서

매우 흔하게 볼 수 있는 경우로서 기호의 문제와는 전적으로 무관하다. 왜냐하면 기호학적 상황이 있었는지, 또는 단순한 자극-반응의 관계만이 있었는지, 또는 기호학이 아닌 심리학이 다루어야 하는 무언가가 일어났는지를 우리는 알 수 없기 때문이다.

사람들의 관계는 매 순간 이런 의미 작용의 교환으로 채워진다. 그리고 우리가 위의 사례들을 정리한 이유는 그것들이 언제든지 고의로 활용될 수 있기 때문이다. 다시 말해 우리는 언제든지 다의적이거나 모호한 상황을 연출할 수 있다. 심지어는 여러 상황을 적당하게 뒤섞을 수 있으며 더 나아가서는 모든 상황이 동원되는 다양하고도 극적인 상황을 일부러 만들어 낼 수도 있다. 다양한 오해를 소재로 하는 코미디와 우리의 목록을 비교한다면 이런 상황들이 다양한 희극적 상황과도 일치한다는 것을 알 수 있다. 다시 말해, 이미 플라우투스Plautus와 안토니오니Antonioni가 구상한 것처럼, 이런 상황들은 인간 관계에 미치는 근본적인 상호 작용들을 추상적으로 표현한다고 할 수 있다. 이 문제에 관해서는 기호학, 심리학, 사회학의 교차점에 위치하는 어빙 고프먼Erving Goffman(1963, 1967)의 저술을 참고할 수 있다.

2.4.3 위의 2번 사례를 다시 살펴보자. 어떤 사람이 특정한 상황을 흉내 낼 때, 상대방은 이런 행위를 별 의도 없는 것으로 생각하면서 그가 실제로 관절염을 앓고 있다고 믿을 수 있다. 그러나 배우가 이런 증세를 모방하고 관객들이 그것을 분명 흉내로 해석할 때 배우는 진짜 관절염 환자일 수도 있다.

따라서 수신자가 발신자에게 부여하는 의도성의 문제와 더불어 발신자가 수신자에게 부여받았으면 하는 의도성(IED)의 문제도 고려해야 한다. 결국 우리의 도식은 다음과 같이 복잡해질 수밖에 없다.

IED	E	D	IE
+	+	+	+
+	+	+	−

여기서 조합의 가능성은 더욱 커진다. 예를 들어, 〈− + + +〉와 같은 조합은 정체가 드러난 모방자를 가리키며, 〈− + + −〉는 완벽한 모방을 의미한다.

그렇지만 이런 계산법은 기호들의 의도적인 특징과 전혀 무관하다. 오히려 이것은 화용론의 문제와 심지어는 〈모사의 기호학〉과 관련이 있다. 사실 여기서 논의되는 문제는 발신자가 수신자에게 부여받았으면 하는 의도성에 있으며 이것은 그야말로 기호를 사용하는 효과의 문제이자 설득을 위해 발신자가 기호를 사용하는 방법과 직결된다. 이는 결국 수사학의 문제이고, 수사학은 기호의 기호학이 아닌 담화 기호학에 포함된다. 그렇기 때문에 우리는 이러한 관계들이 기호의 본질에 영향을 미치기보다는 오히려 연구의 영역을 의도적이고 인공적인 기호에만 국한한다고 말할 수 있다. 즉 (두 번째 칸에 〈−〉를 갖는 조합) 〈+ − + +〉와 같은 모든 조합에서는 의미가 결여된다는 말이다. 왜냐하면 발신자가 별 의도 없이 징후를 만들어 낸다면 그는 수신자가 어떠한 의도를 부여하리라는 기대를 할 수 없기 때문이다. 물론 이 문제는 기호의 정의에 별 영향을 끼치지 않는다. 그 대신 이 문제는 정치적, 종교적 담화를 비롯하여 언론과 텔레비전의 수사학과 연애술 등 설득의 담화를 정의할 때 매우 중요한 변수로 작용한다. 예를 들어 〈상대를 멀리하는 자가 애정의 승리자이다〉라는 공식으로 유명한 상황은 (애정 관계에서의) 성공의 영광은 다름 아닌 모사라는 〈− + + −〉의 모델에 근거한다.

2·5 다섯 번째 기준: 물리적 경로와 수신자의 감각 체계

2·5·1 누구보다도 가장 주변적인 신호 체계에 관심을 기울인 세보크는 기호 전송의 물리적 경로에 따라 기호를 분류했다.

2·5·2 하지만 다른 학자들은 기호의 수신 기관이라고 할 수 있는 인간의 감각 경로를 기준으로 커뮤니케이션의 수단들을 구분하기도 한다. 이런 분류법은 위의 도표에서 언급한 경로와 생리 기관을 통해 수신자가 신호를 수신하고 그것을 메시지로 변형하는 작용에 기초한다.

후각 기호 후각 기호는 다양한 징후와 지표(음식 냄새는 그 음식의 존재를 나타내는 기호이다), 몇몇 인공적이고 의도적인 기호(예를 들어 신체의 청결함이나 사회적 지위, 또는 에로틱한 유혹을 표시하는 향수)를 포함한다. 또한 서로를 끌어당기거나 멀리하기 위해 사용되는 동물의 냄새들도 이런 범주에 속한다(이런 냄새들은 〈이쪽으로 오라〉 또는 〈저기로 가라〉와 같은 언어적 명령과 대등한 가치를 갖는다).

촉각 기호 점자 기호에 속하는 것들.

미각 기호 요리도 커뮤니케이션 수단이라는 것은 이미 널리 알려진 사실이다(레비스트로스, 1964). 어떤 향료나 양념은 그 음식이 속하는 국적의 지표가 될 수 있다. 게다가 특정한 상황에서는 하나의 메시지를 전달하기 위해 달거나 짠 음식, 또는 부드럽거나 강한 맛의 음식을 사용할 수 있다.

시각 기호 이 범주에는 영상에서 문자, 과학 기호에서 도식에 이르는 수많은 기호들이 포함된다.

청각 기호 다양한 종류의 신호들을 포함하며 그중 가장 중요한 것은 자연 언어이다.

2·5·3 뷔상스는 이런 기호 범주들을 〈의미군 *sémies*〉이라고

부르며 그중 청각 기호가 가장 중요하다고 말한다. 왜냐하면 (촉각 기호와 미각 기호와는 달리) 청각 기호들은 발신원이 가까이 있을 필요도 없고 빛을 요구하지도 않기 때문이다. 그다음 중요한 것은 시간이 흘러도 보존될 수 있는 시각 기호들이다(〈말은 사라지지만 글은 남는다〉는 것이다). 따라서 우리의 문명이 우선 청각 기호를 사용한 다음 시각 기호를 사용한 것은 우연이 아니다. 스토아 학자들은 청각과 시각을 〈인지의 준칙 maxime cognoscitivi〉으로 정의했지만 그것을 〈커뮤니케이션의 기준 maxime communicativi〉으로 정의했어도 좋을 뻔했다. 그러나 많은 학자들은(예를 들어, 홀, 1966) 우리 사회에서는 아직 기호로 인정받지 못하는 수많은 기호들이 존재한다고 지적한다. 그중에는 열(熱) 기호와 후각 기호들을 거론할 수 있다(우리는 함께 춤을 추는 사람이 뿜어내는 열로 상대방의 감정 상태를 느낄 수 있으며, 특정한 집단에 속하기 위해 특유의 신체 냄새를 강화하거나 줄일 수도 있다. 예를 들어 히피 집단과 사업가 집단에서 입 냄새를 풍기는 행위는 매우 다르게 해석된다). 그리고 수많은 비밀 집단들은 외부 사람들이 지각조차 할 수 없는 촉각적 신호를 일종의 상호 확인용 신호로 사용한다. 또한 동일한 시각 기호와 청각 기호 중에는 기호학이 최근에 들어서야 관심을 갖기 시작한 기호들이 있다. 즉 오래전부터 연필로 그리는 기호나 우리의 발성 기관이 만들어 내는 소리들은 기호로 취급되었지만, 몸짓이나 목소리의 억양들은 명백한 기호로 간주되지 않았다. 그러나 오늘날 동작학 kinésique에서는 수많은 몸짓 기호들을 분류하고 분석하고 있다(세보크,

베이트슨Bateson, 헤이스Hayes, 1964). 그중 몇몇은 매우 엄격하게 코드화, 규범화되었지만 다른 것들은 즉흥적인 것으로 보인다. 지중해 사람들의 몸짓 기호는 바로 이러한 즉흥적인 기호에 포함된다. 예컨대 나폴리 사람이 단순한 몸짓으로 〈미안하다〉, 〈미쳐 버리겠다〉, 〈성적 유혹을 느낀다〉를 비롯하여 무시, 의문, 포기 등의 개념을 어떻게 표현하는지를 생각해 볼 수 있다. 그리고 스웨덴인과 인도인 사이에는 이런 몸짓이 얼마다 다르게 나타나는지를 생각해 보자. 또한 준언어학 *paralin-guistique*과 같은 학문 분야에서는 목소리의 억양과 억양 곡선, 악센트 등을 분류한다(트래거 Trager, 1964). 이런 것들은 언술을 해석하는 데 결정적인 가치를 가지고 있을 뿐만 아니라(예를 들어 /여기로 오너라/가 명령인지 간청인지를 구분하는 것은 억양뿐이다) 언어 행위의 가치를 구분하는 독립적인 자질로 간주될 수도 있다. 동양의 몇몇 언어에서는 우리가 동일한 단어로 생각하는 것들이 음의 높이에 따라서 서로 다른 두 개의 단어로 구분되기도 한다.

2·5·4 마지막으로 우리는 다양한 기호 범주들이 동일한 감각 경로로 전달될 수 있다는 점을 지적해야 한다. 따라서 시각 기호의 범주 안에서도 몸짓 기호와 문자 기호라는 두 가지 기호를 구분할 수 있다. 그러나 이러한 문자 기호에서도 /a/는 경우에 따라 (예를 들어 /아내/라는 단어의 구성 요소인) 음성적 전송의 대체물 내지는 대수학의 상징 기호가 될 수 있다(예를 들어 /a=b/에서 /a/는 수학적 실체를 의미한

다). 따라서 우리는 /a/가 두 가지의 범주에서 서로 다른 지위를 갖거나 두 가지 코드에 속한다고 말할 수 있다.

2·6 여섯 번째 기준: 시니피에와의 관계

2·6·1 이미 고대의 학자들은 한 기호의 시니피에가 일의적이거나 다의적일 수 있다는 점을 지적했다. 다시 말해 한 단어가 여러 사물을 가리킬 수 있다는 말이다. 이를 토대로 고대인들은 다음과 같은 분류를 제시했다.

일의적 기호 수학 기호들이 그렇듯이 어떠한 이중의 의미도 있을 수 없는 단일 시니피에의 기호가 있다. 과다한 일의성은 두 기호가 하나의 시니피에를 갖는 〈동의어〉를 만들어 낼 수 있다.

동음이의의 기호 여러 시니피에를 갖지만 그것들 모두가 중요한 시니피에로 인식되는 기호. 대체로 동음이의의 기호는 두 개의 상이한 시니피에를 갖는다.

다의적 기호 몇몇 기호들은 내포적 의미(다시 말해 기존의 시니피에에 제2의 시니피에가 겹치는 경우) 내지는 다양한 수사학적 표현 기법의 영향을 받아 이 같은 특징을 갖는다. 예를 들어 은유를 비롯한 각종 비유법들을 생각할 수 있다.

모호한 기호 〈상징〉이라고 불리는 이런 기호들은 일련의 시니피에들과 막연하고도 암시적인 관계를 유지한다.

__2·6·2__ 이런 구분은 (사전 편찬 작업과 같은) 의미적 분류법에서 사용되고 있다. 예를 들어 프랑스어의 /*grenade*/가 과실류(석류) 또는 공격형 무기(유탄, 수류탄)를 의미한다는 사실은 의심의 여지없이 동음이의어의 사례라고 할 수 있다. 그렇지만 이는 두 개의 시니피에를 갖는 기호가 아니라 두 개의 시니피에가 동일한 형태의 시니피앙으로 표현되는 경우이다. 기호를 시니피앙과 시니피에의 결합체로 정의한다면 이 경우는 〈하나의〉 공통적인 특성을 갖는 〈두 개의〉 기호라고 할 수 있다. 동음이의어는 〈뜻〉의 차이를 훨씬 넘어서는 문제를 함축한다. 요컨대 /기호/라는 용어도 여러 가지의 가능한 〈의미〉를 갖는다. 그러나 〈모든〉 기호가 수많은 의미를 가질 수 있는지를 물어야 한다. 만약 그렇다면 일의적 기호는 존재하지 않을 것이다.

__2·6·3__ 심지어 엄밀한 의미에서 동의어는 존재하지 않는다고 말할 수 있다. 동일한 시니피에가 두 개의 서로 다른 시니피앙으로 표현될 때도 다양한 뉘앙스는 생겨나기 마련이다. 예를 들어 〈권총〉을 의미하는 프랑스어의 /*revolver*/는 /*pistolet*/의 동의어가 결코 아니지만 그런 의미로 사용될 수는 있다.[3] 또한 /*aéroplane*(옛 비행기)/은 이 용어에 내포된 〈문체 차원의 함축〉을 고려하지 않는 이에게만 (또는 아직도 하늘을 정복하려는 이에게만) /*avion*(비행기)/과 동의어이다.

---

3 엄격히 말해 *revolver*는 회전식 탄창을 갖춘 〈연발 권총〉을 의미하고 *pistolet*는 탈착식 탄창을 갖춘 〈(반)자동 권총〉을 의미한다.

2·6·4 사실, 연산 기호와 수많은 수학 기호들처럼 절대적인 일의성을 지닌 것으로 보이는 기호들도 존재한다. 그러나 이런 상징들은 (분수 연산이나 정수 연산 등의) 정해진 규범 안에서만 통사적 일의성을 갖는다. 그러나 의미적으로는 모든 가능한 의미를 부여받을 수 있으며 심지어 기호 논리학에서는 자유 변이체의 기능을 할 수도 있다. 따라서 최대의 일의성은 곧 최대의 개방성을 의미하는 셈이다. 마찬가지로 일반 명사에 비해 고유 명사는 절대적인 일의성을 갖는다고 할 수 있다. 그렇지만 수많은 사람이 /Jacques/라는 이름을 가질 수 있기 때문에 그것은 오히려 동음이의어, 즉 여러 의미의 기호를 대표하는 셈이다.

2·6·5 모호한 기호 내지는 (시학적 의미의) 상징들은 역사 속에서 너무나도 막연하고 가변적으로 정의되어 온 나머지 정확하게 규명하기가 불가능하다. 괴테(『산문 격언집 *Sprüche in Prosa*』, 724면)는 〈상징화는 우리의 경험을 관념으로 바꾸고 그 관념을 다시 이미지로 바꾼다. 그럼으로써 이미지 안에 자리 잡은 관념은 항상 능동적이고 접근 불가능한 것으로 남는다. 따라서 여러 언어가 그것을 표현할 수도 있지만 사실상 제대로 표현될 수는 없다〉고 말한다. 엄격하게 말하자면 이런 정의는 소위 상징이라는 것들을 실제 기호가 아니라, 무엇보다 수신자의 창의적인 협력을 유발하는 자극으로 간주한다.

사실, 〈시적 상징〉으로서의 상징은 특별한 기호의 유형이 아니다. 왜냐하면 그것은 텍스트 전략의 효과이기 때문이다.

특정한 텍스트 안에서는 하나의 단어나 문장, 또는 교통 신호판 내지는 그림과 같은 모든 기호가 〈상징적 가치〉를 부여받을 수 있다. 따라서 은유나 알레고리를 포함하는 모든 수사적 표현들과 마찬가지로 시적 상징은 텍스트 이론의 차원에서 연구되어야 한다. 이런 의미에서 시적 상징의 문제는 이 책의 범위를 벗어난다고 할 수 있다(에코, 1984:「상징」).

그러나 간혹 십자가나 〈로터스 *Lotus*〉 또는 〈만다라 *Mandala*〉를 상징으로 받아들이는데, 사실 그것들은 때로는 확고하게 코드화되었거나 때로는 여러 코드들의 교차점에 위치함으로써 매우 다의적인 방법으로 사용되는 도상들이다.[4] 그리고 경우에 따라서는 안정적이고 의무적인 기호로 바꾸려는 의도조차 없이 사용자가 나름의 코드를 적용하는 자연 기호들도 이런 성질을 가질 수 있다.

2·6·6 기호를 분류할 때는 또 다른 기호를 가리키는 기호들을 따로 구분해야 하는데 이런 기호들은 흔히 〈대체 기호〉라고 불린다.

상식적으로 우리는 /말/이라는 소리를 발음하는 것과 /말/이라는 글자, 그리고 그것을 모스 부호로 옮긴 신호를 쉽게 구분한다. 그러나 〈머릿속〉의 시니피에 내지는 〈사물〉을 가리키는 것은 음성으로 표현되는 기호뿐이다. 즉 문자 기호는 발성 기호를 가리키지만 모스 부호는 문자 기호를 가리키지

---

4 로터스는 그 열매를 먹으면 황홀한 기분에 취해 온갖 시름을 잊고 즐거운 망각 생태에 빠진다는 그리스 전설 속 상상의 식물이다. 〈만다라〉는 융 심리학에서 자아를 통합하려는 상징을 가리킨다.

않는다. 모스 부호들은 (즉 점과 선으로 구성되는 이런 기호들은) 고립된 기호로서 알파벳의 문자들을 의미하며 다시 이런 문자들은 문자 언어 코드의 법칙에 따라 결합한다. 그렇지만 문자 언어 코드가 제공하는 문자의 결합 규칙은 구두 언어의 음소들의 결합 방식을 그대로 재현하지 않는다. 예를 들어 문자 언어는 /ê/과 같은 하나의 음소를 두 개 내지 세 개의 알파벳 문자로 표현한다(*in*, *ain*, *ein*……). 또는 두 개의 음소를 단 하나의 문자로 표현하기도 한다. 예를 들면 프랑스어에서 음소 /z/는 /s/로 표현되기도 하고 때로는 /z/로 표현되기도 한다. 그리고 /c/는 /*cent*/과 /*racle*/에서 각각 /s/와 /k/로 발음된다.

따라서 모스 부호는 문자 언어에 기생하며, 차원은 다르지만 문자 언어 역시 구두 언어에 기생한다고 말할 수 있다(그렇지만 여기서는 구두 언어가 아닌 문자 언어를 사용함으로써 특수한 효과와 선택을 강요하는 강력한 문체적 내포의 담화들은 제외된다).

마찬가지로 음악 표기법도 음악 자체에 기생하는 언어이다. 그렇지만 뷔상스가 〈대체 기호〉라고 부르는 기호 체계를 〈메타언어〉와 혼동해서는 안 된다. 메타언어는 다른 언어의 요소를 의미하기보다는 대상 언어의 구성적 법칙을 분석하기 위해 사용되는 언어이다.

2·6·7 지금까지 검토한 기호들은 다음과 같은 도식으로 정리될 수 있다.

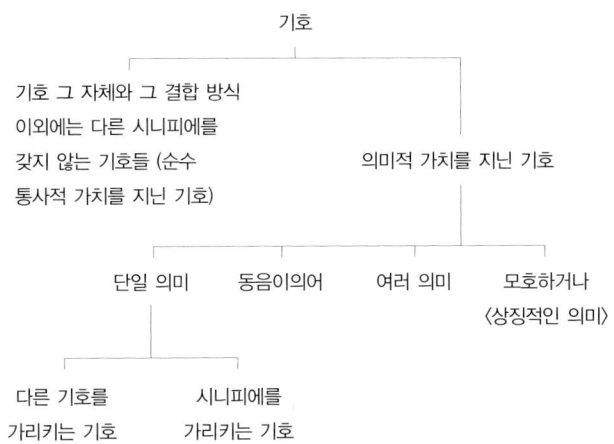

(또 다른 분류법에 관해서는 제4장을 참고할 수 있다.)

2·7 일곱 번째 기준: 시니피앙의 재생 가능성

2·7·1 이제부터는 지시 대상의 일부분을 시니피앙으로 사용하는 〈본질적인 기호〉들을 규명해 보기로 한다. 그렇지만 한편으로는 지시 대상을 (또는 그것의 일부분을) 시니피앙으로 간주하는 기호와, 다른 한편으로는 시니피앙이 곧 지시 대상인 기호를 구분할 수도 있다. 예를 들어 우리는 〈몇 그램의 금〉을 의미하는 금화를 생각할 수 있다. 이런 화폐는 그것으로 구입할 수 있는 모든 재물의 가치를 갖기 때문에 기호로 볼 수 있으며, 이 견해에 이의를 제기할 사람을 없을 것이다. 그러나 금화에는 그것을 만들 때 사용한 재료의 가치도

들어 있다. 이와는 반대로 단어와 같은 기호도 있는데 그것은 무한하게 사용될 수 있다.

2·7·2 그러나 이런 구분은 또 다른 문제를 제기한다. 즉 한편으로는 아무도 본 적이 없을 수도 있는 추상적인 전형과 실제로 사용될 수 있는 그것의 물리적 재생품들이 있다(이것이 구두 언어의 기호들이다). 이런 복제물은 교환의 가치를 갖지 않는다. 다른 한편으로는 재생품이 교환의 가치를 갖는 기호들과(예를 들어 화폐), 본래의 추상적인 전형과 그 재생품이 동일한 기호들도 있다(의심의 여지 없이 라파엘로의 「동정녀 마리아의 결혼식」은 무언가를 전달하면서도 유일본으로 존재하는 복합적인 기호이다).

2·7·3 이러한 구분은 〈자체 반향적인 특징〉을 띠는 미적 기호의 문제를 제기한다(이 문제는 야콥슨Jakobson의 기호 분류를 논할 때 다시 거론하기로 한다. 2·10·3 참고). 다시 말해 이런 기호들은 무엇보다 특유의 물리적 구성을 의미한다. 즉 라파엘로의 그림을 재생할 수 없는 이유는 그것이 〈사원 앞에서 진행되는 헤브라이식 혼례를 보면서 실망한 구혼자들이 자신들의 무릎으로 직장(職杖)을 부순다는 것〉을 의미하는 데 있는 것이 아니라, 화법 특유의 결, 독특한 색체의 뉘앙스, 화폭의 특수한 조직 등에 관람객의 관심을 모으기 때문이다. 따라서 예술 작품은 그것의 구성 방식까지도 전달하는 기호라고 할 수 있다.

2·7·4 이런 분류법이 제기하는 문제는 퍼스의 다음과 같은 평행적 구분을 통해 해결될 수 있다(2·244~2·246과 4·537 참고).

질기호(Qualisigne 또는 Ton) 이것은 특성으로서의 기호를 가리킨다. 예를 들어 목소리의 톤이나 어떤 의상의 색깔과 옷감들이 그것이다.

단기호(Sinsigne 또는 Token) 여기서 *sin*은 라틴어의 〈단일성, 유일성〉을 의미한다. 즉 단기호는 〈실질적인 존재성을 갖는 사물이나 사건〉을 가리킨다. 이것은 합법 기호(*légisigne* 또는 *type*) 내지는 추상적인 모델의 복제물로서 질기호의 존재를 함축한다. 단기호는 지금 우리가 사용하는 단어들과 마찬가지로, 잉크만 있으면 다른 책에서도 무한하게 쓰일 수 있는 기호들이다. 잉크의 존재는 질기호*ton*를 구성하지만 기호의 사용 자체를 결정하지는 않는다. 왜냐하면 이런 단어들은 의미상의 어떠한 변화도 없이 빨간 잉크로 쓰일 수 있기 때문이다. 그렇지만 미적 효과를 추구하는 광고 포스터에 문자의 크기와 그 형태, 색깔은 매우 중요하게 작용하며 그 결과 단기호는 질기호와 동일한 기능을 갖게 된다.

합법 기호(Légisigne 또는 Type) 이것은 단기호의 추상적 모델이자 〈법칙으로서의 기호〉이다. 예를 들어 사전에서 찾아볼 수 있는 의미 가치로서의 단어가 그것이다. 우리는 단기호로만 합법 기호를 알 수 있지만 〈이러한 복제에 의미를 부여하는 법칙이 없으면 복제는 의미를 가질 수 없다〉(퍼스, 1978: 139면).

<u>2·7·5</u> 이쯤에서 예술 기호를 정의해 볼 수 있다. 즉 예술 기호는 단기호이자 질기호이며, 비록 합법 기호를 재료로 사용하는 경우에도 그 자체로서 의미를 부여받는 기호라고 할 수 있다.

금화는 합법 기호적인 규약에 근거하는 단기호이지만 질기호의 가치를 갖는다(합법 기호는 단기호의 시니피에가 그것의 질기호임을 설정한다).

지폐는 단기호이며 그것의 합법 기호는 일정한 금량의 가치를 설정한다. 그러나 이러한 재생품이 (투명 무늬, 일련 번호 등) 질기호의 특징에 따라 실현되면 그것은 자체가 질기호로 변하며 그럼으로써 복제가 불가능해진다. 따라서 금은 희귀하기 때문에 질기호인 반면에 지폐는 합법 기호적 자의성 덕분에 가치를 부여받는 셈이다. 그러나 지폐 역시 희귀하기 때문에 질기호이며 금 자체도 가치 단위를 규약적으로 설정하기 위해 선택되었다고 말할 수 있다(예를 들어 금 대신 우라늄을 사용할 수도 있다).

<u>2·7·6</u> 이런 분류법은 다음과 같이 요약할 수 있다.

2·8 여덟 번째 기준: 지시 대상과의 관계

<u>2·8·1</u> 기호와 그것이 가리키는 사물이 명확한 관계를 갖는다고 생각한 퍼스는 기호를 〈지시 기호〉와 〈도상〉 그리고 〈상징〉으로 구분했다.[5]

지시 기호 지시 기호는 그것이 가리키는 대상과 물리적인 관계를 유지하는 기호이다. 손가락이 사물을 가리키거나 풍향기가 바람의 방향을 나타낼 때, 또는 연기가 불의 존재를 가리키는 경우를 생각할 수 있다. 심지어는 /그것/과 같은 지시 대명사나 고유 명사, 그리고 정확한 사물을 가리키는 일반 명사들도 지시 기호로 분류할 수 있다.

도상 기호 도상 기호는 어떤 식으로든 그것의 내적 특징이 그 대상의 특징과 일치하며 그렇기 때문에 일종의 유사성을 기준으로 사물을 가리키는 기호이다. 모리스(1946: 362면)가 말했듯이 한 기호는 그것이 외시하는 대상의 특성을 지니기 때문에 도상 기호로 간주될 수 있다. 이런 의미에서 복사본이나 그림, 도식 이외에도 논리 형식과 특히 정신적 이미지도 도상 기호에 포함된다.

---

5 이탈리아어판은 *indice*와 *indizio*를 명확하게 구분한다. 즉 물 자국은 비가 왔다는 사실을 가리키는 *indizio*인 반면에 화살표는 *indice*이다. 여러 차례 활용되는 이런 구분은 사실 매우 중요하다. 그러나 저자의 끈질긴 압력 때문에 우리는 이런 용어들을 각각 〈지시 기호*index*〉와 〈지표*indice*〉로 옮기기로 했다. 그럼으로써 우리는 가장 많이 인용되는 퍼스의 번역판과는 다른 용어를 사용하는데 원본에서는 영어 단어 *index*와 *indexical*을 사용한다는 점을 밝혀 둔다 — 원주.

상징 퍼스가 말하는 상징이야말로 자의적인 기호이다. 즉 대상과의 관계가 규약으로 결정된다는 말이다. 그 대표적인 예가 언어 기호라고 할 수 있다.

이 같은 분류는 수많은 연구에서 활용된 바 있는데, 때로는 퍼스가 이런 분류법에 부여한 이론적 의미가 희석되기도 했다.

이런 분류가 큰 관심을 모았던 이유는 그것이 일반 상식을 만족시켰다는 데 있다. 그러나 이런 분류법을 자세히 살펴보면 그것은 매우 심각한 비판의 대상이 될 수 있으며 극복하기 어려운 문제를 야기한다는 사실도 확인할 수 있다.

2·8·2 예를 들어 지시 기호란 근본적으로 무엇인가? 그것은 대상을 (손가락과 같은) 물리적 인접 관계로 가리키는 기호인가, 아니면 (연기를 만들어 내는 불처럼) 인과 관계로 가리키는 기호인가? 그리고 인과 관계와 같은 연결은 직접적으로 설정되어야 하는가(연기-불), 아니면 시차를 둘 수 있는가(발자국-지나간 사람)? 한때 학자들은 상징과 여타 기호들의 차이에 대해 다음과 같은 가설을 제시했다. 즉 언어 기호는 그것이 가리키는 대상의 가치를 갖는 반면에, 연기는 불의 가치를 갖기보다는 그런 불과 함께 나타난다는 것이다(라랑드Lalande, 『철학 사전*Dictionnaire de Philosophie*』). 이런 가설에 대해 우리는 연기가 불을 가리키는 기호의 가치를 갖기 위해서는 그런 불을 볼 수 없어야 하며 그럼으로써 연기-기호는 불이 〈부재하는〉 상황에서만 존재한다고 대답할 수 있다(사실 불을

볼 수 있다면 연기를 통해 그것을 추론할 이유가 없다). 마찬가지로 발을 더 이상 볼 수 없을 때만 발자국은 발의 가치를 갖게 된다. 대상의 부재라는 규칙에서 유일하게 제외되는 것은 엄격한 의미의 지시사들이다. 예를 들어 손가락 표시가 그것인데 이런 벡터*vecteurs*, 또는 방향 기호들은 그 대상과 인과 관계를 유지하기보다는 그런 대상이 존재할 때만 유효하다.

퍼스가 술어의 지시적 단기호라고 부르는 기호들은 (여기에는 지시 대명사들도 포함되는데) 매우 드물게 손가락이라는 해석소가 가리키는 구체적인 상황을 지시한다. 따라서 그것들은 오히려 문맥적 지표가 되고 그 해석소는 다음과 같이 정의된다. 즉 〈앞서 지칭된 단어로서 올바른 의미적 연상 작용에 따라 그 기호가 가리키는 것〉이다. 따라서 /너는 너무 많이 먹는데 그것이 마음에 안 든다/는 언술에서 /그것/은 구체적인 대상을 지시하기보다는 〈너무 많이 먹는다〉를 가리킨다.

손가락으로 가리키는 상황과 밀접한 관계가 있는 것으로는 인칭 대명사의 사용이 있다. 인칭 대명사가 사용되는 표현은 〈함축된 구성적 지시 대상〉을 갖는다. 언어학자들은, 시니피에가 주체와 발화 상황에 따라 바뀌는 이런 인칭 대명사들을 〈연동소 *shifters, embrayeurs*〉라고 불렀다. 프랑스어에서 /*je*/는 일반적으로 언술의 주어로 사용되는 대명사이며 이런 언술에서 그것은 구체적이고 특정한 주체를 가리킨다. 예를 들어 /*je voudrais une pomme*/에서 /*je*/는 우선 〈언술의 주어〉를 의미하며 이차적으로는 〈언술 행위의 주체〉를 가리킨다. /*je*/의 지시 대상은 문장을 발화하는 사람에 따라 바뀌는 언술 행위의 주체이다. 이런 의미에서 인칭 대명사는 손가락이 가리키는 것과 동일한 기호적 가치를 갖지 않는다. 왜냐하면 손가락은 특정한 대상을 가리키지 않을 수도 있는 반면에 /je/는 항상 문장을 발화하는 사람을 가리키기 때문이다. 이러한 차이는 실존하지 않는 소설의 인물이 /je/라고 말하는 상황에서도 유효하다. 이런 경우는 문맥적 지시 기호로서 앞선 문맥에서 등장한 명사를 가리킨다.

또 다른 차이가 있다. 〈함축된 구성적 지시 대상〉의 경우에도 인칭 대명사는 시니피에를 갖는다(예를 들어 /je/는 〈언술의 주어가 언술 행위의 주체〉임을 의미한다). 이에 반해 손가락 기호는 〈지시 행위의 대상은 그 방향에 있다〉는 시니피에를 가지며 그렇기 때문에 이런 행위가 기호로 간주될 수 있다. 그러나 함축적 지시 대상을 언급하기 위해 이런 기호를 사용한다는 사실은 다시 그것을 엄연한 지시 행위로 간주하게 만드는데, 그런 행위에서 기호 현상이 갖는 기능은 기호 현상의 순환 밖에 위치한다.

우리는 방향을 가리키는 손가락이나, 특정한 상황에 사용되어 손가락과 같은 역할을 하는 /je/, /tu/, /ça/를 〈집중의 방향 기호 *vecteurs d'attention*〉라고 부르기로 한다. 이런 기호들은 메타언어적 기호로서 올바르게 발신된 다른 기호들의 정확한 사용 방법을 설정한다. 무언가를 집중하게 하는 방향 기호는 항상 시니피에를 갖지만 그것의 근본 역할은 명확하거나 함축적일 수 있는 지시 행위 안에서 주어진다(그렇기 때문에 지시 현상이 가상 세계에 위치하는 문맥에서도 사용될 수 있다). 그리고 이런 기호는 수신자의 주의를 특정한 대상이나 상황에 집중시키는 역할을 한다. 지시 현상을 유발하는 의미 행위는 지각을 낳게 하는 집중력과 의지력에 근거한다. 그렇지만 지각 자체는 기호 외적인 현상이다(적어도 지각이 구성되기 위해서는 5·3·4에서 기술할 기호 작용을 따를 필요가 없다). 그러나 방향 기호들은 지시 행위와 무관하게 엄연한 기호로 간주될 수 있다. 즉 이런 기호들은 시니피에를 가지며 바로 이런 시니피에가 지시 행위로 그 자체를 사용할 수 있는 규칙을 세운다.

따라서 방향 기호들은 모리스가 말하는 이른바 〈지시를 동일시하는 기능〉이 있는데 그는 어떤 사물을 가리키는 손가락을 바로 이러한 범주에 포함시켰다. 따라서 이런 기호들은 지시자가 〈단순히 머리를 어떤 방향으로 돌려 누군가의 관심을 특정한 것에 집중시키는 수단일 뿐만 아니라 다소 약할지라도 본래의 기호적 지위를 갖는다〉는 사실에 근거한다 (1946, 110면). 즉 하나의 기호가 일종의 〈예비 자극〉일 필요는 없는 것이다. 사실 우리의 관점에서 고개를 돌리는 행위는 순수한 행동인 반면에 무언가를 지시하는 것은 이미 메타언어적 기교에 해당한다.

연기나 발자국과 같은 징후들은 각각 불과 사람 발의 가치를 갖기보다는 각기 〈불〉과 〈발〉이라는 엄연한 시니피에를 갖는데 이런 점에서 퍼스가 흔적도 자의적 기호라는 주장을 펼친다. 왜냐하면 흔적은 〈인간〉에게만 가치가 있는 기호이기 때문이다.

끝으로 퍼스는 일반 상식에서 도상으로 분류되는 사진들도 지시 기호로 취급한다. 그에 따르면 그림과 마찬가지로 한 장의 사진은 피사체를 재현하는 데 그치지 않고 그것의 잠재적인 흔적을 구성하여 결국에는 탁자에 새겨진 술잔 자국처럼 과거에 〈존재한〉 술잔을 표시하는 기능을 갖는다〔영화 영상의 지시적 가치에 대해서는 베테티니Bettetini(1971)를 참고할 수 있다〕.

지시 기호에 관한 지적 사항들은 지금 여기서 다루고 있는 기호들의 공통된 문제, 다시 말해 각각의 기호는 경우에 따라 지시 기호가 되거나 도상이 될 수도 있으며 때로는 그것이 사용되는 상황에 따라, 그리고 그것이 부여받는 의미에 따라 상징이 될 수 있다는 사실을 이해하는 데 도움이 된다. 즉 나는 파리 코뮌의 사형수들을 찍은 옛날 사진을 〈혁명의 희생〉을 의미하는 자의적이고 규약적인 상징으로 사용할 수도 있고, 또는 역사적 사건의 진실성을 입증하는 이른바 〈흔적〉의 의미를 갖는 지시 기호로 사용할 수도 있다.

또한 사진의 증거적 가치도 문제가 될 수 있다. 당연히 사진은 매우 다양한 기술을 통해 조작될 수 있는데, 이 점만 보더라도 지시 기호와 그 대상의 관계가 생각보다 단순하지 않다는 사실을 알 수 있다.

2·8·3 〈도상〉의 정의는 한결 모호하다. 우선 도상은 그것이 가리키는 대상의 모든 특성을 갖는 건 아닌데, 만약 그렇지 않다면 도상과 대상은 혼동될 것이다. 따라서 문제는, 지도의 도식적 특징에서 데스마스크의 거의 완벽한 모방에 이르는 이른바 도상성의 비율을 설정하는 데 있다(몰, 1972). 도상 기호의 범주에 대해 퍼스는, 대상의 몇 가지 특징만을 나타내는 〈그림〉과 대상의 몇 가지 부분들의 관계를 재현하는

〈도해〉, 그리고 좀 더 일반적인 상관관계만을 지각할 수 있는 〈은유〉들을 구분했다. 그러나 소위 그림이라는 것에서 이미 우리는 쿠푸의 피라미드를 몇 개의 선으로만 재현한 약한 도상성과 극사실주의 화가들의 〈사실주의적〉 복제를 구분할 수 있다. 은유들의 평행 관계에 있어서 펠리컨이 예수 그리스도의 도상으로 변하는 신비적 상징에서는 그 도상성이 매우 모호해져 버린다. 왜냐하면 이 새는 자신의 살을 떼어 새끼들에게 먹였기 때문이다. 그럼에도 성찬식의 그리스도에 대한 특정한 정의와 펠리컨의 전설적 정의 사이에는 이미 설정된 유사성이 있다는 것은 분명한 사실이다.

역설적으로 가장 만족할 만한 도상의 정의는 그것을 기호로 간주하지 않는 정의이다. 즉 모리스에게 완벽한 도상성은 기호와 외시가 동일할 때만 가능하다(예를 들어 나 자신은 내 사진이 나타내는 특징보다 훨씬 더 많은 특징을 갖고 있다). 사실 이런 견해는 보기보다 덜 역설적이다. 왜냐하면 우리가 의미 작용으로 지시하는 모든 대상들은 다시 기호로 변하기 때문이다.

결국 우리는 지시 대상의 기호화 작용에 도달하게 된다.

2·8·4 그중 대표적인 예는 〈제시 기호 signes ostentifs〉일 것이다. 만약 담배 한 갑을 사기 위해(또는 /담배 한 갑/을 요구하는 질문에 답하기 위해) 나는 똑같은 담뱃갑을 보여 줄 수 있는데 이 경우 대상은 그것이 규약적으로 포함되는 범주의 시니피앙으로 선택된 사물이다. 물론 이런 상황에서 기호는 완전한 도상이 아니라는 점을 인정할 수 있다. 사실 대다

수의 경우에는 이런 기호의 특정한 측면만이 내가 가리키고자 하는 시니피에를 구성한다. 따라서 내가 《《말보로》라는 상표로 지칭되는 담배》를 의미하기보다는 일반적인 담배를 가리키기 위해 말보로를 보인다면 그 기호의 시니피에가 보여 주는 특성들과 일치하지 않는 속성들은 기호학적 관여성에서 제외되는 셈이다.

2·8·5 그렇기 때문에 거의 대부분 내지는 모든 제시 기호는 내재적 기호 또는 인접 기호라고 할 수 있다(〈*intrinsically coded acts*〉, 에크만과 프리즌Ekmann & Friesen, 1969; 베론 Verón, 1970; 에코, 1971). 즉 이런 기호들은 사물의 일부분을 드러냄으로써 그것을 가리킨다. 그러면 권총놀이를 하는 아이를 예로 들어 보자. 그 아이는 엄지손가락을 위로 하고 집게손가락을 편 다음 나머지 손가락들은 접는다. 이것은 매우 대략적인 도상 기호로서 집게손가락은 총구, 엄지손가락은 공이치기, 그리고 다른 손가락은 권총의 총대를 가리킨다. 그러나 이 아이는 권총을 잡고 있는 것처럼 손을 움켜쥔 다음 마치 방아쇠를 당기듯이 집게손가락만을 움직일 수도 있다. 이때 아이는 권총을 흉내 내는 것이 아니라 〈권총을 잡고 발사하는 손〉을 흉내 내는 셈이다. 마찬가지로 내가 주먹을 보이면서 어떤 사람을 위협한다면 이때 주먹은 도상 내지는 상징이 될 수 있다. 그러나 내가 주먹을 휘두르면서 상대방의 얼굴 바로 앞에 멈출 경우, 나는 그 기호가 가리키는 행동의 일부분을 기호로 사용하면서 〈주먹질〉이라는 시니피에에(더 정확히 말하자면 〈나는 너에게 주먹질을 한다〉는 시니피에에)를 전달하는 것이다.

이런 기호는 성 아우구스티누스(『교사론 *De Magistro*』)에서 비트겐슈타인(1953)에 이르기까지 많은 학자들이 기술한 바 있다.

2·8·6 내재적 기호와 마찬가지로 제시 기호를 정의하는 데는 지시 대상이라는 매개 변수가 필요 없다. 사실 이런 기호들은 규약적 기호로서 그 시니피앙은 사물이 구체적인 지시 행위에 사용될 때만 임시적으로 사물의 실체와 동일하게 구성된다(5·3·5 참고). 이런 기호들이 규약적 기호라는 사실은 다음과 같이 설명될 수 있다. 내가 만약 식당에서 웨이터에게 포도주 빈 병을 보여 준다면 그는 내가 포도주를 다시 주문한다고 이해할 것이다(이는 마치 내가 /포도주 좀 줘요/라고 말하는 것과 같다). 그러나 다른 문화권에서는 이런 행위가 술을 권하는 행위로 해석될 수 있다. 결국 이런 기호는 그것의 가능한 지시 대상과 동일한 실체로 구성될 수 있는 임시 기호이다. 왜냐하면 〈담배〉를 표현하기 위해서는 담뱃갑이나 그림을 사용할 수도 있기 때문이다.

그림에서도 도상 기호로 정의될 수 있는 기호의 유형을 찾아볼 수 있다. 어쨌든 확실한 것은 도상 기호를 만들기 위해서는 다음과 같은 조건이 충족되어야 한다는 사실이다.

a) 우선 문화는 인식 가능한 사물들을 몇 가지 특징 내지는 〈인식의 자질〉로 정의해야 한다. 미지의 사물에 대해서는 도상 기호를 만들 수 없다는 말이다. 즉, 당나귀를 닮았고 흰 털에 검정 줄무늬가 있는 네발 동물을 얼룩말로 정의해야만

얼룩말을 알아볼 수 있는 그림을 그릴 수 있는 것이다.

b) 그다음에는 제2의 그림 규약이 얼룩말의 이런 특징과 몇 가지의 표현적 요소를 일치시키는 동시에, 대상을 알아보기 위한 서너 가지의 인식 자질들을 절대적으로 재현해야 한다(예를 들어 얼룩말을 알아보게 하기 위해서는 말굽이나 꼬리가 아닌 줄무늬를 재현해야 한다).

c) 마지막으로 이런 규약은 인식 자질과 그림의 자질 사이의 지각 가능한 일치도의 재현 양식을 설정해야 한다. 내가 지각 법칙에 따라 항아리를 그릴 때, 나는 사물의 프로필을 나타내는 몇 가지 변별적 자질을 종이 위에 그리기 위해 르네상스 시대에 설정된 몇 가지의 규칙을 따른다(말하자면 뒤러 Dürer의 〈시각의 문 *la portula optica*〉과 델라 포르타 della Porta의 카메라 오브스쿠라의 모델을 따른다). 이때 규약은 삼차원 거리의 변화를 이차원적인 거리의 변화와 그림 자질 내지는 점들의 다양한 크기의 변화로 표현하게 한다. 한 아이가 다리 사이에 걸친 빗자루로 말을 재현하는 경우는 말의 두 가지 인식 자질만을 표현하는 셈인데 하나는 공간적인 자질이며(크기) 다른 하나는 기능적 자질이다(승마). 이러한 승마의 기능을 표현하기 위해 아이가 몸을 움직인다는 것은 이런 기호가 내재적 기호로 분류될 수 있음을 의미한다(곰브리치, 1963). 내가 만약 붉은 깃발을 표현하기 위해 그것의 붉은 천을 콜라주에 위치시킨다면 그것은 투영을 통한 실체의 복잡한 전이에 해당할 것이다(그럼으로써 나는 사물의 형태를 간직한 채 그 크기를 줄인다).

이런 예는 수없이 많다. 이렇게 도상 기호의 개념은 규약과 정밀한 조작에 근거하는 수많은 〈재생〉 작용을 포함한다. 이런 작용을 분류하고 분석하는 일은 오늘날은 물론이고 미래의 이론보다도 훨씬 더 발전한 이론이 필요할 것이다.

2·8·7 지금까지의 모든 관찰들은 다음과 같은 결론을 이끌어 낸다. 즉 유연적인 기호와, 상징 내지는 규약적인 기호를 구분할 수 없다는 것이다(여기서 말하는 유연적인 기호란 지표나 도상 기호들처럼, 지시 대상과 유사성 내지는 근접 관계가 있는 기호를 일컫는다). 사실 지시 기호나 도상 기호들조차도 그것들의 생성과 존재 양식을 결정하는 규약에 근거하여 그 기능을 갖는다. 따라서 하나의 도상은 사물을 〈재현〉하기 때문에 그것이 가리키는 대상과 유사한 것이 아니다. 도상 기호는 (제시, 사물의 일부분을 사용하기, 전이 등) 오히려 지각적 투영의 특수한 방식에 근거한다. 즉 이런 지각은 (촉각, 청각 등의) 또 다른 지각 경험을 연상시키며, 매우 복합적인 종합화 작용을 통해 특정한 사물에 대해 느끼는 것을 〈유사한 것〉으로 간주하게 만든다. 따라서 유사성, 근접성, 유추 등의 개념들은 도상 기호의 특성을 설명하지 못한다. 단지 이런 개념들은 일종의 〈도상성의 동의어〉로서 기호의 다양한 생성 양식을 분석할 때만 활용될 수 있다(이 문제에 관해서는 제4장을 참고한다).

사실 퍼스는 하나의 기호가 상징 내지는 기호, 또는 지시 기호가 될 수 있다고 주장한 적이 없다. 2·11에서 볼 수 있듯이 퍼스의 분류법은 훨씬 더 복잡하며, 우리가 구체적인 표현 형태로 간주하는 기호들은 결국 그런 기호들이 나타내는

〈일반적이고 추상적인 유형〉들의 결합체라는 사실을 입증한다. 상징, 도상, 지시 기호들은 기호의 유형이 아닌 기호학적 범주들을 가리킨다. 그리고 우리가 〈도상 기호〉라고 부르는 그림들을 분석할 때 퍼스는 그것들을 〈상위 도상〉 내지는 〈도상적 표현〉이라고 부른다.

퍼스에게 도식은 하나의 도상일 수 있지만 이런 도식도 다분히 상징적, 제시적 특징을 갖는다. 런던의 지하철 노선도는 일반 노선과 연결 노선들의 배치를 모방하는 도상적 기교이지만 이와 동시에 그것은 모든 지하철 역의 통로를 단순한 원형으로 재현하듯이, 실질적인 노선을 직선으로 변형시키는 상징적 규약의 결과이기도 하다.

2·9 아홉 번째 기준: 기호가 수신자에게 미치는 영향

2·9·1 모리스는 기호를 다음과 같이 정의하면서 행동주의적 기준에 따라 기호를 분류하려 했다(1946: 8면). 그에 따르면 〈기호란 한마디로 어떤 대상에 관계되는 행동을 유발하지만 그 순간에는 자극이 아닌 것이다. 더 정확하게 말하자면 —— 어떠한 자극체도 특정한 행동의 집합에 포함되는 연쇄 반응을 유발하지 않는 상황에서 —— A라는 미리 준비된 자극이 어떤 생명체에게든 그런 행태 집합의 연쇄 반응으로 반응하게 만든다면 A는 기호이다. 이런 조건을 만족시키는 모든 것이 기호이다. 그러나 이런 조건을 만족시키지 못하는 기호들의 존재 여부는 여기서 다루지 않는다〉.

모리스의 행동주의적인 집착과, 환영적인 시니피에 내지는 〈개념〉을 사용하지 않고 기호를 정의하려는 그의 노력은 불행하게도 기호와 자극을 혼동하게 만든다(그에 따르면 개념은 순수 정신적인 실체로서 관찰이 불가능한 것이다). 기호는 실질적인 자극이 없는 상황에서 기능을 발휘하는, 이른바 미리 준비된 자극이라는 말은 결국 기호가 또 다른 자극을 대신하면서도 동일한 효과를 발생시키는 자극에 불과하다는 의미로 풀이된다. 따라서 엉뚱하게도 내가 미인을 볼 때마다 강렬한 구토 증세를 보인다면 약국에서 구입할 수 있는 구토제는 그런 여자의 기호가 될 것이다. 물론 모리스는 이런 식의 이야기를 한 적이 없다. 그러나 너무나도 제약적인 그의 정의는 이런 식의 확대 적용을 허용한다.

<u>2·9·2</u> 어쨌든 행동주의적 반응에 근거할지라도 모리스의 분류법은 의심의 여지가 없는 가치를 지니는 것으로 지금까지 제시된 분류법 중 가장 명확한 분류법에 해당한다.

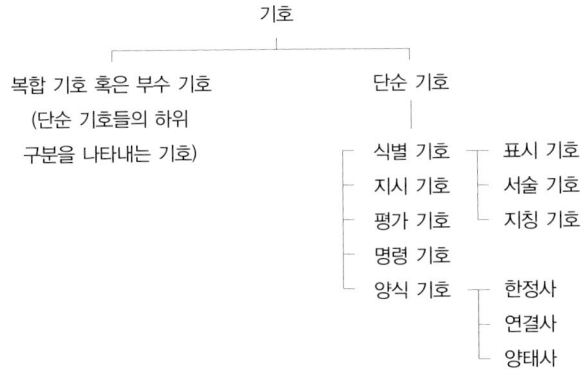

2 기호의 분류

위의 간략한 도표는 모리스의 방대한 분석적 담화에서 소개되는 기호들을 한눈에 볼 수 있도록 주요 범주만을 정리한 것이다.

2·9·3 여기서 〈식별 기호〉는 퍼스의 지표와 어느 정도 유사하다. 그것들은 해석자의 반응을 특정한 시공간의 방향으로 이끈다. 식별 기호들은 다음 세 가지 기호들과 결합하여 그것이 가리키거나 평가하거나 명령하는 대상을 명시한다. 즉 식별 기호는 최소 상태의 기호로서 〈예비 자극〉이기도 하다. 〈표시 기호〉는 방향을 가리키는 손가락처럼 비언어적 〈식별 기호〉이다. 이에 반해 〈서술 기호〉는 언어적 식별 기호이다(모리스는 /오늘 저녁 10시/를 예문으로 제시하지만 이런 범주에는 /저기/와 같은 기호도 포함된다). 그리고 〈지칭 기호〉는 동의어 관계를 갖는 여타의 언어 기호와 대체될 수 있는 언어 기호이다. 모리스가 제시하는 예를 보면 이 범주에는 (표시 기호를 동반하는) /저것/과 같은 대명사와 고유 명사가 포함된다(/Joseph/란 고유 명사는 내가 시선을 모아야 하는 시공간적 상황을 가리킨다). 이러한 식별 기호의 시니피에는 결국 하나의 〈배치 *locatum*〉이다.

2·9·4 〈지시 기호〉는 시공간적 상황의 특징들을 가리키는 기호이다. 지시 기호의 시니피에는 〈차별 *discriminatum*〉이다. 즉, 어떤 상황을 인지하는 데 필요한 몇 가지 특징들을 드러내면서 그것을 가리킨다. 예를 들어 /검은색/, /더 높이/가 그것이다. 지시 기호들은 그것과 함께 사용되는 복합 기호를

보충하는 데 필요한 식별소의 수에 따라 분류될 수 있다. /검은색/은 〈단자〉이고 /그는 먹는다/는 〈이중자〉이며 /주다/는 〈삼중자〉이다(x는 y를 z에게 준다). 그러나 지시 기호가 반드시 사물을 지시하는 것은 아니다(존재하지 않는 대상을 가리킬 수도 있다). 따라서 이런 기호의 시니피에는 그냥 〈개념〉이다.

2·9·5 〈평가 기호〉는 행위와 관련되는 이른바 〈선호도〉 대상의 사물을 가리킨다. 이런 기호의 시니피에는 〈가치〉라고 할 수 있다. 평가 기호는 〈긍정〉(예를 들어 /정직함/) 내지는 〈부정〉(/비겁함/), 또는 (목적 달성을 유도하면) 〈도구〉 내지는 〈유용성〉을 의미할 수 있다. 모리스가 제시하는 예들이 설득력을 갖는 가장 중요한 이유는 그것들이 /A는 B보다 더 좋다/는 식의 복합 기호 내지는 부수 기호들이기 때문이다. 모리스는, 어떠한 선택도 전제되지 않는 상황에서 발화된 /A는 좋다/는 정의는 /좋다/를 지시 기호로 간주하도록 한다고 말한다. 반대로 A와 B 사이의 선택을 끌어내기 위해 사용된 /좋다/는 평가 기호로 바뀐다.

2·9·6 〈명령 기호〉들은 어떤 행위를 제의할 뿐만 아니라 그것을 강요한다. 이런 기호들의 시니피에는 〈강요〉이다. 그것들은 〈가정적〉일 수도 있고(/만약 내가 너를 부르면 오너라/), 〈단언적〉일 수도 있으며(/오너라/), 경우에 따라서는 〈근거〉를 가질 수도 있다(/신문을 줄 테니 오너라/).

2·9·7 〈양식 기호〉의 정의는 좀 더 복잡하며 모리스는 이 문제를 위해 별개의 장을 할애한다(1947: VI). 이유는 간단하다. 왜냐하면 비록 시니피에를 갖지 않지만 양식 기호들은 연결소의 역할을 하며 복합 기호 내지는 부수 기호들의 구조를 변화시키기 때문이다. 고대인들도 이런 기호들을 공범주 기호로 구분했다. 한마디로 내가 /내일은 비가 오거나 맑을 것이다/라고 말하는 경우, /내일 비가 올 것이다/와 /(내일) 맑을 것이다/는 〈상황 구분〉이라는 시니피에를 갖는 지시적 부수 기호들이 된다. 그러나 /또는/과 같은 표현은 시니피에를 갖지 않는 것 같지만 그것은 문장의 전체적인 이해를 결정한다. 왜냐하면 이런 기호는 두 가지의 단언 중 하나를 선택하게 만들기 때문이다. 모리스는 이런 기호를 양식 기호로 분류한다. 즉 〈양식 기호란 여러 학자들이 /또는/, /못 (하다)/, /몇몇/, /—이다/, /+/, /5/와 같은 요소를 비롯하여 단어의 순서, 접두(미)사, 품사, 문법 구조, 구두표 등의 언어 현상을 다룰 때 사용하는《논리 기호》내지는《형식 기호》또는《공범주 기호》라고 불리는 것들이다〉.

이런 분류는 다음과 같은 요소들을 하나의 항목으로 묶을 수 있기 때문에 매우 중요하다.
 a) 그중에는 고대인들이 〈품사〉라고 부른 것으로서 전통 문법 속에서 지금까지 전해지는 몇 가지 도구들이 있다. 예를 들어 부사 또는 대명사가 그것이다(모리스는 이런 양식 기호들을 〈한정 기호〉라고 부른다).
 b) 라틴어의 격어미 체계에서 배우는 굴절 어미도 여기에

포함된다. 예를 들어 /-ibus/는 탈격과 여격을 가리킨다(이런 경우도 역시 한정 기호이다).

c) 모든 논리와 수학 기호들도 이 항목에 들어간다(이런 기호들은 속사 동사, 접속사, 쉼표, 괄호 등과 같은 〈결합자〉이다).

d) 얼핏 보면 기호로 간주할 수 없는 의문의 억양과 같은 장치들도 여기에 포함된다. 이에 관해 모리스는 다른 기호와 결합되어 복합 기호에 의문문을 나타내는 러시아어의 어떤 소리를 언급한다. 우리는 특정한 기호를 보유하기보다는 음의 높이를 점진적으로 증가시키지만, 문어에서는 /?(물음표)/로 표시되는 이른바 〈억양소 tonème〉라는 용어를 사용한다. 언어학은 이런 형태들을 연구하여 그것들을 초분절적 기호로 정의한 바 있다. 모리스는 이런 기호들을 양태 기호라고 부른다.

e) 어순과 문법도 이 항목에 들어간다. 예를 들어 /un sage peu psychologue/와 /un psychologue peu sage/의 시니피에는 전적으로 다르다.[6] 첫 번째 표현에서 과연 무엇이 /sage/로 하여금 명사를 의미하게 하고 두 번째 표현에서는 과연 무엇이 형용사를 의미하게 하는가? 이 같은 의미 부여는 그 단위가 담화 안에서 차지하는 위치에 따라 결정된다. 따라서 〈위치〉는 명백한 기호로 간주해야 마땅하다. 그러나 어떤 언어는 단위들의 위치가 엄격하게 고정되어 있기 때문에 그 의미가 명백하지만 (라틴어와 같은) 또 다른 언어들은 이런 위치가 가변적이어서, 이 같은 위치 구성소들의 다의성은 통사

---

6 각각 〈사람의 심리를 잘 모르는〉과 〈별로 지혜롭지 못한 심리학자〉로 해석할 수 있다.

적 해석의 문제를 야기한다. 따라서 위치는 한정의 구성 기호로 간주되어야 할 것이다.

2·9·8 〈부수 기호〉들의 성질은 앞서 언급한 예를 통해 충분히 검토되었다. 요약하자면 /검다/라는 지시 기호가 있다고 가정할 때 그것에 해당하는 부수 기호 /이 개는 검다/는 언술이다. 부수 기호들은 평가 기호, 명령 기호, 양식 기호 내지는 구성 기호일 수도 있다. 왜냐하면 이런 기호들은 단순 기호의 특징들을 좀 더 연결된 방식으로 재구성하기 때문이다. 비록 모리스는 단순 기호들도 시니피에를 가진다고 주장하며 이를 입증하는 수많은 예들을 제시하고 있지만, 그가 여러 학자들과 마찬가지로 복합 기호를 중요하게 생각하는 이유는, 단순 기호 이전에는 언술이 있다고 생각하기 때문이다.

복합 기호의 예로는 다음과 같은 것들을 제시할 수 있다.
/이것은 사슴이다/: 지시적 복합 기호.
/이것은 멋진 남자다!/: 평가의 복합 기호.
/창문을 닫아라/: 명령의 복합 기호.
/파리에 갈 수도 있고 가지 않을 수도 있다/: 구성의 복합 기호.

2·10 담화의 기능

2·10·1 앞서 우리는 기호로 구성되는 담화의 문제보다는 기호 자체의 문제를 검토한다고 밝힌 바 있다. 그렇지만 담화

의 몇 가지 유형(또는 모리스가 말하는 다양한 복합 기호)을 구분하는 일은 기호의 다양한 사용법과 커뮤니케이션의 기능을 이해하는 데 도움이 된다.

뷔상스(1943: 74~82면)는 담화 양식을 다음과 같이 세 가지로 구분했다.

1. 행위의 담화: 이것은 명령 내지는 희구법(예를 들어 /날씨가 좋을 수만 있다면!/), 또는 충고 내지는 제안 속에서 수신자나 현실에 영향을 미치려는 담화이다.
2. 단언적 담화(/그가 온다/).
3. 의문의 담화(/그가 옵니까?/).

의문과 단언의 담화는, 행위의 담화와 대립하는 이른바 〈정보의 담화〉라는 항목으로 분류할 수도 있다.

2·10·2 다른 학자들에 따르면 의문의 담화는 단언의 담화로 간주될 수도 있다. 왜냐하면 /그가 옵니까?/는 /그가 오는지 알고자 합니다/로 해석될 수 있기 때문이다. 이런 식의 변환은 〈수행적 담화〉라는 또 다른 유형의 담화를 전제로 하는데, 이런 담화에서 화자는 행위를 실현하고 있음을 확인한다(오스틴, 1959). 이런 담화에 해당하는 것이 /미안합니다/, /너를 세례한다/, /이렇게 할 것을 충고한다/이다. 수행적 담화는 확인의 담화와 대립하는데, 몇몇 학자들이 지적하듯이 수행적 담화에 대해서는 진위 여부를 따질 수 없기 때문이다.

2·10·3 또한 언어학적인 관점에서 야콥슨은 다음과 같이 언어 기능을 여섯 가지로 구분했다.

지시적 기능 기호는 다른 것을 가리킨다(/말/, /기차는 6시에 출발한다/).

감정적 기능 기호는 감정적 반응을 유발시키려 한다(/조심!/, /내 사랑!/, /바보!/).

연결 또는 접속의 기능 기호는 무언가를 전달하기보다는 커뮤니케이션 자체를 강조한다(예를 들어 전화 통화를 할 때 자주 사용하는 /네/, /알겠습니다/를 생각할 수 있다. 이런 경우, /네/는 대화자와의 합의를 표현하는 것이 아니라 그의 이야기를 듣고 있다는 표시에 불과하다).

명령의 기능 기호는 명령을 전달하며(/꺼져!/, /저 책을 갖고 와라!/) 능동적인 행동을 일으키려 한다.

메타언어적 기능 기호는 다른 기호를 가리킨다. 하지만 이런 기호들은 모스 부호와 자연 언어의 관계처럼 대체의 의미소들이 아니라 (논리학에서처럼) 다른 언어 활동의 특징들을 규명하기 위해 사용하는 실질적인 언어이다. 또는 언어가 그 자체를 기술하기 위해 메타언어적 기능을 갖는 동일한 언어일 수도 있다. 지금 이 책도 메타언어적 담화를 구성하는 셈이다.

시적 기능 언어의 통상적인 사용법을 넘어서는 기능으로서 기호의 사용 자체에 관심을 끌게 하는 기호들의 기능을 가리킨다.

물론 커뮤니케이션 과정에서 이런 기능들은 서로 연결되고 겹친다. 따라서 /멈춤/을 가리키는 교통 신호판은 교차로의 존재를 알리기 때문에 지시적 기능을 갖는 동시에 명령을 전달하는 명령의 기능을 수행하기도 한다. 더 나아가 운전자의 주의를 집중시키기 때문에 감정적 기능도 갖는 셈이다. 그렇지만 이런 기호가 특정한 지역의 교통 신호판과 연장선에 있지 않은 이상, 연결 기능을 갖는다고 말할 수는 없다. 마찬가지로 특이한 형태를 앞세워 눈길을 끌지 않기 때문에 시적 기능을 갖는다고도 할 수 없다(그렇지만 이런 경우 운전자의 정신을 산만하게 하여 명령의 기능을 상실할 수 있다).

2·11 기호의 종합적인 분류

2·11·1 총체적인 접근을 시도한 모리스의 분류법을 포함하여, 지금까지 살펴본 모든 분류법은 각기 특유의 관점에 의거한다. 이 모든 관점에 비추어 보면 기호의 총체적인 분류를 시도한 학자는 유일하게 퍼스뿐이다. 그렇지만 그의 분류법은 미완성에 그쳤다. 즉 그는 열 가지 범주의 기호를 만들어 낼 수 있는 삼분법적 분류를 제의했다. 그는(8·344) 아마도 열 개의 삼분법을 구상했던 것으로 추정된다(그렇다면 30개의 범주를 생각했을 것이다). 다른 한편 그는, 이론적으로는 59,049개의 조합이 가능하며 그중 60여 개 정도는 고려할 만하다고 말한다. 이런 분류법을 이해하려면 퍼스가 기호

문제의 출발점으로 삼았던 철학적 토대를 정확하게 알아야 한다. 이를 파악하지 못하면, 예를 들어 도상 기호가 하나의 사진 내지는 정신적 이미지, 또는 하나의 수학 공식이 될 수 있는 이유를 이해할 수 없다. 그리고 이러한 철학적 토대를 모르면 일반 명사가 〈지표〉인 동시에 〈상징〉일 수도 있는 이유를 알 수 없다. 이런 문제의 일부분은 5·3·4에서 밝히겠지만 여기서는 간략하게나마 소개하기로 한다. 사실 퍼스의 분류법은 그것의 철학적 토대와 무관하게 오늘날 널리 사용되고 있으며 그렇기 때문에 간혹 오용되기도 한다. 따라서 퍼스의 분류법은 일반 상식으로 이해가 되지 않으면서도 일상 생활에 근거하는 기호의 경험론적 분류의 한 유형으로 제시된다.

2·11·2 퍼스에 따르면(2·243~) 기호들은 각기 세 가지 관점에서 접근되는 삼분법에 근거하여 아홉 개의 범주 안에 분포된다. 우선 기호 자체가 있다. 그다음에는 기호와 그 대상의 관계가 있고, 마지막으로는 기호와 그 해석소의 관계가 있다. 그가 제의하는 아홉 개의 범주는 다음과 같다.

기호 그 자체 질기호*tone*, 단기호*Token*, 합법 기호*Type*(2·7·4 참고).
대상의 관점에서 바라본 기호 지표, 도상, 상징(2·8 참고).
해석소의 관점에서 바라본 기호 술어 기호*Rhème*, 서술 기호*Dicisigne*, 논증 기호*Argument*(1·4·5 참고).

2·11·3 이런 삼분법에서 끌어낼 수 있는 아홉 개의 조합 범주는 열 가지 종류의 기호들을 분류하게 한다(우리가 금방 알아차릴 수 있듯이 이런 종류의 기호들이 삼분법적 모델의 모든 조합을 활용하는 것은 아니다).

술어 도상적 질기호 빨간색을 〈빨간색〉의 일반적 본질의 기호로 지각하는 경우. 이런 기호는 도상처럼 기능하며 술어의 규모를 갖는다(예를 들어 〈추기경〉의 개념을 내포하기 위해 사용되는 빨간색의 뉘앙스를 생각할 수 있다).

술어 도상적 단기호 도상으로 재현되는 어떤 본질의 기호(예를 들어 〈삼각형〉이라는 기하학적 실체를 나타내는 모든 삼각형).

술어 지표적 단기호 어떤 대상에 주의를 모으는 순간적인 외침. 여기서 대상은 이런 기호의 원인이며 술어의 기능을 갖는다(예를 들어 길을 건널 때 달려오는 차를 보며 /자동차!/라고 외치는 경우).

서술 지표적 단기호 사령탑 위에 걸린 깃발은 물리적 현상과의 인과 관계에 근거하여 〈바람이 서쪽에서 불어 온다〉는 실질적 정보를 제공한다.

술어 도상적 합법 기호 추상적인 법칙을 나타내는 도식(예를 들어 피타고라스의 공리).

술어 지표적 합법 기호 프랑스어의 /celui-ci(이것)/와 같은 지시 대명사. 이런 기호는 근접한 사물을 필요로 하며 술어의 추상적 대상을 합법 기호로 바꾸어 놓는다. 따라서 이런 기호는 /ce chat-ci(바로 이 고양이)/와 같은 언술을 만들 수 있도록 명사와 함께 사용될 수 있다. 이런 기호의 재현은 〈술어 지표적 단기호〉에 해당한다.

술어 지표적 논증 기호 이에 관해 퍼스는 매우 상이한 예들을 제시한다. 그중에는 노점상이 외쳐 대는 /여기요!/가 있는가 하면, /이 초상화는 누구를 그린 거지?/와 같은 질문에 대한 /철수잖아/와 같은 대답도 포함된다. 결국 이런 기호는 하나의 술어가 통상적으로, 그리고 추상적으로 나타내는 대상의 실질적인 존재를 구분하기 위해 사용되는 기호의 추상적 모델이라고 할 수 있다. 예를 들어 왕을 알리는 군사(軍使)의 외침이 그것이다.

상징 술어적 합법 기호 하나의 전형에 해당하는 일반적인 단위로서의 일반 명사. 여기서 다소 이상한 것은 이런 기호의 재현이 술어 상징적 단기호라기보다는 오히려 술어 지표적 단기호라는 점이다(아마도 퍼스는 /개/라는 추상적 단어가 항상 우리가 특정한 순간에 말하는 /이 개/와 같다고 말하는 듯하다). 그렇지만 술어 지표적 합법 기호의 재현과 일치하는 술어 지표적 단기호들도 있다. 예를 들어 /여보시오!/와 같은 구체적인 사용은 〈바로 당신을 부른다〉의 의미를 가질 수 있다.

상징 논증적 합법 기호 추상적 존재를 포함하는 일반 명제. 예를 들어 상징의 술어적 논증 기호를 전제로 하는 /고양이는 검다/는 술어 지표적 단기호이지만(그러나 퍼스는 이런 기호를 확실하게 예상하지 못했다) 이와 동시에 그것은 술어 지표적 합법 기호를 자연스럽게 끌어들인다.

상징 합법적 논증 기호 삼단 논법의 추상적인 형태이며,

퍼스에 따르면 이런 기호의 재현이 상징 서술적 단기호가 된다. 그러나 조합 규칙에 따라 이런 기호는 상징 논증적 단기호로 간주될 수도 있다.

<u>2·11·4</u> 퍼스가 말하듯이 〈문제는 하나의 기호가 어떤 범주에 속하는지를 말하기 위해서는 매우 세심한 분석이 요구된다〉는 것이다(2·265; 1978: 185면). 다시 말해 기호들은 상황과 목적에 따라 매우 다른 특징을 드러낼 수 있다. 왜냐하면 기호들은 근본적으로 공통점을 갖기 때문이다. 그리고 바로 이런 특징이 모든 분류법을 초월하게 만드는 동시에 통일된 기호학의 연구 대상을 결정하는 것이다.

3 구조주의적 접근 방법

3·1 코드와 체계로서의 언어

 기호에 대한 학설은 다양하고 수많은 철학적 배경에서 태어났는데, 이 문제는 제5장에서 다시 언급하기로 한다. 따라서 간혹 볼 수 있는 것처럼, 기호학과 구조주의를 일치시킬 필요는 없다. 예를 들어 퍼스와 모리스는 가장 위대한 기호학자에 포함되지만 구조주의자는 아니었다. 반대로 꽤 많은 구조주의자들 중에는 기호학 자체에 전혀 관심을 갖지 않은 사람들도 있다.

 그렇지만 20세기가 지나가는 동안 구조주의가 기호의 연구를 결정적으로 촉진시켰다는 사실을 부인할 수 없다. 그리고 구조주의의 이런 영향은 매우 중대한 결과를 남겼다. 즉 구조주의적 방법론이 주로 언어학에서 정립되었기 때문에 사람들은 언어학의 모델을 모든 종류의 기호에 확대해 적용하려 했다. 때로는 지나칠 정도로 감행된 이런 전이의 위험성은 4·2에서 살펴보기로 한다.

그럼에도 구조, 계열, 연사, 대립 관계 등 언어학이 규명한 몇 가지 개념들은 모든 기호 체계에 적용할 만큼 확장되었다고 인정할 수 있다. 이런 개념을 정의함으로써 우리는 그것들을 오로지 언어학의 차원에서만 보는 것이 아니라 모든 기호 현상에 (잠재적으로) 확대 적용할 수 있는 것으로 간주할 수 있다. 따라서 여기서는 이런 개념들이 기호학적으로 어떻게 전이되고 변형될 수 있는지를 검토하기로 한다.

구조주의의 근본 개념은 당연히 구조이다. 그리고 구조의 개념은 소쉬르(1916)가 언어 또는 〈랑그〉를 정의하는 과정에서 태어난다.[1]

소쉬르는 화자가 사용하는 규칙 목록으로서의 〈랑그〉와 그것을 사용하여 다른 이들과 의사소통을 할 수 있는 이른바 개인적 행위로서의 〈파롤〉을 구분한다. 코드-메시지의 관계와 마찬가지로 랑그-파롤의 관계는 이론적 체계와 구체적인 현상 사이의 대립 관계를 결정한다(다시 말해 랑그는 물리적으로 존재하지 않는다. 그것은 언어학자가 만들어 낸 추상적 실체이자 모델이다. 이에 반해 메시지는 지금 이 순간 내가 만들어 내고 있는 것, 우리가 누군가에게 대답할 때 만들어 내는 언술 등을 뜻한다). 랑그는 〈언어 활동의 사회적 산물이자 개인에게 그런 능력을 부여하기 위해 사회 전체가 받아들인 규약의 총체〉이다(소쉬르, 1916: 25면). 한마디로 랑그는 추상적으로 기술될 수 있고 관계의 총체를 나타내는 체계이

---

[1] 여기서는 소쉬르 이론의 관점에서 *langue*를 말할 때는 〈랑그〉로 표기하고, 일반적인 의미로 사용할 때는 〈언어〉로 옮기기로 한다.

자 〈구조〉라는 것이다.

구조로서의 랑그의 개념은 이미 오래전부터 수많은 언어학자들 사이에서 통용되고 있었다. 훔볼트는 다음과 같이 말한 바 있다. 즉 〈언어의 근원은 단어들이 사물을 지칭하는 데에서 찾을 수 없으며 다시 그런 단어에서 언어가 만들어진다고 생각할 수도 없다. 사실 담화는 그것을 선행하는 단어로 구성되지 않는다. 오히려 단어들은 담화 그 자체에서 비롯된다〉(『전집 Gesammelte Werke』 VII, 1).

소쉬르의 관점에서 보면 〈랑그는 하나의 체계로서 그것의 모든 구성 부분들은 공시적인 상호 의존 관계로 분석될 수 있고 또 분석되어야 한다. 랑그의 변화는 체계 전체의 변화가 아니라 그 구성 요소들 일부분의 변화에서 비롯되며 그렇기 때문에 체계 밖에서는 연구될 수 없다. 물론 모든 변화는 체계에 영향을 미친다. 그렇지만 변화 자체는 특정한 요소에서 시작된다. 이런 요소는 그것이 체계 전체에 미칠 수 있는 결과들과 어떠한 내적 관계도 갖지 않는다. 연쇄적인 단위들과 공존하는 단위들, 그리고 부분적인 현상과 체계 전체와 관련되는 현상들 사이의 본질적 차이는 이 모든 것을 단 하나의 분석 대상으로 묶을 수 없게 한다〉(소쉬르, 1916: 124면).

이에 관해 소쉬르는 체스를 예로 든다. 체스에서 각각의 말들의 관계 체계는 매번 바뀌며, 체계의 모든 변화는 그 게임에서 사용할 수 있는 말들의 가치를 변화시킨다. 한마디로 모든 통시적 변화는 구성 요소들의 새로운 공시적 관계를 정립시킨다. 하나의 체계를 공시적으로 연구한다는 것은 그 구성 요소들을 마치 불변하는 것으로 간주하고 분석하는 관점을 의미한다. 이에 반해 통시적 연구는 체계의 변화와 발전에 초점을 맞춘다. 물론 통시태와 공시태의 차이는 절대적일 수 없다. 둘 중 하나는 다른 하나를 전제로 한다. 그러나 하나의 구조를 분석하기 위해서는, 시니피앙과 시니피에의 관계를 비롯하여 그것의 조합 규칙이 굳어져 있는 마치 불변하는 것으로 생각해야 한다. 체계를 이렇게 정의한 다음에야 그것의 변화를 관찰하고 그 변화의 원인과 결과를 규명할 수 있다. 앞으로 보게 되겠지만, 하나의 시스템-코드의 통시적 변화는 랑그를 뒤흔들어 놓는 파롤의 행위 때문에 일어난다(물론 소쉬르는, 단 한 명의 화자로는 균형을 지키고자 하는 체계의 성질을 바꿀 수 없다고 말한다). 이런 문제를 제외하면 화자를 결정하는 것은 언어 체계이다. 즉 랑그는 화자가 지켜야 하는 조합 규칙을 강요한다는 말이다.

랑그의 경우 그것의 코드는 사회적 결정 작용 덕분에 생겨난다. 즉 코드는 언어 사용이 만들어 낸 평균치라는 말이다. 코드가 자리를 잡는 순간부터 화자들은 동일한 개념을 가리키기 위해 동일한 기호들을 사용해야 하고 이런 기호들을 동일한 규칙에 따라 조합해야 한다. 몇몇 코드들은 특정 집단에게 강요될 수 있으며, 그 집단은 코드의 그런 속성을 충분히 인식하고 의도적으로 사용한다(예를 들어 모스 부호가 그렇다). 언어와 같은 또 다른 코드들은 강제적인 성질을 가지는데도 무의식적으로 사용된다. 즉 화자들은 의무적인 관계 체계에 복종한다는 사실을 모른 채 그것을 사용한다.

지난 몇 년간 언어학은 언어 코드를 〈닫힌 체계〉로 기술해야 하는지, 아니면 〈열린 체계〉로 기술해야 하는지에 대해 길고 긴 논쟁을 펼쳐 왔다. 달리 말하자면 언어 사용자들은 과연 그들 머릿속에 저장되어 있는 이미 결정된 관계 체계를 사용하는지, 아니면 가장 다양한 관계까지 복잡해질 수도 있는 몇 가지 기본적인 조합 원리에 따라 언어 연속체(〈실행〉, 메시지)를 생성할 수 있는 타고난 〈능력〉을 갖고 있는지를 밝히려 했다. 이런 능력을 중시하는 것이 촘스키의 변형 생성 문법이다. 이런 관점에서 보면 시스템과 코드의 지위는 — 그리고 언어는 이런 코드 중 하나인데 — 심층 구조가 생성해 내는 표면 구조에만 국한된다(심층 구조는 다른 구조들과는 달리 대립 관계로 분절되지 않을 수도 있다).

3·2 계열과 연사: 분절 체계

코드의 개념은, 커뮤니케이션을 하는 사람은 특정한 기호의 목록을 보유하고 있으며 그중에서 그가 특정한 규칙에 따라 자신이 조합하고자 하는 것을 선택한다는 사실에 기초한다. 따라서 두 개의 축을 이용하여 모든 코드의 뼈대를 그려 볼 수 있는데, 그것은 〈계열〉이라는 수직적 축과 〈연사〉라는 수평적 축으로 구성된다. 계열의 축은 기호와 규칙의 목록을 나열하는 〈선택〉의 축이기도 하다. 연사의 축은 본래 의미의 담화를 구성하기 위해 더욱 복잡한 연속체로 구성되는 기호들의 〈조합〉의 축을 의미한다. 잠시 후에 우리는 이 같은 구성을 통해 비언어적 코드들의 분절적 법칙을 검토할 것이다. 그러나 우선은 자연 언어를 살펴보기로 하자.

예를 들어 /말이 달린다/라는 문장을 만들기 위해서는 다음과 같은 두 가지 차원에서 계열과 연사의 관계를 고려해야 한다.

— 음소 계열에서는 몇 가지의 음소를 선택한 다음 그것을 연사적 축에 배치시킴으로써 /말/이라는 단소를 만든다.

— 단소의 계열에서는 다섯 개의 단위를 선택하여 문장 차원의 연사적 축에서 조합해야 한다. 그럼으로써 /말-이-달리-ㄴ-다/라는 문장을 만들 수 있다.

실어증과 같은 언어 장애에 대한 연구도 이런 두 가지 축의 존재를 입증한다(야콥슨, 1963). 선택적 축에서 문제를 일으키는 실어증 환자는 담화의 올바른 단위를 구분하는 데 어려움을 느낀다. 즉 이런 사람은 명사를 찾아내지 못하는 대신 /먹는 데 필요한 것/이라는 명사구를 사용한다. 반대로 조합 능력에 장애를 드러내는 사람은 단어들을 나열할 뿐, 완전한 의미를 갖춘 문장을 만들 수 없다.

계열과 연사의 개념은 더 큰 규모의 실체에 적용될 수 있다. 예를 들어 다음과 같은 숙어-문장들을 분석하는 데 사용된다.

/뻔한 말들은 정말 못 참겠어/
/밤새 너를 기다렸다/
/웬 잘난 척/
……

이런 문장들은 이미 사용되고 있는 목록에서 빌려 왔기 때문에 더 큰 조합의 차원에서 자유롭게 조합될 수 없는 단위이다. 몇몇 문체적 조합들도 이런 식으로 기술할 수 있다(그중에는 광고의 영상을 활용하는 시각적 콜라주도 있다). 좀 더 넓은 기호학적 차원에서 보면, 더 이상 기호로 간주할 수 없는 이른바 〈금지〉, 〈금지 위반〉, 〈유혹〉, 〈피해 사항〉 등을 나타내는 〈서술적 기능〉의 단위들이 있는데 그것들은 서로 결합하여 「아기 돼지 삼 형제」의 시작 부분을 구성할 수 있다.

조합한다는 것은 곧 연사구를 만들기 위해 계열의 요소들을 연결하는 것이다.

또한 현대 언어학의 여러 유파들은 언어의 이중 분절을 규명한다.

〈1차 분절〉은 시니피에를 갖는 단위들의 분절이다. 전통적으로 이런 단위들은 〈단소〉라고 불리지만 미국 언어학에서는 〈형태소〉라는 용어를 사용한다(한마디로 이런 단위들은 〈가득 찬〉 단위이다). 이런 단위들은 서로 결합하여 〈연사구〉라는 더 큰 단위를 만든다.

모든 개별 언어에서 엄청난 양에 이르는 1차 분절의 단위들은 2차 분절 단위의 조합으로 구성된다(예를 들어 사전을 한번 훑어볼 수 있다). 이런 2차 분절의 단위는 〈음소〉이며 그것들은 시니피에를 갖기보다는, 서로를 구분하는 가치만을 갖는다. 이렇게 매우 제한된 수의 음소(기껏해야 40여 개 정도이다)를 이용하여 모든 언어는 무한한 수의 단소를 만들어 낼 수 있다.

음소는 음의 변별적 특징을 갖는 최소 단위이다. 음소의 가치는 다른 음소들과의 차이와 위치에 따라 결정된다. 이 같은 음운론적 대립은 화자에 따르는 선택적 및 자율 변이형을 허용하지만 시니피에를 식별하는 근본적인 차이에는 영향을 미치지 않는다.

음소들은 다양한 언어에서 찾아볼 수 있는 추상적인 도식으로서 차이의 체계를 구성한다. 그렇지만 이런 체계에서도 음성적 가치들(또는 소리의 물리적 특징들)은 아주 다를 수 있다.

3·3 대립과 차이

그러면 세 가지 계열이 각기 연사적 차원에서 작용하는 구체적인 사례를 들어 보기로 하자(라이언스Lyons, 1968: 3·3·6 이하). 예컨대 영어에서 *pet*, *bet*, *let*, *pit*, *pot*, *pen*, *peck*과 같이 이른바 시니피에를 갖는 단위들(즉 단소들)을 살펴보자(*peck*의 발음 표기는 [pek]이다. 왜냐하면 이 단어에서는 단 하나의 소리가 두 개의 문자로 표기되기 때문이다).

이런 일곱 개의 기호는 (문장에 해당하는) 상위 차원의 연사구로 결합되는데 예를 들어 〈틀림없이 너는 너의 동물을 항아리에서 나오게 했을 거다〉를 의미하는 /*I bet you let your pet out of the pot*/를 구성하는 데 사용될 수 있다(물론 이런 경우 문제의 동물이 작은 물고기인지, 아니면 강아지인지 알 수 없는데 그렇기 때문에 우리는 한 기호의 시니피에를 파악하는 데 문맥이 얼마나 중요한지를 확인할 수 있다. 특히 /*pet*/와 같이 수많은 의미를 가질 수 있는 일반적인 용어의 경우가 더욱 그렇다). 어쨌든 이런 연사구는 1차 분절의 단위이다.

그러나 이런 단어들을 만들기 위해서는 다음과 같은 음소의 목록이 필요하다.

p	e	t
b	i	n
l	o	k

이런 아홉 개의 음소들을 다른 두 개의 음소와 결합하면 위에서 제시한 단어들을 만들 수 있다. 더 나아가, 아직 사용하지 않은 단어도 만들 수 있다(예를 들어 *bin*, *bit*, *li(c)k*, *lo(c)k*과 같은 단어를 만들 수 있으며 영어 어휘에는 존재하지 않는 *bik*, *lon*과 같은 조합에도 사용할 수 있다).

또한 /*pet*/이나 /*bet*/과 같은 기호는 그것을 구성하는 첫 번째 소리의 차이로 구분된다는 점을 지적할 수 있다. 계열의 다양함과 분절 가능성은 단 하나의 음만 바꾸어도(즉 대체해도) 의미 변화를 얻을 수 있다는 데서 비롯된다.

/b/를 /p/로 바꿈으로써 의미가 변한다는 사실은 계열에서의 음소들이 〈대립 체계〉을 구성한다는 주장을 펼치게 한다. 이는 모든 커뮤니케이션(따라서 모든 의미 작용)이 시스템으로 구성되는 대립 관계에 기초한다는 주장과도 상통한다. 예컨대 집 안에 누가 있다는 것을 밖에 있는 사람에게 전달하기 위해 창문에 전등을 켜놓는다면 /켜진 전등/은 그것이 /꺼진 전등/과 대립하기 때문에 무언가를 의미하는 요소

로 바뀐다. 만약 두 가지 메시지(예를 들어 〈사람이 도착한다〉와 〈사람이 떠난다〉)를 전달하기 위해 빨간 전등와 초록색 전등이라는 두 개의 신호를 사용하는 경우, 대립 관계는 빨간색과 초록색을 기준으로 성립된다. 모든 커뮤니케이션 과정에서, 그리고 가장 복잡한 계열의 경우도 마찬가지로 우리는 항상 존재/부재, 예/아니요, +/- 중 하나를 선택하게 된다.

대립의 개념은 구조주의 언어학의 근본 개념이며(트루베츠코이Trubetskoy, 1939; 야콥슨, 할Halle, 1956) 그것은 언어 외적 체계에도 응용된 바 있다.

그렇지만 /p/와 /b/가 대립하는 이유를 따져 볼 필요가 있다. 음성학적으로, 그러니까 조음상의 특징으로 보면(다시 말해 인간이 혀와 입술 연구개 등을 이용하여 소리를 만들어내는 관점에서 보면) 이런 소리들은 둘 다 양순음이다. 그러나 전자는 무성음이고 후자는 유성음이기 때문에 이 둘이 대립한다.

그러면 다섯 가지 조음적 특성에 근거하여 다음과 같은 소리들을 살펴보자(연구개음, 양순음, 치조음, 유성음 여부, 비강음).

	p	b	n	m	k	g
연구개음	-	-	-	-	+	+
양순음	+	+	-	+	-	-
치조음	-	-	+	-	-	-
유성음	-	+	+	+	-	-
비강음	-	-	+	+	-	-

이 같은 조음적 특징들은 우선 〈발성상의 특징〉들이다. 그러나 계열의 관점에서 보면 위에서 나열한 조음적 특징 중 몇 가지는 음소를 구분하는 데 관여하지 못한다. 또한 영어 어휘를 연구할 때는 /bik/이나 /lon/과 같은 단위들을 고려할 필요가 없는데, 영어에서는 이런 단위들이 시니피에를 갖지 않기 때문이다(달리 말하자면, 비록 이런 단위들이 2차 분절의 연사적 조합에 근거하지만 2차 분절의 계열엔 포함되지 않기 때문이다). 이렇게 조음적 특징의 모형에서는 비기능적 자질들이 있는 것이다. 즉 /유성/ 대 /무성/의 대립이 영어에서 변별성을 갖는 이유는 그것이 /pet/와 /bet/를 대립시키기 때문이다. 그러나 음소 /n/이 비강음이자 치조음이며 유성음이라고 말하는 것은 과잉 정보를 제공하는 셈이다. 사실 /n/과 마찬가지로 /m/도 비강음이자 유성음이다(그렇지만 치조음은 아니다). 그러나 영어에는 /무성 비강음/과 /유성 비강음/이 대립하는 단어가 없다. 그렇기 때문에 /n/과 /m/의 유성음은 변별적 자질의 경제성을 연구하는 데 불필요한 요소이다. 이렇게 변별적 자질들은 조음적 특징과 별 관계가 없다. 따라서 조음적 특징 중에서 변별적 자질들은 의미 단위들의 연사적 조합을 만들기 위해 언어의 계열 속에서 대립 체계로 작용하는 특징들만을 선별한다고 말할 수 있다. 음성학자가 /n/이라는 소리를 연구할 수 있는 이유는 그것이 특정한 기계로 관찰할 수 있는 물리적 실체이기 때문이다. 그러나 소리의 법칙이 아니라 규칙 체계로서 언어의 법칙을 연구하는 음운론 전공자는 변별적 자질을 구성하지 않는 물리적 특징을 다루지 않는다. 언어학자들은 체계적인 모델의 추상적인 요소들을

⟨에믹*émiques*⟩한 요소라고 부르며(이 용어는 음운론의 동의어로 간주되는 ⟨*phonémique*⟩과 유추 관계를 갖는다), 한 소리의 발성처럼 특정한 물리적 현상들을 ⟨에틱*étiques*⟩한 요소라고 부른다(이 용어는 조음에 관한 모든 구체적 현상들을 연구하는 ⟨*phonétique*⟩에서 유래되었다).

이렇게 한 언어의 음소는 음운론적 대립의 추상적인 체계를 구성하는 단위를 일컫는다. 예를 들어 음성학에서는 통상적으로 /i/와 /i:/로 표기되는 두 가지의 소리를 구분한다. /i/는 영어의 /ship/에서 찾아볼 수 있고 /i:/는 /sheep/을 구성하는 소리이다. 그러나 프랑스어에서는 /livre/의 ⟨i⟩를 /i/ 또는 /i:/로 발음해도 의미상의 변화가 없다. 프랑스어의 음운 체계는 이런 두 가지의 음성적 현상을 구분하지 않기 때문이다.

원칙적으로 하나의 체계는 차이와 대립 관계로 구성되는 시스템이다. 따라서 관여성을 갖는 것은 한 요소의 본질이 아닌 그런 성질의 존재 여부이다. 다시 말해 구성 요소들의 물리적 성질이 아니라, 텅 빈 가치 내지는 가득 찬 가치의 존재 여부가 모든 것을 결정하는 체계이다. 그렇기 때문에 하나의 체계적 구조는 비언어적 커뮤니케이션 현상에 적용될 수 있다. 예를 들어 다음과 같은 기초적인 행렬을 생각할 수 있다.

−	+
+	−

그다음 이런 행렬이 /n/과 /p/라는 비의미적 단위 사이에

존재하는 체계적인 관계를 나타낸다고 설정할 수 있다.

	n	p
양순음	−	+
유성음	+	−

그렇지만 이런 단위들은 두 신호의 차이를 나타낼 수도 있다(예를 들어 빨간색 신호판은 진입 금지를, 초록색 깃발은 통과를 나타낼 수 있다).

	초록색	빨간색
신호판	−	+
깃발	+	−

그럼에도 불구하고 이런 행렬은 시니피앙의 형식적인 요소만을 특정한다. 그렇다면 이런 행렬이 시니피앙-시니피에의 관계까지도 과연 특정 지을 수 있는가? 당연히 그런 기능도 갖는다.

	〈통과〉	〈멈춤〉
빨간 신호판	−	+
초록 깃발	+	−

물론 이런 행렬은 어떠한 시니피에와 시니피앙이 결합되는지를 나타낼 뿐만 아니라 〈시니피에를 하나의 대립 관계로 구

성하며〉 이런 시니피에의 대립 관계를 시니피앙의 대립 관계와 대응하게 만든다.

이 문제는 체계와 코드의 차이점을 드러낸다. 몇몇 사람들은 음운 체계를 〈음운 코드〉라고 부르지만 위의 행렬을 다시 살펴보면 그것은 두 가지의 체계를 함축한다는 사실을 알 수 있다. 즉 빨간색과 초록색의 대립 체계가 있는가 하면 〈통과〉와 〈멈춤〉을 대립시키는 체계도 있다. 그렇지만 코드는 하나이며 그것의 기능은 첫 번째 시스템의 가치를 두 번째 시스템의 가치와 의미론적으로 결합시킴으로써 /빨간 신호판의 존재/가 〈멈춤〉을 의미하게 만드는 데 있다.

그러나 체계와 코드를 그토록 자주 혼동하는 이유는 무엇인가? 여기에는 환유적 이유가 있다. 즉 언어에서 체계는 의미 작용을 가능케 하기 위해 조직되며, 결국에는 특정한 코드와의 관계 속에서 존재할 수밖에 없다. 그렇지만 이것은 오로지 경험론적인 이유이다.

이론적으로, 그리고 위의 예를 고려한다면 시니피앙의 체계(빨간색과 초록색)는 시니피에의 그것(또는 의미 체계)과 별개라는 사실을 지적할 수 있다. 사실 너무나도 당연한 지적이다. 왜냐하면 똑같은 시니피앙 체계에 전혀 다른 의미 체계를 결합할 수도 있기 때문이다(예를 들어 〈통과〉 대 〈되돌아가기〉를 결합할 수 있다. 또는 부자와 낙타가 천국에 이르기 위해 바늘구멍을 통과해야 하는 상황에서 빨간색은 〈위험한 길〉을, 초록색은 〈안전한 길〉을 의미할 수 있다).

이는 하나의 체계가 객관적인 이유 때문에 구성된다는 사실을 의미한다(/p/와 /n/의 대립 관계는 조음상의 이유에서 비롯된다. 또한 〈통과〉와 〈멈춤〉의 대립도 마치 홍해의 해변에서 모세가 처했던 상황처럼, 길을 가는 사람에게 특정한 선택을 강요하는 구체적인 상황에서 비롯될 수 있다). 이와 반대로 코드는 자의적으로 정립된다(비록 지각과 반응의 문제를 고려하여 빨간색은 금지와 더욱 잘 어울린다고 말할 수 있더라도 상황은 마찬가지이다. 왜냐하면 좌익 정당을 표시하기 위해서도 빨간 깃발을 걸 수 있기 때문이다).

따라서 코드는 시니피앙 체계의 요소들과 시니피에 체계의 요소들 사이에서 의미적 대응 관계를 정립한다고 말할 수 있다. 그러나 이러한 정의는 또 다른 문제를 제기한다. 즉 시니피에가 시니피앙의 모델을 따라 조직적으로 구성되는 이유는 과연 무엇인가 하는 문제가 그것이다.

사실, 코드의 관점에서 보면 한 단어의 시니피에가 제한되는 이유는 그것과 유사하기보다는 다른 시니피에를 갖는 단어가 존재하기 때문이다. 프랑스어에서 /*neige*(눈)/는 여러 시니피에(새하얀 눈, 함박눈, 하늘에서 내리는 눈, 녹아 내리는 눈)로 채워지는 반면에 몇몇 에스키모 부족들에겐 이런 차이들이 별개의 단어로 표현된다. 결국 단어들의 의미 가치를 구분지으면서 그것들의 관계 구조를 정립하는 것은 다름 아닌 체계이다.

따라서 시니피앙과 시니피에의 관계를 반드시 고려하지 않더라도 시니피에를 분류하는 〈체계〉에 대한 엄격한 연구는 필요하다.

옐름슬레우(1957)에 따르면 의미론에서 구조주의적 접근 방법을 적용하는 일은 시니피에 그 자체에 대한 연구가 아니라 기호의 위치적 가치에 대한 연구를 의미한다. 시니피에는 대치*commutation*(시니피앙을 바꾸면 시니피에도 바뀐다)와 교체*substitution*(시니피앙을 바꿔도 시니피에는 바뀌지 않는다)의 조작에서 확인할 수 있다. 대치의 조작에서는 체계의 불변수를, 그리고 교체의 조작에서는 문맥적 변이형을 확인할 수 있다.

다음 도표에서는 프랑스어의 /*arbre*/와 독어 /*Baum*/의 의미 영역이 동일하다는 것을 볼 수 있다. 이에 반해 프랑스어의 /*bois*/는 이탈리아어의 /*legno*(목재)/ 또는 /*bosco*(숲)/를 의미할 수 있지만 프랑스어의 /*forêt*/는 나무들이 더 밀집되어 있는 넓은 숲을 의미한다. 다른 한편, 독일어의 /*Holz*/는 /*legno*/에 해당하지만 /*bosco*/를 의미하지는 않는다. /*bosco*/를 의미하는 것은 /*Wald*/이며 그것의 개념은 /*forêt*/로 지칭될 수도 있다.

프랑스어	독일어	덴마크어	이탈리아어	영어
arbre	Baum		albero	tree
		trae		timber
	Holz		legno	
bois	Wald	skov	bosco	wood
forêt			foresta	forest

이 도표는 〈관념〉들을 제시하기보다는 체계에 기초하는 가치들을 드러낸다. 이런 가치들은 개념이라고 불리는 것에 해

당하지만 그것들은 오로지 차이에 따라 존재하고 이해될 수 있다. 즉 이런 차이들은 자체의 내용에 따라 결정되는 것이 아니라 체계의 다른 요소들과 대립하는 방식에 따라 결정된다.

여기서도 이진법으로 기술할 수 있는 일련의 차별적인 선택이 있는 셈이다. 따라서 시니피에가 과연 무엇인지 알 필요가 없다(물리적 내지는 존재론적 차원에서도 마찬가지다). 단지 하나의 코드 안에는 특정한 시니피에가 특정한 시니피앙과 결합한다고 말할 수 있다. 이런 시니피에가 통상적으로 〈개념〉 또는 〈관념〉으로 정의되는 것은 지극히 정상적인 현상이다. 또한, 일종의 평균적 사용법 속에서 이런 시니피에를 인식하는 것도 자연스러운 일이다. 그렇지만 기호학이 코드의 존재를 정립하는 순간부터 시니피에는 더 이상 정신적 내지는 존재론적, 그리고 사회적 실체가 될 수 없다. 〈이때부터 시니피에는, 특정한 시기에 특정한 집단이 받아들인 것으로서, 코드가 우리에게 제시하는 관계 체계 덕분에 기술할 수 있는 하나의 문화적 현상이다.〉

3·4 모델로서의 구조

레비스트로스 역시 소쉬르의 〈구조〉를 출발점으로 삼으면서 사회적 현상들을 커뮤니케이션 체계로 간주한다. 그는 구조를 다음과 같은 두 가지 조건을 충족하는 구성체로 정의했다. 그중 하나는 내적 응집력의 원리를 따르는 체계를 구성해야 한다는 것이다. 두 번째 조건은, 이런 응집력이 고립된 체계를 관찰하는 자에게는 즉각 감지될 수 없는 것이어야 한다. 즉 이런 응집력은, 표면적으로 상이한 체계 안에서 동일한 특성들을 식별할 수 있도록 하는 변형을 통해서만 나타난다(레비스트로스, 1960).

이런 입장을 자세히 관찰하면 그것은 두 가지 중요한 개념에 기초한다는 사실을 알 수 있다.

1. 구조는 내적 응집력이 지배하는 체계이다.
2. 구조는 상이한 현상들을 서로 비교한 다음 동일한 관계 체계로 환산했을 때 비로소 드러난다.

이 두 문제는 좀 더 심도 있게 다룰 필요가 있다. 왜냐하면, 앞으로 보게 되겠지만 이는 코드의 개념으로 동일시될 수 있는 구조의 개념을 설명하기 때문이다.

그러면 아주 단순한 예를 들어 보자. 지금 제시되는 예는 좀 더 복잡한 분야에서 구조를 규명할 때 활용될 것이다.

몇 명의 사람이 있다고 가정하자. 그들의 공통적인 특징을 규명하기 위해 나는 일련의 단순화 작업을 실시해야 한다(이는 통일된 도구를 사용하여 상이한 현상들을 처리하는 방법이기도 하다). 예를 들어 나는 그들의 신체를 골격 형태의 도식으로 축소한 다음, 그 골격을 매우 단순한 그림으로 표현할 수 있다. 그럼으로써 나는 인간에게 공통되는 구조, 다시 말해 특정한 길이와 위치의 선으로 표현되는 관여적 요소들의 배치 및 그 차이의 관계 체계를 설정한다. 당연히 이런 구조는 이미 하나의 〈코드〉를 구성한다. 즉 이런 코드는 개인의 특징이 어떻든지 간에 내가 신체를 알아보기 위해서는 골격의 그림이 따라 주어야 하는 체계이다.

또한 이런 구조는 오로지 현실을 단순화한 것에 국한되지 않는다는 점도 중요하다. 즉 이 같은 단순화는 우리가 채택한 〈관점〉에 근거할 따름이다. 내가 인간의 신체를 그 골격으로 축소할 수 있는 이유는 바로 그런 구성의 관점에서 신체를 바라보고자 하기 때문이다. 다시 말해 인간을 〈직립 보행을 하는 동물〉 또는 〈손과 발을 가진 두 발 동물〉로 관찰하기 때문이다.

따라서 음운론적 코드를 다시 언급하자면 그것은 특정한 시니피에 체계를 전송한다는 관점에서 목소리의 다양한 물리적 유형들을 규명한다. 이런 코드를 정립하기 위해서는 음성학 차원의 관계를 고려해야 하며 어조상의 변화를 선택적 변수로 간주해야 한다(그렇지만 중국어와 같은 코드에서 이러한 변수는 변별적인 가치를 갖기 때문에 다양한 시니피에를 가리킬 것이다).

인간과 나무를 동일한 관점에서 표현한다면(예를 들어 특정한 지역에서 인간과 나무 모두의 크기와 수를 비교한다면) 또 다른 구조적 단순화가 추가되어야 한다. 예를 들어, 다음과 같은 기호에서처럼, 나는 인간의 골격을 한층 더 기초적인 구조로 축소할 수 있다.

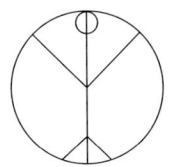

그리고 이런 기호를 다음 기호로 표현되는 모델화와 대립시킬 수 있다.

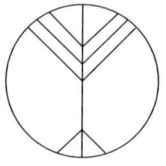

마지막으로 이 두 모델은 다음과 같은 하나의 모델로 표현할 수 있다.

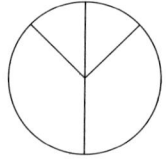

이렇게 나는 지속적인 추상화와 모델화 작업을 통해 신체와 나무에 공통되는 코드, 즉 양쪽 모두를 동일시할 수 있는 〈통일된〉 구조를 설정해 보았다.

이런 모델은 〈아날로그〉 모델이라고 불린다. 그러나 이런 모델에서도 중요한 것은 배치와 대립과 차이들이다. 예를 들어 수직선과 사선, 오른쪽과 왼쪽, 위쪽과 아래쪽의 대립이 그것이다. 개인 컴퓨터를 다루는 사람은 누구나 컴퓨터에 +, 0, - 또는 1/0, 즉 네/아니요로 구성되는 명령을 전달하면, 이런 명령들이 다시 아날로그 구조로 전환된다는 사실을 알고 있다.

그러나 여기서는 흥미로운 철학적 문제, 즉 (위에서 제시한 아날로그 모델과 같은) 구조는 하나의 〈실체〉인가, 그리고 이런 구조는 그것을 관찰하는 사람과 상관없이 그냥 존재하는가 하는 질문이 제기된다.

물론 이렇게 규명한 구조는 〈자체적으로 존재하지 않는다〉. 그것은 내가 미리 설정한 작용의 결과에 불과하다. 따라서 구조는 상이한 실체들을 통일된 방법으로 지칭하기 위해 세우는 모델인 셈이다. 그렇지만 이런 구조를 정립하기 위해 우리는 현실 세계에서 사물들의 관계에 대응하는 지적 작용을 실행하지 않는지 따져 보아야 한다. 그리고 이것이 바로 〈존재론적 구조주의〉와 〈방법론적 구조주의〉의 차이를 결정짓는 문제이기도 하다.

앞서 나는 몇 사람에 해당하는 구조-코드에서 그런 사람들과 나무들에 해당하는 또 다른 구조-코드로 넘어갔다. 이 두 경우 모두가 구조를 구성하지만 두 번째 코드는 첫 번째 코드를 한 단계 단순화한 결과이다. 이렇게 현상들의 특정한 영역 안에서 대응 구조를 규명할 때마다 우리는 이런 구조의 구조, 다시 말해 더욱 폭넓은 현상들을 예언할 힘을 가진 코드의 코드가 존재하지 않는지 생각해 볼 수 있다.

그렇기 때문에 음운론 학자들이나 언어학자들은 특정한 언어에서 관계 체계를 규명한 다음 이런 체계를 또 다른 언어의 관계 체계와 비교할 수 있는지 여부를 살펴보는데, 그럼으로써 그들은 이 두 체계를 동시에 분석할 수 있는 코드를 정립하려 한다. 그리고 이런 작업에 이어 학자들은 언어 내적 관계와 친족 관계를 지배하는 관계를 비롯하여 이런 친족 관계와 그 마을 오두막집들의 배치를 비교할 수 있는 코드를 밝히려 한다. 이런 작업을 — 성공적으로 — 수행한 연구 분야가 다름 아닌 구조주의 인류학이다.

이렇게 단순화 작업은 거듭된다. 이런 과정 속에서 구조주의의 이상도 구체화되는데, 그것은 코드의 코드를 규명하는 일이고 극단적으로는 인간의 모든 문화적, 생물학적 행태 안에서 동일한 리듬과 동일한 관계(즉 동일한 작용과 기초 관계)를 드러낼 수 있는 원코드*Ur-Code*를 밝히는 일이다. 즉 이런 원코드는 유기적인 과정에 기초하는 메커니즘과 동일한 차원으로 끌어올린 인간 사고 그 자체의 메커니즘 안에 위치한다는 것이다. 사실 이 같은 주장은 인간의 모든 행태와 모든 유기적인 사건을 커뮤니케이션으로 축소하는 처사이자 모든 커뮤니케이션 과정을 구조주의의 모델 자체로 축소하는 입장이기도 하다.

그러나 〈이미 알고 있는 것〉을 지속적으로 단순화함으로써 이런 식으로 압축된 구조의 모델에 도달하리라는 보장은 없다. 오히려 그럴 가능성은 희박하다. 구조주의적 방법론의 목적은 구조를 〈발견〉하는 데 있지 않다(만약 그렇다면 그것은 이미 알려진 대상들을 끊임없이 검토하는 방법에 지나지 않을 것이다). 오히려 구조주의적 구조를 〈제시〉할 뿐이다. 다시 말해, 앞으로 분석하고자 하는 현상들이 하나의 구조로 환언된다는 가설에 기초하는, 이른바 가설적인 지위를 갖는 이론적 모델로서 구조를 만들어 낸다는 말이다. 확인 작업은 그다음 일이다. 그리고 연구자의 업무는 자신이 관찰한 현상들을 무조건 프로크루스테스[2]의 침대 모델에 눕히는 것이 아니라, 모든 종류의 수정과 모든 종류의 보완에 대비해야 하는 것이다. 이런 방법은 수많은 연구 분야에서 매우 유용하게 사용되며, 특히 가장 약한 부분을 즉각 확인할 수 있는 구조적 가설을 적용함으로써 한없이 지속될 수 있는 경험론적 연구를 우회할 수 있게 한다.

이렇게 코드를 규명하는 일은 특정한 이론적 입장 표명을 의미하며 그것은 하나의 가설을 정립하는 일이기도 하다. 물론 한 언어의 법칙을 규명하기 위해서 언어학자는 구체적이고 수많은 언어 행태들을 관찰한다. 그러나 언어학자는 이러한 행태들의 모든 변이형들과, 화자가 사용할 수 있는 모든 가능한 언어 행위와 메시지를 완벽하게 포착할 수 없다. 어떤 시점에 이르면 언어학자는 자료 수집을 포기하고 또 다른 차원으로 넘어가야 한다. 그것은 다름 아닌 언어 체계를 〈구성〉하는 단계이다.

특정한 코드를 다룰 때는 항상 이런 식으로 접근한다. 코드는 일련의 커뮤니케이션 규약들의 모델이자 특정한 메시지를 전달할 수 있는 가능성을 기술하기 위해 이론적으로 존재하는 모델이다.

---

2 Procrustes. 그리스 신화에 나오는 강도. 쇠 침대에 사람을 뉘어 침대보다 길면 다리를 자르고 짧으면 늘렸다고 전해지며, 융통성이 없는 아집과 편견을 비유하는 말로도 쓰인다.

3·5 기호학적 기능

기호의 구조 또는 의미 작용의 관계에 대한 가장 엄격한 이론을 제시한 사람은 옐름슬레우(1934)이다. 그리고 〈기호 기능 fonction sémiotique〉이란 개념을 제시한 사람도 옐름슬레우이다. 그는 기호의 본질과 구성을 다음과 같이 정의함으로써 기호의 사용을 지배하는 코드들의 구성적 성질을 규명했다.

모든 기호 작용에는 〈의미 내용〉의 한 요소(시니피에)를 전달하는 〈의미 표현〉의 한 요소가 있다(그러나 우리는 의미 표현의 이런 요소를 시니피앙이라고 부르기로 한다). 우리가 말을 할 때는 다양한 소리를 만들어 낸다. 그러나 의미 표현의 통사 체계는 소리의 연속체를 토막 내 일부분에만 관여성을 부여한다(따라서 대다수의 언어들은 40여 개 내지는 그 이하의 관여적인 요소만을 사용한다). 예를 들어 프랑스어에서는 /rire(웃다)/의 /i/를 길게 발음하든 짧게 발음하든 상관이 없다. 즉 어떤 식으로 발음을 해도 청자는 똑같은 단어로 식별할 것이다. 달리 말하자면, 나는 이 단어를 /i/ 내지는 /iː/를 사용하여 발음할 수 있다. 그러나 앞서 말한 대로 영어는 /ʃip/과 /ʃiːp/을 구분한다(이 두 단어는 /*ship*/과 /*sheep*/으로 쓰인다). 따라서 프랑스어에서 /i/와 /iː/의 대립 관계는 의미 표현의 형태에 포함되지 않는다(이런 차이가 분명히 음성적 〈실체〉의 한 측면을 구성해도 상황은 마찬가지이다).

물론 이런 정의는 좀 더 세심하게 살펴볼 필요가 있다. 왜냐하면 이 정의는 (소쉬르와 마찬가지로) 기호를 양면의 실체로 간주할 뿐만 아니라 의미 표현과 의미 내용의 상호적인 독립성을 강조하기 때문이다.

옐름슬레우에 따르면, 수십 년 동안 이어진 전통적인 해석과는 달리 기호는 다른 것을 대신하는 그 무엇이 아니다(1943: 제13장). 기호는 의미 표현과 의미 내용이라는 두 기능적 요소*fonctifs* 사이의 상호적 관계가 제기하는 〈기능〉이다. 요컨대 경우에 따라 나는 달을 가리키기 위해 /x/라는 소리를 사용할 수 있지만 /x/는 달의 기호가 될 수 없다. 기호의 기능이 있기 위해서는 특정한 규칙이 의미 표현 /x/라는 기능적 요소와 의미 내용 〈지구의 위성〉이라는 기능적 요소를 연결해야만 한다. 그러나 또 다른 규칙에 근거하여 /x/라는 소리는 〈목성의 두 번째 위성〉을 가리킬 수도 있다. 비록 /x/라는 소리의 실체가 동일할지라도 이런 경우는 새로운 기호 기능에 해당한다. 의미 표현과 의미 내용이 기호 기능의 기능적 요소가 되는 이유는 그것들이 서로를 전제로 하기 때문이다. 〈말 없이 생각만 한다면 그 생각은 언어적 내용이 아니다. 생각 없이 말만 한다면, 즉 아무 의미 없는 일련의 소리만을

3 구조주의적 접근 방법

내는 경우도 언어적 의미 표현을 사용하는 것이 아니며 기호적 기능의 기능적 요소가 작동하는 것도 아니다〉(1943: 45).

기호 기능의 개념은 수많은 기호 이론에 영향을 미쳤으며 언어 외적 영역에서도 응용될 수 있었다. 특정한 해석자가 해석할 수만 있다면, 모든 것이 기호라는 모리스의 제안이 옳다면, 모든 것은 기호 기능에 기능적 요소로 참여하기 때문에 엄연한 의미 표현으로 간주될 수 있을 것이다. 이 같은 기능의 개념은 언어의 단어나 해양 코드의 깃발과 같은 기호를 정의하는 데 그치는 것이 아니라 훨씬 더 복잡한 영역까지 확대 적용될 수 있다. 예를 들어 텍스트의 방대한 집합과 그것의 의미 내용을 연결하는 관계도 이러한 기능에 해당한다.

3·6 외시적 의미와 내포적 의미

옐름슬레우에 따르면 의미 표현은 그것과 결합하는 의미 내용을 〈외시한다.〉 그는 (구조주의 언어학자들과 마찬가지로) 언어 철학자들과 앵글로색슨 전통의 논리학자들이 사용하는 의미와는 다르게 외시라는 용어를 사용한다. 따라서 여기서는 외시와 내포의 개념을 좀 더 구체적으로 설명할 필요가 있다.

언어 철학에서 한 단어의 외시적 의미는 그것이 가리키는 대상들의 집합이며, 하나의 단언 내지는 술어적 언술의 외시는 그것과 일치하는 현실의 상태이다. 이런 의미에서 외시는 〈지시 현상〉으로 간주될 수 있다(한 표현의 외시는 그것의 지시 대상이다). 따라서 수많은 학자들은 존 스튜어트 밀(1843: 1·2·5)이 제시하는 구분에 동의한다. 다시 말해 《《흰색》》이란 단어는 눈, 종이, 거품 등과 같은 모든 흰색 대상을 외시한다. 이 단어는 흰색의 속성을 함축하거나 — 또는 스토아학파의 용어를 빌리자면 — 내포한다〉는 것이다.

따라서 의미 표현은 그것이 명사로서 가리키는 대상들의 범주를 외시하고, 그런 범주에 포함되는 것으로 인정될 수 있는 개체들의 특성을 내포한다. 만약 외시와 내포가 (많은 학자들이 말하듯이) 외연과 내연의 관계와 같다면 외시는 내포에 의존할 것이다. 달리 말하자면 내포는 의미 표현의 외시적 내지는 지시적 사용을 결정한다는 것이다(카르납, 1955). 사실 이런 동의어의 짝들은 수없이 많다. 예를 들어 러셀(1932)의 외시/시니피에, 오그던과 리처즈의 지시 대상/지시 현상, 포르루아얄Port-Royal 논리학에서 말하는 외연과 내연, 퍼스(2·418)의 〈넓이 *breadth*〉와 〈깊이 *depth*〉 등이 그것이다. 또한 몇몇 학자들은 개체를 지시할 때 외시라는 용어를 사용하고, 범주를 가리킬 때는 외연이라는 용어를 사용하기도 한다. 마지막으로 외시/내포의 대립은 프레게가 사용하는 *Bedeutung/Sinn*과도 일치하는데 여기서는 앞서 말한 대로 *Bedeutung*이 〈시니피에〉로 잘못 번역되어 왔다는 사실을 상기해야 한다.

하지만 옐름슬레우의 이론은 이런 정의들과 거리가 멀다. 그의 이론은 기호 체계들의 구조를 중시하지만 지시 현상의 문제는 덜 중요한 것으로 간주한다.

사실 옐름슬레우는 기호와 그것의 객관적인 지시 대상의

관계에 관심을 갖지 않는다. 오히려 그는 기호의 내적 구성과 그 의미 작용, 그리고 시니피에와 시니피앙의 관계에 주목한다. /어머니/라는 단어를 다루면서 옐름슬레우는 어떻게 이런 어휘소가 정확한 대상을 갖는지를 따지지 않는다. 그에 따르면 이런 현상은 언어의 실제 사용에서 유래된다. 그렇지만 그는 /어머니/가 가장 엄격한 의미의 여성 생식자를 비롯하여, 은유로 지칭할 수 있는 수많은 실체들(예를 들어 성모마리아, 모국 등)은 물론이고 이런 어휘소가 암시하는 이른바 〈사랑〉, 〈보호〉, 〈음식〉 등을 가리킬 수 있다는 사실도 알고 있다. 이 모든 것은 화용론적인 문제라는 원리하에 — 즉 언어를 구체적으로 사용하는 수신자의 문제라는 원리하에 — 오늘날의 심리 언어학은 단어의 연상 작용을 연구하고 있으며 특정한 단어가 불러일으키는 감성적 연상의 목록을 규명하기 위해 일련의 테스트를 구축하고 있다(오스굿Osgood, 수시Suci, 타넨바움Tannenbaum, 1957).

그렇지만 한 단어가 전달하는 감성적 자극에 수많은 화자들이 (또는 통계학적 의미에서 다수가) 특정하게 반응한다면, 결국 랑그의 규칙상 하나의 의미 표현이 규약적으로 그러한 부수적인 시니피에를 갖고 있는 것이 아닐까 생각해 볼 수 있다.

옐름슬레우 이론에서 외시와 내포라는 개념들은 형식적으로 매우 엄격하게 정의된다. 그는 〈외시 기호학〉과 〈내포 기호학〉을 구분하기도 한다. 외시 기호학의 차원에서 보면 의미 내용과 의미 표현 중 어느 것도 자체적으로는 기호학이 아니다. 그러나 내포 기호학에서 의미 표현의 차원은 기호학이 된다. 차후에 바르트(1964)는 이런 구분을 다음과 같은 도표로 도식화했다.

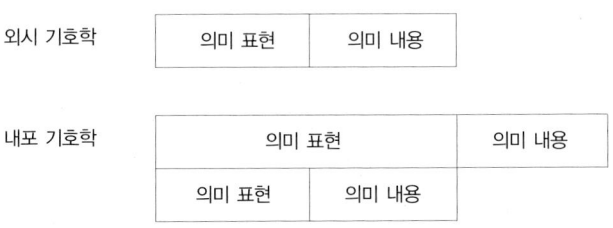

외시 기호학에서는 의미 표현이 의미 내용을 외시하는 반면에 내포 기호학에서는 의미 표현과 의미 내용이 새로운 의미 내용의 표현으로 바뀐다. 이렇게 내포적 의미는 일종의 상층적 의미로 바뀌는 셈이다. 이런 상층 의미는 한 개인에게 국한되는 반응에 그칠 수도 있지만 사실 그것은 의미 작용 체계의 총체적인 구조에 근거한다. 그렇지만 옐름슬레우는 내포 현상의 영역을 너무 축소했다는 인상을 남긴다. 왜냐하면 그는 사투리 억양이나 몇 가지의 문체적 특성들만을 분석했기 때문이다(예를 들어 문체적 특성들은 화자의 출신 지역이나 사회적 지위에 대한 정보를 제공한다). 그러나 바르트(1964, 1967)와 수많은 이론가들에게 내포적 의미는 더욱 폭넓고 체계적이며 정확한 개념이다. 예를 들어 /개/라는 단어는 〈포유동물로서의 개〉(또는 이와 비슷한 것)를 외시하지만 내포적으로는 〈충성심〉, 또는 이와 정반대로 〈경멸〉 내지는 〈고생〉(예를 들어 /개 같은 인생/, /개 같은 날씨/, /개 같은 고통/)을 의미할 수 있다. 어쨌든 옐름슬레우와 바르트의 이론에 따르면 내포적 의미는 정확한 언어적, 사회적 코드이자, 수사학적 규약과 이데올로기적 규약에 기초한다. 예를 들어 우리는, 외시적으로는 대등한 단어 /*black*/, /*negro*/, /*nigger*/에 미국 사회가 부여하는 다양한 내포적 의미를 생각할 수 있다. 그렇지만 사전적 의미론과 백과사전적 의미론을 구분할 때는, 과연 내포적 의미가 문맥에 근거하는가, 아니면 의미 작용의 〈지역적〉이고 제한된 하위 체계에 근거하는가(다시 말해 특정한 담화의 세계에서만 기능하는가), 하는 질문에 정확한 답변을 제시해야 할 것이다.

어쨌든 이 같은 담화의 세계 안에서 내포적 의미는 매우 유용한 개념이 아닐 수 없다.

삼색 신호등이 설치된 사거리에 접근할 때 나는 /빨간색/이 〈멈춤〉을 의미하고, /파란색/이 〈통과〉를 의미한다는 사실을 알고 있다. 그러나 나는 /멈춤/이라는 명령이 〈의무〉를 뜻하는 반면에 /통과/는 〈선택〉(왜냐하면 나는 멈출 수도 있기 때문이다)을 의미한다는 사실도 알고 있다. 또한 /의무/는 〈벌금〉을 의미하는 반면에 /선택/은 〈신속한 결정〉과 비슷한 무언가를 의미한다는 사실도 알고 있다.

결국 이 같은 기호 작용에서 우리는 신호등 기호들의 시니피에가 〈교통〉을 기준으로 하는 대립 관계를 구성하는 반면에, (신호등과 그것의 위치를 포함하는) 이 모든 기호들은 다시 법률적인 시니피앙으로 바뀌고 신호등 기호의 복합체는 다시 (〈벌금을 물어야 한다〉 내지는 〈빨리 결정하라〉는 식의) 감정적 권유의 시니피앙으로 바뀐다는 사실을 확인할 수 있다. 이런 메커니즘을 도식으로 표현하면 다음과 같다.

　시니피앙과 시니피에의 첫 번째 결합 단계는 외시 기호학을 구성한다. 두 번째 단계는 내포 기호학으로서 그것의 시니피앙들은 외시 기호학의 기호(시니피앙 + 시니피에)들이다. 세 번째 단계는 또 다른 차원의 내포 기호학을 구성하며 여기서 시니피앙들은, 세 번째 단계를 기준으로 보자면 외시 기호학을, 두 번째 단계의 기호들을 기준으로는 내포 기호학을 구성한다.

　우리가 이런 기호들을 사용하는 이유는 그것들이 앞서 언급한 바 있는 모든 규약적 연상 작용에 해당하기 때문이다. 즉 교통 신호판에 /정지/라는 글자를 쓰는 사람은 이러한 기호가 금지와 처벌의 내포적 의미를 유발한다는 사실을 잘 알고 있다. 마찬가지로, 한 작가가 자신의 텍스트에 /엄마/라는 단어를 쓴다면 독자는 그런 단어의 일차적 외시와 결합되는 내포를 결코 무시할 수 없을 것이다. 사실, (「메데이아」[3]에서처럼) 어머니라는 개념이 믿음과 애정의 감정을 연상시키지 않는 경우, 극적인 긴장은 텍스트의 다른 부분이 부정하면서도 완

---

[3] 에우리피데스의 비극. 이 작품에서 주인공 메데이아는 자신의 분노와 욕망 때문에 아이들을 죽인다.

전히 제거하지는 못하는 어머니의 내포적 의미 때문에 생겨날 것이다. 결국 한 기호의 내포적 의미는 기호의 근본 자체를 구성하기 때문에, 내포적 의미를 전혀 갖지 않는 이른바 순수 외시적인 기호가 과연 존재하는가 하는 질문이 제기될 수 있다. 심지어는 순수 외시적이고 절대 일의적인 /+/와 같은 기호도 강력한 내포적 가치를 부여받을 수 있는데 예를 들어 결산을 하는 상황에서 그것이 수입란에 위치하면 〈이익〉을, 지출란에 위치하면 /손실/을 의미할 것이다.

3·7 의미 형태, 실체, 연속체

얼핏 보면 기호의 기능이라는 개념은 소쉬르가 정립한 기호의 개념과 별 차이가 없어 보인다. 그러나 소쉬르는 언어가 형태로 조직하는 사고와 음성적 실체를 언급하면서도 시니피에의 지위에 대해서는 상대적으로 불명확한 입장을 취했다. 이에 반해 옐름슬레우에 따르면 언어는 서로 구분이 잘 안 되는 두 가지 연속체를 조직한다. 그중 하나가 의미 표현이고 다른 하나가 의미 내용이다. 그리고 언어는 이런 것에 형태를 부여함으로써 구조화된 체계를 구성한다는 것이다. 그럼으로써 실체들은 그것이 하나의 형태에 해당할 때만 생산되고 인식될 수 있다(여기서 말하는 실체는 유의미한 소리들의 연속체이자, 그것이 발화되는 특정한 상황에서 가리킬 수 있는 무언가이다). 그러면 이미 언급한 바 있는 /ʃip/과 /ʃiːp/이라는 두 음성적 실체를 다시 한 번 예로 들어 보자.

이러한 연속체들이 두 개의 개별적인 단어로 구분되는 것은 영어의 의미 표현 형태가 /i/와 /i:/이라는 음소를 하나의 대립 체계 안에 위치시켰기 때문이다. 마찬가지로 우리가 /sheep/과 /ram/ 사이에서 의미 내용의 차이를 인식할 수 있는 것은 하나의 의미 내용 체계가 〈양의 수컷〉과 〈양의 암컷〉의 대립을 구축했기 때문이다. 또 다른 예를 들 수 있다. 즉 의미 내용의 체계는 고래의 수컷과 암컷을 구분하지만 의미 표현상으로는 그런 대립이 없을 수도 있는 것이다(그리고 이런 예는 수많은 언어에서 찾아볼 수 있다).

소쉬르가 실체라고 부른 것을 옐름슬레우는 연속체라고 불렀다(본래 그는 많은 논쟁을 불러일으킨 덴마크어의 *mening* 이란 단어를 사용했다).[4] 의미 내용의 연속체는 사고 그 자체이다. 즉, 그것은 다양한 관점에서 분석될 수 있으며 언어에 따라(그리고 그런 언어가 반영하는 문화에 따라) 각기 다르게 구성되고 분절되는 무형의 지적 중합체이다. 예를 들어 옐름슬레우는, 색깔을 가리킬 때 개별 언어들이 사용하는 단어의 계열들 덕분에 우리는 빛의 스펙트럼을 구성하는 무형의 중합체를 식별할 수 있다고 말한다. 다시 말해 언어는 각기 다른 방식으로 이런 연속체를 토막 내는 것이다(1943 : 48면). 그러나 이런 토막 내기는 어휘의 차원에만 국한되지 않는다. 옐름슬레우는 형태소의 차원에서도 이런 분할이 있다고 말한다. 즉 언어에 따라 수의 개념을 조직하는 방법이 다른데 어떤 언어는 단수와 복수만을 구분하는 반면에 또 다른

---

4 영어 번역가들은 이 용어를 *purport*로 옮겼지만 프랑스어 번역가들은 〈재료〉를 뜻하는 *matière*로 옮겼다 — 원주.

언어는 이런 범주에 쌍수(심지어는 삼수)의 개념을 추가한다. 동사의 시제 구성에서도 똑같은 현상을 찾아볼 수 있다. 그러나 연속체는 언제든지 새로운 형태를 부여받을 수 있는 실체에 머무는 것이다.

당연히 의미 표현에 관해서도 똑같은 지적을 할 수 있다. 앞서 보았듯이 다양한 음운론적 체계들은 모든 가능한 음성적 표현의 세계(즉, 연속체)를 — 각기 독창적인 방법으로 — 조직한다. 『언어 이론의 서론 Prolégomènes』의 영어판에서 옐름슬레우는 단어 /ring(반지)/을 예로 든다(이것은 국제 학계가 채택하고 있는 기본 참고서이기도 하다). 만약 이 단어가 손가락에 끼는 특정한 사물의 기호라면, 자신의 손가락에 낄 수 있는 반지로서의 이런 물건은 기호 덕분에 내용의 실체와 동일시된다. 그리고 이런 내용의 실체는 내용의 형태와 결합하여 또 다른 내용의 실체에서 유래되는 물건들과 함께 하나의 구성체를 이룬다. 마찬가지로 이 상황에서 /riŋ/이라는 연속체는 유일한 소리이다. 이것은 표현의 실체에서 유래하는 실체이지만 오로지 기호를 통해서만 동일시될 수 있으며 역시 표현의 형태와 결합하여 동일한 표현의 실체에서 유래하는 다른 실체들을 조직화한다(1943: 52~53면).

의미 표현과 의미 형태의 재료를 가리킬 때 옐름슬레우가 동일한 용어 — *mening* — 를 사용한 것은 우연이 아니다. 여기서 말하는 연속체가 아직 기호화되지 않은 세계, 즉 무언가를 표현하기 위해 조직되면서도 표현할 수 있는 무언가를 구성하는 이러한 무형의 중합체라는 가정하에 우리는 다음과 같은 도식을 그려 볼 수 있다.

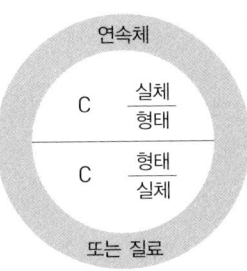

표현의 형태는 대립 관계를 구성하는 체계의 유형을 결정하고 유일한 실현체들이 실체를 구성함으로써 연속체의 일부분(소리, 색깔, 공간적 관계)을 관여적인 요소로 바꾸어 놓는다. 같은 방식으로 내용의 형태는 표현 가능한 연속체(또는 경험 세계)의 일부분(또는 그 전체)을 대립 관계의 체계로 바꾸어 놓는다. 최근에 소개된 언어학 연구들 덕분에 의미 표현의 체계는 널리 알려졌지만 옐름슬레우는 의미 내용의 체계를 설명하는 데 어려움을 느끼는 듯하다. 그의 모든 시도는 색깔이나 식물의 체계와 같은 특정한 미시 체계를 재구성하는 데 그친다. 위의 도표에서는 옐름슬레우의 이론을 일관되게 해석하기 위해 의미 표현과 의미 내용의 재료를 단 하나의 동일한 실체로 표현한 것이다. 왜냐하면 커뮤니케이션에 필요한 연속체는 곧 커뮤니케이션 대상으로서의 연속체이기 때문이다.

간혹 언어는 그것의 공간적 특성을 표현하기 위해 연속체의 음적 특성을 분절하며(예를 들어 기하학 이론들도 구두 언어로 설명할 수 있다), 언어의 소리들은 소리의 법칙을 표현할 수도 있다(예를 들어 음성학 규칙도 구두 언어로 설명할 수 있다). 더 나아가 하나의 도식은 연속체의 공간적 특성에 관여성을 부여하기도 한다(예를 들어 공간을 표현할 수 있다).

연속체의 이 같은 개념화는 매우 중요한 형이상학적 문제를 끌어들이며 궁극적으로는 (단순한 동의어 문제처럼 보일 수도 있는) 현상학적 및 〈지각적 시니피에〉, 그리고 경험적 시니피에를 비롯하여 인지적 내용과 의미론적 내용의 동일성과 차이의 문제를 제기한다[이 문제에 관해서는 후설(1900~1901) 「여섯 번째 연구」를 참고할 수 있다]. 옐름슬레우가 구상하는 연속체는 의미 내용의 구성을 통해서만 알 수 있는 무언가를 의미한다. 예를 들어 (의미 내용의 구조에 입각하여) 프랑스의 공간적 한계는 스페인도 아니고 대서양도 아니며 도버 해협이나 벨기에, 룩셈부르크, 독일, 스위스, 이딸리아, 지중해도 아닌 데서 기인한다는 말은 프랑스를 여러 방식으로 정의할 수 있음을 의미한다(적어도 프레게는 이렇게 주장했을 것이다). 문제는 이러한 연속체를 구성하는 방법이 특유의 경향 내지는 법칙을 따르는지를 밝히는 일이다.

옐름슬레우가 의미 표현과 의미 내용의 재료를 지칭하기 위해 /mening/이라는 단 하나의 용어를 사용했다는 사실은 그가 이런 연속체를 〈이미 의미를 지닌 것〉으로 생각했음을 암시한다(/mening/은 〈의미〉로 번역될 수 있다). 그렇지만 옐름슬레우는 이런 의미가 〈무형의 중합체〉라고 거듭 말한다. 그러나 이와 동시에 그는, 이런 연속체는 인식의 대상도 아니며 그것을 선행하는 과학적 존재도 갖지 않으면서 〈구성의 보편적 원리〉를 간직한다고 역설한다.

따라서 의미 내용의 이상적인 구성에 대한 모든 문제는 지각과 〈의미 채우기〉(후설), 그리고 범주 작용의 관계가 과연 무엇인지를 묻는 질문으로 일축된다.

이렇게 시니피에로서 의미 내용의 구성을 다루는 기호학적 문제는 한편으로는 시니피에의 문제와, 다른 한편으로는 경험의 공지시 현상으로 확대되는 지각과 인식의 문제와 매우 밀접한 관계를 갖는다. 그리고 이 같은 현실은 기호학적 시니피에와 지각적·인식 형이상학적·현상학적 시니피에 사이의 표면적인 동의어 관계를 설명한다. 이는 언젠가 다루어야 하는 문제이지만 방법론적 제약 때문에 다음 기회로 미루기로 한다(가로니Garroni, 1977). 좀 더 성숙한 단계에 도달한 기호학은 인식론의 철학적 문제를 다루어야 할 것이다. 그러나 현재로는 옐름슬레우와 퍼스가 제시한 시니피에의 기호학적 접근 방법이 여타의 철학적 접근 방법보다 더 유용하다는 사실을 인정할 수 있다.

옐름슬레우 업적의 가장 큰 영향 중 하나는, 의미 표현의 형태를 분석하기 위해 현대 언어학이 정립한 방법들을 의미 내용의 형태 분석에 적용했다는 것이다. 몇 개의 음소(또는 의미 표현의 형상)가 단어를 만들듯이, 그리고 제한된 수의 음소들이 무한한 수의 단어를 만들듯이, 옐름슬레우는 수적으로 제한된 의미 내용의 유형들이 엄청난 양의 의미 내용 단위를 만든다는 사실을 입증하려 했다.

의미 표현과 의미 내용의 대응 관계는 다음과 같은 결과를 가져온다. 요컨대 특정한 의미 표현이 하나의 유형으로 분석될 수 있다면 똑같은 원리가 의미 내용에도 적용될 수 있다는 것이다. 〈현실적으로 의미 표현의 유형들을 분석하는 일은 무한한 목록의 실체들을…… 제한된 목록에 들어가는 실체로 분할하는 작업이며 그것은 더욱 제한된 목록을 얻을 때까지 지속된다. 이 같은 작업은 의미 내용의 유형에도 적용된다……. 따라서 우리의 임무는 모든 목록이 가능한 한 축소될 때까지 분석을 지속하는 일이다. 이렇게 의미 내용의 실체들을 일련의 〈군(群)〉으로 축소하면 단순 기호의 의미 내용은 특정한 상호적 관계를 갖는 기호 연속체의 의미 내용과 동일해진다.〉[5] 옐름슬레우는 이렇게 의미의 성분을 분석하는 셈이다.

그러나 자연 언어를 분석하는 옐름슬레우는 단어들의 의미 내용 목록이 무한하다는 사실을 잘 알고 있다. 즉 한 언어가 갖는 총체 어휘의 의미소들은 열린 목록을 구성한다는 말이다. 그렇지만 그는 파생 어미와 굴절 어미와 같은 제한된 (또는 선별하는) 의미 내용의 목록이나 어근과 같은 무한한 (또는 선별된) 의미 내용의 목록을 구분하기도 한다.

그러면 옐름슬레우의 주장을 좀 더 자세히 살펴보기로 하자. 우선 프랑스어에는 〈*mouton*(양)〉, 〈*brebis*(암양)〉, 〈*porc*(돼지)〉, 〈*truie*(암퇘지)〉, 〈*taureau*(황소)〉, 〈*vache*(암소)〉, 〈*étalon*(종마)〉, 〈*jument*(암말)〉, 〈*homme*(남자)〉, 〈*femme*(여자)〉, 〈*ovin*(양류)〉, 〈*porcin*(돼지류)〉, 〈*bovin*(솟과)〉, 〈*équin*(말)〉, 〈*être humain*(인간)〉이라는 의미 내용 단위들의 목록이 있다고 가정하자. 여기서 제일 먼저 나열한 열 개의 실체들은 이 목록에서 제외될 수 있다. 왜냐하면 그것들은 한편으로는 〈수컷〉과 〈암컷〉, 다른 한편으로는 〈양류〉, 〈돼지류〉, 〈솟과〉, 〈말〉, 〈인간〉을 포함하는 관계 단위로 정확하게

---

[5] 옐름슬레우, 1943, 64~65면 — 원주.

해석될 수 있기 때문이다. 한마디로 옐름슬레우는 다음과 같은 도표로 나타낼 수 있는 구성적 결합을 제의한다.

	양류	돼지류	솟과	말	인간
수컷	mouton	porc	taureau	étalon	homme
암컷	brebis	truie	vache	jument	femme

그러나 옐름슬레우 저서의 영어판을 보면 번역가들이 잘못 이해한 문제를 찾을 수 있다. 요컨대 옐름슬레우는 〈수컷과 암컷의 구분〉을 말하는 것이 아니라 인칭 대명사 /he/와 /she/의 사용을 말한다. 그는 /양의 암컷/이 아닌 /she-sheep/이라는 표현을 사용한다는 말이다. 논증의 관점에서만 보면 이 같은 불성실한 번역은 별 문제를 일으키지 않는다. 그러나 이런 식의 번역은 영어판 텍스트가 제한된 목록에 포함되는 대명사로서의 /he/와 /she/를 언급한다는 사실을 잊게 한다. 이에 반해 의미 내용의 나머지 유형들은 무한한 목록에 포함된다(예를 들어 양류와 인간 등이 그렇다). 물론 〈수컷〉과 〈암컷〉 역시 제한된 목록에 포함된다는 사실을 인정할 수 있다. 그러나 이는 이미 의미론적 대립의 세계를 가리킨다(그리고 이런 경우, 우리는 어린/늙은, 높은/낮은 등을 포함하는 기본적인 대립 관계를 얼마나 더 추가해야 하는지를 결정해야 한다). 대명사를 사용함으로써 옐름슬레우는 이런 제한된 목록을 형태론적으로 입증할 수 있었다. 그렇지만 이 같은 형태론적 기준만을 사용하면 당연히 목록은 줄어들 수밖에 없다.

이 모든 것의 결론은 다음과 같다. 즉 옐름슬레우는 제한된 목록을 발견해야 한다고 역설하지만 이런 제한적 성격을 뒷받침할 만한 것을 발견하지 못한다. /he/와 /she/의 대립을 제외하면 옐름슬레우가 언급하는 목록들은 — 그것이 단어이든 의미 내용의 유형이든 — 무한한 것으로 보인다. 그렇지만 그것은 진행 중인 작업이다. 어쨌든 열 개의 단위를 5×2 유형으로 축소하지 않았는가? 그럼에도 아직은 의미 성분의 사전이 완성되었다고는 말할 수 없다.

옐름슬레우의 제의는 그의 뒤를 이어 소개된 의미 이론들만큼이나 엄격하다. 그중에는 다음과 같은 주장이 있다. 즉 사전은 단어들의 내연적 기술을 제공하지만 잠재적인 지시 대상을 무시하고 언어적 지식만을 다루어야 한다는 것이다. 비록 언어 사용자가 한 번도 암양이나 종마를 본 적이 없어도 옐름슬레우가 생각한 사전은, /암양은 양의 암컷이다/와 /x가 암양이라면 그것은 종마가 아니다/라는 연속체가 의미적으로 올바르게 구성되는 이유를 설명해야 한다.

이런 이유 때문에 옐름슬레우는 의미 내용의 단위들을 의미 성분 내지는 자질로 분석하고자 한 최초의 현대 학자로 평가된다.

3·8 의미 자질

옐름슬레우 이후에 가장 열띤 논의를 불러일으킨 문제는 의미 성분 또는 속성으로서의 시니피에 분석이었다. 하지만 이런 논쟁이 구조주의라는 무대 위에서 진행되었다고는 말할 수 없다. 더 정확히 말하자면 오히려 이런 논쟁은 구조주의의 경직된 이분법에 타격을 입힌다. 즉 〈사전 형식의 의미론〉에서 〈백과사전 형식의 의미론〉으로 전환하는 과정에서 —— 이 문제는 잠시 후에 논의하기로 한다(3·10) —— 학자들은 구조주의 모델을 차츰 포기하거나 대폭 수정하게 된다.

그러나 여기서는 —— 즉 구조주의를 제목으로 설정한 상황에서는 —— 이 논쟁을 간략하게 살펴볼 필요가 있다. 사실 〈의미 내용의 형태〉 개념은 다름 아닌 구조주의 세계관 내에서 정립되었다. 이런 세계관에서는 언어 사용자들의 의미 능력 모델, 다시 말해 의미 내용을 의미 표현에 결합할 수 있는 그런 능력의 모델을 규명해야 했다.

만약 〈형태〉로 구성되는 의미 내용의 체계를 구축할 수 있다면, 의미 내용의 특정한 단위들이 의미 표현의 단위와 일치한다는 주장은 더 이상 설자리를 잃게 된다. 어쨌든 문법 자질의 모델에 기초하여 특정한 어휘소의 의미 자질들을 설정하기는 비교적 쉽다. 따라서 다음과 같은 단어들은 앞서 언급한 방식으로 분석될 수 있다.[6]

/garçon(소년)/ : 생물체 + 인간 + 남성 − 성인
/fille(소녀)/　　 : 생물체 + 인간 + 여성 − 성인
/homme(남자)/ : 생물체 + 인간 + 남성 + 성인
/femme(여자)/ : 생물체 + 인간 + 남성 + 성인

6 여기서는 프랑스어판에서 제시하는 프랑스어 어휘를 그대로 사용하기로 한다. 왜냐하면 그것에 해당하는 한국어 단어들은 의미소가 이미 어휘화되었을 뿐만 아니라 의미소의 구조적 관계도 다르기 때문이다(예를 들어 한국어의 /여자/는 /여자아이/에서 수식어로 사용될 수도 있다).

〈생물체〉와 같은 의미 자질은 그 해당 어휘와 몇몇 동사의 양립성을 입증하기 위해 사용된다. 따라서 /남자가 먹고 있다/가 문법적으로 성립되는 이유는, /먹다/가 〈생물체〉라는 자질과는 실제로 결합하고, 〈인간〉 또는 〈동물〉과는 구별없이 결합하기 때문이다. 그러나 /남자가 싹트고 있다/고 말할 수는 없다. 왜냐하면 이 동사는 〈인간〉도 아니고 〈동물〉도 아닌 〈식물〉과 양립하기 때문이다(라이언스, 1968; 촘스키, 1965, 1972). 그렇지만 흥미로운 결과를 제공했음에도 불구하고 의미 자질의 분석은 의미적 일치성보다는 문법적 일치성을 설명하는 데 사용된다(의미적 일치성의 문제는 더욱 복잡한 도구가 필요한데 이 문제는 다음 장에서 다루기로 한다).

이런 접근 방법에 대한 첫 번째 지적 사항은, 문법 범주는 수적으로 제한되었기 때문에 체계로 조직되지만 의미 범주의 수는 엄청난 양에 이르기 때문에 체계를 구성할 가능성이 희박하다는 것이다.

의미 범주의 수가 많다는 것은, /남자/를 /여자/와 대립시켜 정의하기는 쉽지만 /암소/를 /암퇘지/와 관련지어 정의하기는 훨씬 더 어렵다는 사실을 의미한다. 이 두 경우는 모두 생물체이자 동물이며 여성이지만, 기호학을 전혀 모르는 축산업자도 그것들이 전혀 다르다는 사실을 알고 있다.

최근에 와서는, 의미 내용의 단위 성분을 분석하는 방법이 큰 발전을 거듭했는데 그중 가장 유명한 분석 모델은 카츠 Katz와 포더 Fodor가 제의한 것이다(1964).

카츠와 포더는 /*bachelor*/라는 어휘를 가지고 〈의미적 스펙트럼〉이라고 부를 수 있는 것, 좀 더 정확하게 말하자면

〈형태 의미소〉로서 시니피에의 내적 체계를 규명하려 했다. 우선 영어 단어 /*bachelor*/은 〈독신자〉, 〈학사 학위 취득자〉(*Bachelor of Arts*는 문학사 학위를 취득한 사람을 의미한다), 〈페이지〉, 〈짝짓기 때 암컷을 구하지 못한 젊은 바다표범〉을 가리킨다(이는 〈독신자〉에서 파생한 은유적 의미이기도 하다). 새삼 강조할 필요도 없지만 이런 다양한 의미들은 〈차별소〉라고 불리며, 다음 도표에서는 대괄호로 표시하기로 한다. 수컷/암컷과 같은 기본적인 의미 표지들은 둥근 괄호로 표시한다. 아무런 표시 없이 명시된 것은 의미 표지와 어느 정도 일치할 수 있는 〈통사 표지〉들이다.

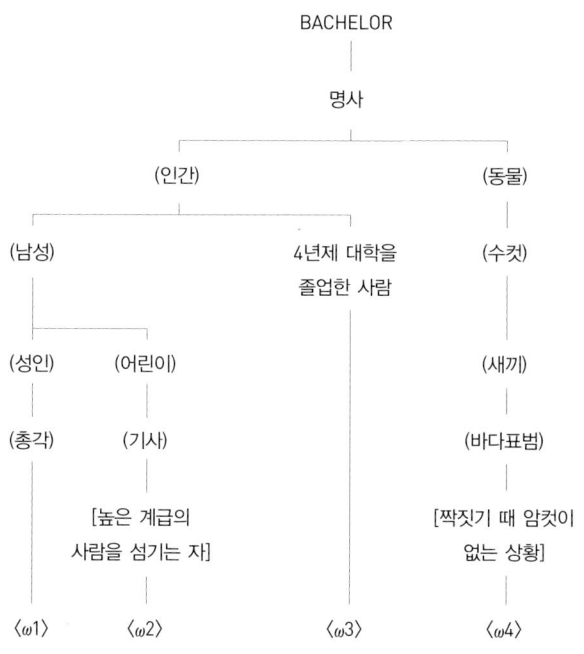

3___구조주의적 접근 방법

이 도표에서 선으로 표현한 경로들, 즉 의미와 차이의 표지를 명시한 각각의 경로들은 이 단어의 가능한 해석이자 〈의미〉를 가리킨다. 말하자면 시니피에는 한 형태 의미소가 가질 수 있는 의미의 복합체인 셈이다.

이렇게 의미는 문맥을 통해 나타나는 다른 형태 의미소들의 잠재적인 의미들과 함께 하나의 중합(重合) 속에서 나타난다. 이것이 이런저런 의미 중합을 우선시하게 만드는 〈선별적 제약〉이다(이런 제약들은 꺾은 괄호와 그리스어 문자로 표시했다). 형식적으로 표현한 선별적 제약은 하나의 의미를 또 다른 형태 의미소의 의미들과 결합시키는 〈필요 충분 조건〉이다. 예를 들어 $\omega1$은 이런 의미가 혼인과 관련되는 문맥에서만 유효하다는 것을 설정하는 반면에 $\omega3$은 문맥이 특정한 활동의 결실 여부와 관련이 있어야 한다. 이런 식으로, 두 가지 언술에서는 /bachelor/의 사용에 대한 두 가지의 해석을 허용하는 두 가지의 의미 중합이 있을 수 있다. 예를 들어 /a married man is no more a bachelor(결혼한 사람은 더 이상 독신자가 아니다)/와 /my husband is a Bachelor of Arts(우리 남편은 문학사 학위의 소지자이다)/가 이런 경우에 해당한다. 물론 모호한 표현도 있을 수 있지만 (예를 들어 /이 여대생이 루이와의 결혼을 거부한 이유는 그가 bachelor가 아니기 때문이다/) 여기서도 이 문장을 선행하는 문맥은 의미 중합들의 정확한 특성을 설정하게 할 것이다.

이런 분석의 문제점은 차별소들이 최소 단위라기보다는 그 자체가 완전한 정의를 구성하기 때문에 또다시 정의되어야 한다는 데 있다. 이런 접근 방법은 어휘 사전의 구성적 방법을 설정하는 데는 도움이 되지만, 기본적인 의미 체계가 분절되는 방법은 설명하지 못한다. 또 다른 문제점은 이런 분석이 한 어휘소의 다양한 사용법을 설정할 수는 있지만 이런 어휘들이 사용될 수 있는 문맥과 상황들을 설명하지는 못한다는 것이다. 마지막으로 세 번째 문제점은, 이런 분석을 통해 얻어 낼 수 있는 성분의 스펙트럼은 동의어 문제를 밝히는 데는 도움이 되지만(이런 장점은 어휘를 연구하는 사람에게 큰 도움이 될 것이다) 모든 내포적 의미는 설명하지 못한다는 데 있다. 따라서 〈독신자〉(/*bachelor*/의 의미를 이렇게 간주하기로 했다면)는 문맥에 따라 〈자유분방함〉, 〈무책임성〉 또는 〈자유〉을 내포할 수 있다. 이렇게 세 가지의 지적 사항 중 둘은 기호들의 문맥적, 상황적 사용과 직결된다.

이에 관해 카츠와 포더는, 문맥 이론을 정립하기 위해서는 한 어휘소의 모든 가능한 출현을 완전하게 조사해야 하며 결국에는 현실 세계의 모든 가능한 사건들을 예상해야 한다고 말한다. 이런 입장에 대해 우리는 사회 안에서 어휘소가 더욱 빈번하게 사용되는 이런저런 문맥과 상황이 있다고 반박할 수 있다. 또한, 하나의 코드가 조직될수록 그것은 이런 상황들을 반영한다고 말할 수도 있다.

그러면 다음과 같은 표현들을 예로 들어 보자.

예컨대 /사자를 동물원에 데리고 가야 한다/와 /철수를 동물원에 데리고 가야 한다/가 있다고 가정하자. 당연히 첫 번째 문장에서 /데리고 가다/는 〈포획〉과 매우 유사한 의미를 갖는 반면에 (그리고 사자가 도망을 쳤을 경우에는 〈벌〉을 의미할 수도 있다) 두 번째 문장에서는 포상 내지는 교육적 목적을 상기시킨다. 아직은 문맥과 상황 이론이 존재하지 않기 때문에 우리는 첫 번째 문장이 두 번째 문장과 다르게 해석되어야 하는 이유를 의미론적 규칙으로 설명할 수밖에 없다.

그러나 의미의 스펙트럼이 의미 표지와 차별소, 그리고 선별적 제약에만 국한되는 것이 아니라 〈내포적 표지들〉과 〈상황적 선별〉도 포함한다고 가정해 보자. 즉 /사자/는 통상적으로 동물원, 서커스, 정글이라는 세 문맥에서만 사용된다고 가정할 수 있다. 또한 /동물원/은 〈동물 우리〉와 〈안전함〉의 내포적 의미를 유발하고, 이와 마찬가지로 /서커스/는 〈구경거리〉와 〈묘기〉의 내포적 의미를 끌어들인다. 따라서 형태 어휘소 〈사자〉는 다음과 같은 상황적 선별 대상이 될 수 있다. 즉 사자가 〈정글〉과 혼합되면 그것은 야생성, 자유, 위험을 내포할 수 있다. 적어도 일상적인 사용법에서는 다른 문맥이 불가능해 보인다. 결국 〈사자〉라는 형태 어휘소는 특정한 상황에서 내포적 의미를 설정하는 규칙을 지니고 있는 셈이다(그리고 이런 규칙은 코드에 기록되어 있다).

그 후 카츠와 포더의 방법은 한층 더 심도 있게 연구되었으며(바인리히Weinreich, 1965), 각각의 형태 의미소에 대해 보다 보편적인 관계 성분을 규명하려는 선택적인 방법이 제시되기도 했다(비어비슈Bierwisch, 1970). 예를 들어 /죽이다/와 같은 동사의 성분적 스펙트럼은 다음과 같은 규칙을 통해 표현될 수 있다.

죽이다: (〈살아 있는〉 대상 Y를 〈죽은〉 대상 Y로 바꾸다)의 원인 주체 X

이렇게 다른 단위들과의 관계(예를 들어 인과 관계, 변화, 격려 등)를 표현하는 단어들을 형식 관계로 분석하기란 어렵지 않다. 이런 식으로, 형태 의미소들의 의미 구성은, 제한된 수의 조작소를 사용함으로써, 그리고 카츠와 포더가 분석하지 않았던 언어적 표현들의 메타언어적 재구성을 통해, 오로지 상호관계의 관점에서 재현될 수도 있다.

그러나 이런 방법에 대해서도 두 가지 지적 사항이 요구된다. 첫 번째 지적 사항은 이런 식의 분할이 〈사물〉을 가리키는 단위에 적용되는 것처럼, 행위를 가리키는 단어들에도 적용되리라는 보장이 없다는 것이다. 두 번째 지적 사항은, 규칙 체계로 기능하기 위해서는 논리 기호와 같은 상징 언어들조차 특별한 용도의 목록이 아니라 하나의 체계에 포함되어야 한다는 점이다. 따라서 성분 분석은 그것이 언어 단위들의 의미에 대해 사용하는 메타언어적 단위를 입증하려면 메타언어적 단위들의 체계, 즉 의미 내용의 형태 체계를 구성해야 한다.

3·9 의미 내용의 체계

오늘날까지 의미 내용의 체계를 구축하고자 하는 시도는 여러 차례 있었다. 그중 가장 주목할 만한 것(그레마스, 1966)은 기초 의미 단위를 대립적 축으로 배열하여 시니피에 전체를 분석하는 방법이다(이런 기초 의미 단위들은 인간 경험의 근본적인 양상과 일치하는 정신적 범주들이다). 이렇게 그레마스는 의미 작용의 몇 가지 기본 구조를 선택한다. 그것은 다음과 같이 정리될 수 있는 의미 축들이다.

국도	대	지방 도로
크다	대	작다
여자	대	남자

여기서 대립 관계는 의미 축이라는 단 하나의 관점에서만 고려된다. 따라서 여자/남자의 대립에서 의미 축은 성의 개념에 근거한다. 그러나 〈여자〉라는 시니피에(하지만 우리는 이것을 형태 의미소로 간주하고 있다)는 그레마스가 의미소 *sème*라고 부르는 다양한 의미 단위들의 교차점을 가리킨다 (그리고 그레마스의 의미소는 뷔상스의 그것과 다르다). 예를 들어 여성성은 하나의 의미소로서 남성성과 대립하지만 이런 의미소는 여자에게만 국한되는 것이 아니라 〈암양〉, 〈거위〉, 〈암소〉에도 포함된다.

/높다/는 어휘소가 /길다/와 구분되는 이유는 전자가 공간성, 규모, 수직성의 의미소를 갖는 반면에 후자는 공간성, 규모, 수평성, 원근성의 의미소를 갖기 때문이다.

따라서 어휘소는 다양한 의미 범주와 의미 체계에 근거하는 의미소들의 실현체로서, 그런 의미소들 사이에서는 계층적 관계, 즉 종속 관계가 형성된다고 할 수 있다.

그러면 그레마스는 공간성의 의미소 체계를 어떻게 기술하는지 살펴보자.

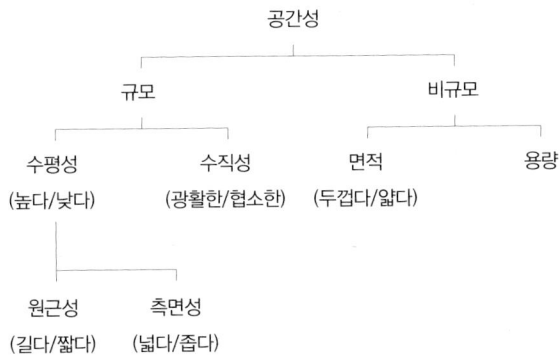

 이런 식으로 (수직성과 대립하는 수평성과 같은) 모든 의미소는 의미소의 축을 구성하는 하나의 구분 기준에 따라 정립된다(예를 들어 규모의 기준이 그것이다). 그러나 이런 의미소는 다시 그것이 지배하는 두 의미소의 의미소 축이 된다(여기서는 원근성과 측면성이 그것이다).

 위의 예는 공간성의 체계를 설명한다. 그러나 시간성의 체계는 어떠한가? 그리고 이 두 체계의 상관관계는 무엇인가? 당연히 이런 연구는 끝없이 이어질 수 있다. 그러나 다른 문제도 있다. 즉 이런 연구를 끝까지 밀고 나간다 해도 이런 식의 분류법은 의미소들의 매우 일반적인 분할만을 가능케 할 뿐이라는 것이다. 결국 /fauteuil/와 /chaise/의 의미소를 구분할 수 있는 방법은 무엇인가? 이에 관해 포티에Pottier는 높다/낮다에 대해 그레마스가 정립한 것과 유사한 행렬을 제시한다. 그리고 그는 〈팔 받침대〉, 〈푹신함〉 같은 의미 자질 여부를 기준으로 *fauteuil*, *chaise*, *escabeau*, *pouf*, *divan*을 구분한다.[7] 즉 /pouf/는 푹신하지만 등받이나 팔받이가 없으며

/escabeau/는 팔받이도 없고 푹신하지도 않지만, 이 모든 어휘들은 〈앉을 수 있음〉이라는 공통점을 갖는다(포티에, 1965). 그러나 이런 의미 자질들은 수평성과 수직성의 문제와는 연관이 없다. 즉 이런 자질들은 매우 특정한 사용법을 반영하며 기본 요소가 아닌 하나의 정의를 구성할 따름이다.

따라서 정확성을 추구하기 위해 의미 내용의 형식화는 매우 일반적인 수준에 머물며 /하마/와 /대주교/의 시니피에 차이는 끝내 설명할 수 없는 것이다. 더 나아가 이런 차이를 설명할지라도 (그리고 의미 성분 분석은 이런 노력을 아끼지 않고 있지만) 음운론에서 말하는 변별적 자질들과 같은 기본적인 의미 요소를 제시할 수도 없다.

3·10 사전과 백과사전

이런 문제들은 〈사전의 모델〉과 〈백과사전의 모델〉이라는 서로 상반되는 의미 내용의 표현 방식에 대해 기나긴 논쟁을 불러일으켰다.

3·10·1 사전과 백과사전은 우리의 기호학적 의식의 형태를 기술하고자 하는 두 가지 추상적 모델이다. 우선 사전은 이

---

7 여기서는 프랑스어 어휘 *fauteuil*, *chaise*, *escabeau*, *pouf*, *divan*을 그대로 사용하기로 한다. 왜냐하면 이런 어휘들은 각각 한국어의 안락의자, 의자, 걸상, 쿠션 의자, 긴 소파, 즉 /수식어 + 의자/라는 이른바 변별적인 의미소가 표현되는 복합 어휘에 해당하기 때문이다.

러한 지식을 오로지 언어적인 관점에서만 기술하려 한다. 이에 반해 백과사전은 현실 세계에 대한 우리의 지식을 정리하려 한다(윌슨N. L. Wilson, 1967; 카츠, 1972, 1979; 리치 G. Leech, 1974; 라이언스, 1977; 하이만Haiman, 1980; 에코, 1984). 물론 이 같은 구분은 우리가 〈손으로 만질 수 있고〉 서점에서 팔리는 그런 사전이나 백과사전과는 별 관계가 없다. 또한 일반적으로 이런 사전들은 여기서 언급하고 있는 두 모델을 어느 정도 혼합하고 있다(바인리히, 1980; 레이드보브Rey-Debove, 1971). 몇몇 사전들은 /황소/를 〈다 자란 솟과의 수컷〉을 가리킨다고 말하지만 앞으로 볼 수 있듯이 이것은 사전의 모델을 따르는 정의이다. 이에 반해 다른 사전들은 /호랑이/가 〈검은 줄무늬의 노란 털을 가진 덩치 큰 육식 동물〉이라고 말하는데 이것이야말로 전형적인 백과사전적 정의이다.

   기존의 사전들이 드러내는 문제점들은 다름 아닌 사전학적 입장의 모호성에서 비롯된다. 다시 말해 사전학적 입장에서는 사실상 언어적 정보와 현실 세계에 대한 인식을 명백하게 구분할 수 없다. 카츠(1972)에 따르면 사전은 다음과 같은 현상들을 설명할 줄 알아야 한다. (1) 동의성(어떻게 해서 두 단어가 동일한 시니피에를 가질 수 있는가?). (2) 의미적 〈유사성〉과 〈차이〉(예를 들어 /암소/와 /이모/는 어떻게 그것을 /그림자/나 /반사 운동/과 대립시키는 의미 성분을 갖는가 하는 문제). (3) 〈상위어〉와 〈하위어〉(/장미/는 /꽃/의 하위어이며 /꽃/은 다시 /장미/의 상위어이다). (4) 의미적 〈규칙〉과 〈불규칙〉(수사학적 용법이 아닌 문자 그대로 해석하는 경우

/향기로운 비누/는 의미를 갖지만 /향기로운 소양증(搔痒症)/은 그렇지 못하다). (5) 의미적 〈모호성〉(프랑스어에서 /grenade/는 꽃(석류꽃)을 의미할 수도 있고 무기(수류탄)를 의미할 수도 있다. (6) 의미적 〈잉여성〉(/우리 삼촌은 남자이다/는 필요 이상의 정보를 제공한다). (7) 〈분석적 진리〉(/우리 삼촌은 남자이다/라는 진술은 /삼촌/의 정의에 근거하며 항상 참이다). (8) 〈모순의 관계〉(/우리 삼촌은 여자이다/는 동일한 정의에 근거해 볼 때 항상 그릇된 언술이다). (9) 〈종합적 진리〉(/삼촌/의 사전적 정의를 기준으로 하면 /삼촌들은 장군이다/는 진실도 아니고 허위도 아니다). (10) 〈양립 불가능성(불일치 l'incompatibilité)〉(/철수는 살아 있다/와 /철수는 죽었다/가 동시에 진실일 수 없는 원리). (11) 〈함축(부가적 의미 l'implication)〉(/이 꽃은 빨간색이다/라는 진술이 /이 꽃은 색깔이 있다/를 함축하는 관계). (12) 공연한 질문(/삼촌이 남자입니까?/는 그 자체가 해답을 포함한다). (13) 〈전제〉(/우리 고모는 어디에 있습니까?/는 /고모가 어딘가에 있다/를 전제로 한다.

대략적으로나마 위에서 나열한 사례들은 분석성과 함축의 문제로 귀결될 수 있다. 즉 한편으로 사전은 분석적이어야 한다. 다시 말해 사전이 제시하는 한 단어의 특징들은 본질적인 정의에 근거하여 사용되어야 하며 사실에 관한 진위 여부로 확인되거나 부정될 수 없다. 다른 한편 (의미 자질에 해당하는) 이런 특징의 체계는 그것들의 하위 차원이 상위 차원을 함축할 수 있도록 계층화되어야 한다(즉 모든 장미는 필연적으로 꽃이며, 모든 꽃은 식물이다).

3·10·2 그러나 이러한 요구 사항을 만족시키기 위해 사전은 제한된 수의 의미 자질을 보유해야 하는데 이때 그것들은 〈기본 자질〉이어야 한다. 즉 이런 자질들은 더 이상 분석될 수 없는 것이어야 한다. 그러나 이런 엄격성에 도달하는 방법은 두 가지뿐이다. 그중 하나는 모든 화자들이 직관적으로 알고 있는 〈의미적 보편소〉를 규명하는 방법이다(즉 화자들은 사전 없이도 /수컷/, /인간/, /빨강/의 개념을 즉각 알 수 있다). 또는 〈의미 작용의 공리〉라는 규범적인 체계를 설정할 수 있는데 이를 기준으로 어떤 대상이 까마귀라고 할 때 그것은 항상 검은 새로 규명되어야 할 것이다(카르납, 1955).

그러나 문제는 (1) 하나의 의미 자질이 분석적인 것인지, 아니면 종합적인 것인지를 규명할 만한 기준이 없다는 데 있다. 그리고 (2) 의미적 보편소를 규명하려는 시도는 항상 총체 어휘의 일부분에만 국한된다. 마지막으로 (3) 사전 방식의 의미 구현은 어떻게 해서 화자가 모국어의 언술을 정확하게 이해하는지를 설명하지 못한다. 앞으로 해석소를 분석할 때 다시 언급하겠지만, 언어의 모든 의미 형태는 정의, 환언, 번역 내지는 다른 용어 등으로 설명될 수 있으며 이런 과정에는 제한이 없다. 즉 /남자/는 〈인간〉과 〈수컷〉이라는 자질로 정의되며 /인간/과 /수컷/은 더 이상 분석되지 않는다고 단정지을 필요가 없다. 러셀은 나름의 대안을 제시했는데 그에 따르면 더 이상 분석되지 않는 보편소는 〈대상어 *object words*〉이며 그것은 경험적으로 실제 대상을 통해서만 습득하게 되는 단어들이다. 그렇지만 (1) 이런 대상어의 수는 무한할 수 있으며, (2) 러셀 자신도 암시했듯이 펜터그램[8]으로 장식된 흰색의 방에서 평생을 살아온 아이에게 /펜터그램/은 더 이상 분석될 수 없는 단어인 반면에 /빨간색/은 정의의 대상이 될 수 있을 것이다. (3) 현실 세계와 차원을 달리하는 순수 언어적인 지식을 전달하기 위해 사전이 기초 자질을 구축해야 한다면 그것은 다름 아닌 현실 세계에 기초할 것이다.

3.10.3 이런 문제를 해결하기 위해 또 다른 이론들은 우리의 의미적 잠재 능력이 현실 세계에 대한 지식과 언어적 정보가 혼합된 이른바 백과사전의 형태를 갖는다고 주장한다. 물론 사전 모델을 지지하는 사람들은 백과사전이 잠재적으로 무한하다고 말한다(그렇지만 앞서 보았듯이 사전도 이런 지적을 피할 수 없다). 이에 대해 백과사전의 모델을 지지하는 사람들은 (1) 백과사전이 하나의 기호학적 가정이자 백과사전적 세계의 부분적이고 지역적인 탐구와 표현을 자극해야 하는 인식론적 가설이라고 반박한다. (2) 언어적 지식과 현실 세계에 대한 지식 사이에는 차이점이 없다는 주장도 있다. 또한 (3) 사전 모델을 지지하는 사람들의 우려와는 달리, 백과사전적 지식은 고립된 개인이 보유할 수 있는 특유한 지식의 전체가 아니라 한 문화가 공동체의 지식으로 쌓아 두는 것만을 포함한다는 주장도 있다. 간단한 예를 들어 보자. /기차/라는 단어를 듣는 경우, 나는 개인적인 이유 때문에 기차 여행을 함께했던 할머니를 떠올릴 수 있다! 그렇다고 해서 내 할머니의 인생과 관련되는 모든 것이 /기차/의 백과사전

---

8 펜터그램은 신비학에서 말하는 오각의 별 모양으로서 완전함의 상징이다.

적 정의에 포함되는 것은 아니다. 반대로 기차는 하나의 운송 수단으로서 바퀴가 있고 사람과 화물을 운반하며, 19세기에 발명되었을 당시에는 증기 기관차였지만 오늘날에는 전차로 바뀌었고, 그것을 타기 위해서는 돈을 지불해야 하고, 한때 시인들은 기차를 기계 문명의 상징으로 간주했으며, 그것의 속도는 아직 비행기에 못 미친다는 등의 사실은 백과사전에 포함된다. 물론 이런 식으로 사회화된 기차에 대한 지식은 매우 광범위하며 지속적으로 변하고 있다. 그리고 우리 개인은 이런 지식의 일부분만을 알고 있으며(기차와 관련하여 엔지니어들은 더욱 풍부한 백과사전적 지식을 보유하고 있을 것이다), 각각의 화자는 사용하는 문맥에 따라 이런 지식의 또 다른 부분들을 동원할 것이다.

따라서 백과사전적 구현은 통계적으로 가장 빈도 높게 사용되는 문맥에서 한 단어를 이해할 수 있는 일련의 사용법을 제시해야 한다. 이 문제에 대해 몇몇 학자들은 사용법의 의미론을 언급하기도 했다(슈미트Schmidt, 1973). 우리(에코, 1975)는 〈문맥적, 상황적 선택〉을 고려하는 백과사전적 성분 분석의 모델을 제의한 바 있다. /고래/의 정의를 예로 들자면, 옛 문맥을 기준으로 하면 그것은 물고기이며 현대적 문맥에 따르면 포유동물이다. /날개/의 정의도 마찬가지로 그것을 구성하는 특성 또는 자질들은 (외형, 내부 구조, 기능 등에 근거하는) 생물학적 문맥과 기계적 문맥에서 서로 다를 수밖에 없다. 그렇지만 이와 동시에 어떠한 문맥에서도 /날개/의 기본 특성은 유지된다. 우리(에코, 1979)는 인공 지능을 연구하는 사람들이 〈틀frames〉이라고 부르는 것도 백과사전적 구현에 포함된다고 말한 적이 있다(그 단어는 〈배경〉 또는 〈연출 mise en scène〉의 의미로 수용되어야 할 것이다. 이에 관해서는 민스키M. Minsky, 1974, 윈스턴Winston, 1977, 섕크 Schank, 1975, 1981, 판 데이크van Dijk, 1977를 참고할 수 있다). 예를 들어 /기차역/이라는 표현은 그곳에서 일어나는 일들을 비롯하여 기차를 타거나 누군가를 기다리는 사람이 따라야 하는 절차를 기술하는 일련의 〈틀〉들과 관련되어야 한다. 일반적인 지식의 소유자 내지는 컴퓨터가 /나는 기차역에 늦게 도착해서 기차표를 열차 안에서 구입했다/는 언술에 대해 〈틀〉의 목록에서 추론을 끌어낸다면 다음과 같은 함축된 내용, 즉 기차는 정시에 출발하여 이 문장의 화자는 매표소에서 줄을 서지 않고 열차 승무원에게 돈을 직접 지불했다는 등의 내용을 완벽하게 이해할 것이다.

3·10·4 백과사전적 의미론은 분석적 특성과 종합적 또는 실제적 특성들의 차이를 없애 버린다. 우리가 통상적으로 분석적 특성으로 간주하는 것은 한 문화권이 기정 사실로 인정하는 특성들이다(예를 들어 장미는 꽃이라는 사실이 그것이다). 그러나 장미가 무조건 아름답거나 소중하다는 사실은 논란의 대상이 된다(콰인Quine, 1951). 또한 퍼트넘Putnam(1975)은 /물/이라는 단어의 시니피에를 기술하기 위한 네 가지의 요소를 구분한 바 있다.

그렇지만 스테로판 정보와 의미 자질을 구분하기는 어렵다. 외연에 대해서도 퍼트넘은 우리의 지식과 무관한 사물의 특성들을 포함시킨다. 그러나 이런 특성들은 전문가들만

〈통사 자질〉	〈의미 자질〉	〈스테로판 정보〉	〈외연〉
구체 명사	자연의 액체	무색 투명함 무미함 갈증 해소 ……	H_2O

이 보유할 수 있는 또 다른 백과사전적 정보에 해당할 따름이다.

/염소chlore/라는 단어에 대해 페퇴피Petöfi와 노이바우어Neubauer가 제의하는 백과사전적 구현은 좀 더 유연해 보인다.

A. 일반적 지식	B. 전문적 지식

종류: 원소
색깔: 황록색
냄새: 불쾌하고
냄새: 자극적
	1. 화학적 지식
	   원소, 범주: 비금속
	   과(科): 할로겐
	   화학 기호: Cl
	   원자가: 1
	   함유 대상: 염소 성분
	   구성: NaCl, HCl
	2. 물리학적 지식
	   자연 상태: 기체
	   그 외 상태: 액체
	   무게: 공기의 2.5배
	   원자의 수: 17
	   원자 질량: 35.453
	3. 생물학적 지식
	   유기체에 미치는 영향: 호흡 장애
	4. 지질학적 지식

>   지질학적 비율: 0.15%
> 5. 역사적 지식
>   발견: 셸레 1774년, 데이비 1810년
>   관련 연구: 액체 염소 생산 1823년
> 6. 어원적 정보
>   어원: 그리스어의 Khlôros
> 7. 공업적 지식
>   염소의 생산 방식: 전기 분해
>   용도: 종이와 섬유의 표백제, 소독제, 화학 무기
>   보존: 그늘과 건조한 곳, 금속 용기로 밀폐

이 모든 정보는 잠재적인 언어 능력에 포함되며 여기서는 사전적 자질과 백과사전적 자질을 구분하기가 불가능하다. 심지어는 공동체의 지식과 과학적 지식의 차이도 문맥에 좌우된다. 물론 염소의 화학 공식을 알면서도 그것이 황록색의 물질이라는 사실을 모르는 사용자도 있을 수 있다. 또한 이런 식의 구현은 스테로판 정보와 외연에 관한 정보의 구분을 무의미하게 만든다. 즉 우리는 /염소/라는 단어를 오로지 누르스름하고 불쾌한 냄새를 풍기는 소독약의 범주를 가리킬 때만 사용할 수 있다. 이에 관해 퍼트넘은 다음과 같은 지적 사항을 여러 차례 제시한다. 즉 우리의 지구와 유사한 유성에서 — 예를 들어 쌍둥이 지구에서 — 불쾌한 냄새와 누르스름한 색깔을 가졌지만 원자의 수와 질량이 다른 소독약을 /염소/라고 부른다면 그것은 단순한 동의어로 간주되어야 한다는 것이다. 그러나 과학이 염소의 새로운 특성들을 발견하면 우리는 /염소/라고 부르는 것의 범주를 두 가지 특성을 갖는 액체 범주로 구분할 수도 있을 것이다. 결국 의미 형태를

정의하는 데 기초가 되는 특성들은 우리 지식의 역사적 상황에 좌우되며 우리 문화 발전의 어떤 시점에서 우리는 이런 특성 중 몇몇을 더 우선시한다는 점을 인정할 필요가 있다. 앞서 언급했듯이 에스키모인들은 눈을 지칭하는 수많은 용어를 가지고 있는데, 이는 어디까지나 그들의 생존 방식과 눈의 상관관계에서 비롯된다. 다시 말해 우리에게는 (퍼트넘이 말하는) 단 하나의 외연에 해당하는 대상을 그들은 여러 가지의 대상으로 〈식별〉하는 셈이다. 옐름슬레우의 관점에서 좀 더 간략하게 말하자면 두 문화는 여러 특성 중에서 몇 가지를 우선시하면서 실체의 연속체를 서로 다르게 분할하고 조직한다고 말할 수 있다.

3·10·5 백과사전적 모델을 따르는 의미 구현에서 의미 자질과 동의어, 환언과 문맥의 사용은 더 이상 메타언어적 구성체가 아니라 또 다른 해석소로 해석될 수 있는 해석소로 바뀐다(이 문제에 대해서는 5·5를 참고할 수 있다).

해석소란 (그 의미 표현의 실체가 무엇이든 상관없이) 적합한 상황에서 최초의 기호를 해석하는 또 다른 기호나 기호의 복합체이다.

이런 정의에 따르면 해석소는 다음과 같은 기호들이다. 동일한 기호 체계의 또 다른 기호(동의어), 동일한 표현의 실체를 사용하지만 다른 의미 체계를 갖는 기호(예를 들어 의미 형태의 차원을 달리하는 외국어 단어), 전혀 다른 실체를 사용하는 기호 체계의 기호(그림, 색깔), 기호로 사용하는 사물, 기호의 대상으로 간주되는 것에 통상적으로 부여하는 특성의 내연적 정의(예를 들어 이런 기호의 형태 의미소를 구성하는 의미 성분들의 다소 완전한 내연적인 정의), 특정한 문맥에서 대상 기호를 대체할 수 있는 의미 성분들의 일부분(/인간은 동물을 먹는다/에서 /동물/이라는 기호는 그 성분의 일부분으로 대체될 수 있다. 예를 들어 〈동물〉이라는 형태 의미소의 또 다른 의미를 배제하고 〈동물의 고기〉를 생각할 수 있다), 대상 기호를 즉각 상기시키기 때문에 그것에 적합한 대체 기호로 바뀌는 지능 또는 감정의 내포적 의미(/가슴이 아프다/는 표현에서 /가슴/은 /마음/으로 해석될 수 있다. 그렇지만 /마음/은 의미 형태소 〈가슴〉의 주변적인 성분 요소에 불과하다).

그렇지만 해석소는 단순히 다른 기호를 표현하는 기호가 아니다(물론 대다수의 경우에는 다른 기호를 표현한다). 해석소는 항상, 그리고 모든 경우에서 기호의 〈확장〉이며 본래의 기호가 추론하게 만드는 〈인지적 가중(加重)〉이다. 해석소의 이런 속성은 정의와 추론을 비롯하여, 한 형태 의미소의 모든 잠재적인 의미의 성분 분석과 문맥 및 상황 선택에 따르는 그것의 특성화, 한마디로 기호의 모든 사용 범위를 반영할 때 더욱 명백하게 나타난다. 이렇게 해석소 이론은 퍼스가 말한 대로, 지속적으로 발전하는 지식의 역학 자체를 기호의 생명으로 간주한다.

3·11 문화적 단위들

한 기호의 모든 해석소는 문화적 단위 내지는 의미 단위이다. 주어진 문화 속에서 이런 단위들은 하나의 대립 체계를 구성한다. 이런 관계 작용을 〈총체적인 의미 체계〉라고 부를 수 있다. 흔히 학자들은 이런 단위들이 의미 영역을 조직하며 대립의 축으로 분포된다고 말한다. 의미 단위들의 체계는 하나의 문화가 지각 및 구상할 수 있는 현실 세계를 분할하고 〈의미 내용의 형태〉를 정립하는 방식을 반영한다.

3·11·1 의미 단위들과 그것을 표현할 수 있는 시니피앙의 단위들은 별개의 체계를 구성한다. 즉 서로 다른 두 문화에서 거시적인 의미 체계의 영역들은 유사하겠지만 각각의 언어 내지는 구조를 구성하는 단위들은 전혀 다른 시니피앙을 사용할 것이다. 하나의 문화 단위는 코드에 근거하여 특정한 기호 내지는 그것의 포괄적 정의를 구성하는 또 다른 문화 단위(또는 일련의 문화 단위)로 표현될 수 있다. 어쨌든 문화 단위 자체는 기호이다. 왜냐하면 이런 기호는 특정한 언어에서 그것의 시니피앙을 가리킬 수 있기 때문이다. 예를 들어 /프랑스어에서는 하나의 점을 기준으로 똑같은 거리에 위치하는 모든 점들의 기하학적 영역을 무엇이라고 부르는가?/라는 질문에는 /*circonférence*(원주)/라고 대답한다. 그리고 이런 대답은, 〈기호학에서 이런 식으로 기술하는 영역은 사전이 /*circonférence*/라는 항목으로 수록하는 언어적 실체와 같다〉는 가치를 갖는다. 이렇게 기하학적 정의와 마찬가지로 사전

내지는 기하학 서적에서 찾아볼 수 있는 그것의 도식은 구두 기호의 해석소에 해당한다. 그러나 도식이나 추상적인 추론은 (단순하거나 복합적일 수 있는) 시니피앙이며 그것의 해석소는 이런 시니피앙에 해당하는 단어가 될 수 있다.

3·11·2 기호의 정의에 대해서는 공범주적 요소들이나 구성소들이 시니피에를 갖지 않는다는 지적이 있을 수 있다. 마찬가지로 /말/이라는 기호는 (그것이 언어 기호든, 시각 기호든) 동물의 영역을 구성하는 문화 단위들의 체계 안에서 정확한 위치를 차지하며, /가다/의 시니피에는 다양한 이동 및 운동 행위들을 대립시키는 체계 안에서 특정한 위치를 차지한다(예를 들어 청·화자로부터 〈멀어지기〉와 〈가까워지기〉를 언급할 수 있는데 이런 의미 대립은 /가다/와 /오다/의 어휘적 대립 관계와 일치한다). 조사와 논리 조작소도 이런 식으로 설명할 수 있다. 프랑스어의 /à/가 /être à Paris/(파리에 있다)/와 /aller à Paris/(파리로 가다)/에서 각기 다른 것을 의미한다는 점은 /à/라는 시니피앙이 동음이의어라는 사실을 의미한다. 즉 이런 기호는 이동과 소유 등의 영역과 상호 관계하는 다양한 위치를 가리킨다.

몇몇 학자들의 주장대로 누군가를 표시하거나 나타내지만 무언가를 의미하지는 않는 인명과 같은 고유 명사에 대해서도 똑같은 설명이 가능하다. 고유 명사에 해당하는 문화 단위가 친족 체계에서 특정한 위치를 차지한다는 사실을 이해하기 위해서는 어떤 사람이 /도대체 장은 누구입니까?/라고 물었을 때 /그는 앙리의 사촌입니다/라고 답하는 상황을 생각할 수 있다. 고유 명사가 동음어적인 성질을 다분히 갖는 다는 것(그리고 여러 문화 단위들이 /장/이라는 시니피앙으로 지칭될 수 있다는 것)은 순전히 경험론적인 사실이다. 다른 한편 /장/이 위치하는 의미 영역을 미리 문맥이 설정하지 않은 경우에는 아무도 이런 고유 명사를 사용하지 않을 것이다. 도시 한복판에서 누군가가 /장!/이라고 외친다면 몇 명의 장이 돌아설 것이다. 이런 반응이야말로 각각의 고유 명사가 하나의 문화 단위를 정확히 가리킨다는 사실을 의미한다. 결국 문맥의 불충분함 때문에 수신자는 자신이 가리키고자 하는 특정한 의미 영역을 동일시하지 못하는 것이다.[9]

3·11·3 또 다른 학자들은 음악 기호들이 오로지 통사적인 가치만을 갖는다고 하지만 문화 단위의 개념은 이런 기호의 시니피에 문제를 해결하는 데도 도움이 될 수 있다. 사실 어떤 악기가 만들어 내는 음은 하나의 문화 영역 안에서 정확한 위치를 차지하는데 이런 영역은 악기의 음을 다른 음들과 함께 체계로 조직한다(예를 들어 음계법과 이 음계법에서 D플랫의 위치를 생각할 수 있다). 이런 영역에서 모든 음은 공범주적 단위로 정의되며 이와 동시에 같은 체계를 구성하는 다른 음들과 화음을 만들 수 있다.

3·11·4 해석소의 개념과 마찬가지로 문화 단위의 개념은 동어 반복처럼 보일 수 있다. 사실 이 개념은, 그 자체가 항상

---

[9] 그러나 서양 문화권에서는 통상적으로 성자의 이름을 사용하기 때문에 이런 현상이 훨씬 더 빈번하게 나타난다.

의미 단위일 수밖에 없는 또 다른 요소를 통해서만 파악된다. 그러나 기호 현상의 순환을 구성하는 이런 특징은 그야말로 우리가 말을 하고 추론을 하는 규칙과 일치할 따름이다. 즉 엄청나게 다양한 해석소들이 있기 때문에 우리는 하나의 문화 단위를 명백한 해석소로 표현할 수 있는 것이다. 지각의 현상들에 대해 말하자면 그것은 이미 존재하는 문화 단위들을 토대로 조직되거나, 아니면 스스로 조직됨으로써 새로운 문화 단위를 탄생시킬 수 있는데 이런 단위들의 등장은 의미 영역을 재구성하며 새로운 기호들을 만들어 낸다. 또는 근본적으로 무시될 수도 있는데 그 결과 이런 지각 현상들은 기호 교환의 대상조차 될 수 없다.

마지막으로 문화 단위의 개념은 다음과 같은 문제에서 비롯되는 모순에 해결책을 제시한다.

— 〈순진한 현실주의〉에서 비롯되는 문제: 특정한 사물을 기호로 동일시하는 경향이 있는데 이는 잘못된 생각이다. (반대로 사물의 범주를 기호로 간주하는 경우, 이런 범주는 그야말로 우리가 문화 단위라고 부르는 것과 정확히 일치한다.)

— 〈행동주의〉에서 비롯되는 문제: 행동주의는 행태를 기호로 간주한다. 이런 입장은 관찰 가능한 모든 행태에 일치하는 기호와 (고의로 꾸며 낸 기호들을 비롯하여) 잘못 해석했을 때 특유의 행태를 유발하는 기호들을 정의할 수 없게 만든다.

— 〈심리주의〉에서 비롯되는 문제: 심리주의적 입장에서 보면 기호는 — 관념, 개념, 의미 상태 등의 — 관찰이 불가

능한 시니피에를 가리킨다. 오늘날에는 별 관심을 끌지 못하지만 심리주의의 한 축을 구성하던 〈직관주의〉를 언급할 수 있다. 이런 이론에 따르면 어떠한 의미 단위도 명백한 근본 단위일 수가 없다. 왜냐하면 모든 의미 단위들은 논리적인 순서뿐만 아니라 개인의 다양한 습득 단계에서 그것을 필연적으로 선행하는 또 다른 단위들의 표현일 수밖에 없기 때문이다.

3·11·5 문화 단위는 〈명백하고〉 〈조작이 가능한〉 실체이다. 여기서 명백하다는 말을 쓰는 이유는 하나의 문화 영역에서 문화 기호는 그것의 해석소를 통해 나타나기 때문이다. 즉 문자, 그림, 공식화된 정의, 몸짓이나 특정한 행태 등 규범에 따라 기호의 실체로 승격된 모든 것이 문화 단위이다. 시니피앙 덕분에 문화 단위는 경험론적으로 〈만질 수 있는〉 유일한 실체가 된다. 물론 여기서 〈만진다〉는 표현은 해석소를 매개로 이런 단위들을 접한다는 의미를 갖는다. 문화 단위가 조작될 수 있는 이유는 그것이 하나의 대립 체계 안에서 엄연한 가치로 명백하게 정의되기 때문이다.

체스를 하는 로봇을 생각해 보자. 그리고 이런 로봇의 의미 영역에 〈공포〉와 〈전신 마비〉라는 문화 단위를 입력했다고 가정하자. 로봇은 두 가지의 물리적 상황, 시니피앙과 일치하면서도 다시 /장군말을 꼼짝 못하게 만들었다/와 /비기기/라는 (그러나 이런 문장은 문맥에 따라 다양한 동의어로 실현될 수 있다) 게임 특유의 문장에 일치하는 (그리고 전자 회로의 특정한 반응일 수도 있는) 행동을 발신할 수 있다. 〈꼼짝 못하기〉라는 문장은 〈게임 종료와 최악의 상황〉이라는 해석소를 갖는 내적 상호 관계와 일치한다. 그리고 이 같은 내적 상황은 〈공포〉의 내포적 의미를 표현하는 시니피앙으로 바뀐다. 대신 〈비기기〉라는 문장에는 〈상대방 말의 모든 이동은 나를 꼼짝 못하게 만든다〉는 해석소에 해당하며 이는 다시 〈전신 마비〉라는 내포적 의미의 시니피앙으로 바뀐다. 로봇이 이 두 가지 감정을 느낀다고 말할 수는 없다. 단지 우리는 로봇의 회로 안에 두 가지의 상관관계를 입력할 수 있는데, 이런 관계들은 하나의 단위 영역에 포함되는 두 단위의 상관관계로, 모든 가능성과 더불어 대립 체계에 포함된다고 말할 수 있다. 이런 단위들을 로봇의 외부에 존재하는 게임의 단계와 혼동해서는 안 된다. 그것들은 가능한 위치 체계의 두 위치이자 게임의 두 상황이 발신하는 자극과 일치하는 위치들이다(이런 상황은 체스의 실체와 게임이라는 의미 형태 속에서 실현된다). 공포와 전신 마비는 게임의 상황으로 기술될 수밖에 없다. 또는 로봇의 내부 회로들의 상호 관계 내지는 로봇이 발신하는 반응으로 기술할 수밖에 없다. 그러나 이런 반응은 단위로서 존재하며 그런 속성을 갖기 때문에 조작될 수 있다. 즉 로봇에게 또 다른 의미 규칙을 제공하면 이런 반응들은 제거될 수도 있다. 다시 말해 일어날 수 있는 상황의 상호 관계의 공간(즉 실체)을 다르게 분할하면 로봇은 전혀 다른 반응을 일으킬 수도 있다는 말이다.

3·12 백과사전과 총체적 의미 체계

3·12·1 해석소를 문화 단위로 정의하는 백과사전적 구현은 결국 우리의 모든 지식과 일치하는 총체적 의미 체계를 포함할 것이다. 왜냐하면 우리의 지식은 사회적으로 안정되었기 때문이다. 물론 이 같은 총체적 체계는 하나의 방법론적 가설이자 기호학적 가정이기도 하다.

이런 체계를 완전하게 정의하고 기술하기란 사실상 불가능하다. 그것의 엄청난 규모도 문제가 되기는 하지만 문화 단위들은 때로는 새로운 지각적 자극에 따라 때로는 이런 자극들의 상호적인 모순 작용에 따라 기호 현상의 무한한 순환 속에서 끊임없이 재구성되기 때문이다. 그리고 문화의 생명력은 이렇게 유지되는 것이다.

그렇지만 의미 작용의 토대라고 할 수 있는 총체적 의미 체계는 일련의 부분적인 영역과 축의 형태로 기술될 수 있다 (따라서 정립될 수 있다).

하나의 기호 내지는 기호의 집합이 특정한 방식으로 해독될 수 있다는 사실을 설명하기 위해서는 다음과 같은 의미적 상관관계를 가정할 수 있다. 즉 기호들이 외시하는 단위들과, 기호들이 외시하지는 않지만 대립 관계에 근거하여 외시적 단위들을 드러내는 단위들의 영역을 설정해 볼 수 있다. 또 다른 기호학적 상황에서는 이런 단위들의 영역과 다르거나 어쩌면 상반되는 영역을 가정할 수도 있다. 이런 과정의 이상적 표현이라고 할 수 있는 총체적 의미 영역은, 상호 보충적이거나 모순될 수 있는 부분적 축과 의미 영역들의 집합체이다. 이런 집합체는 기호학적 실천의 움직임 속에서 언제든지, 그리고 다양한 방향에서 부분적으로 기술될 수 있다. 그렇지만 기호학의 분석 대상으로서의 이런 의미 체계는 하나의 유토피아이자 조절을 위한 가정에 불과하다. 자연 언어들에 대해 엄격한 논리를 구축하기가 어려운 이유는 총체적 의미 체계가 역동적이며 모순적인 성질을 갖기 때문이다. 그러나 기호학은 자연 언어들의 기능을 설명하기가 불가능하다고 주장하는 학문 분야가 아니라 오히려 자연 언어의 기능이 고정된 형식적 규칙으로 기술될 수 있을 뿐만 아니라 그런 구성이 끊임없이 발전하고 있다는 사실을 중시한다.

총체적 의미 체계를 구성하는 작용의 존재 조건은 그것의 체계성에 있다. 이런 체계성은 의미적 초점이 모아지는 섹터 안에서만 기술될 수 있다. /빨간불/은 삼색 신호등이라는 코드 안에서만 /파란불/과 대립하며 그럼으로써 〈통과 대 멈춤〉의 대립 관계를 가리킨다. 룰렛에서 /빨간색/은 /검정색/과 대립하여 돈을 어디에 걸었는가에 따라 〈돈 벌기/돈 잃기〉의 대립을 가리킨다(이런 경우 룰렛에 거는 돈은 〈빨간색은 돈벌이의 기호임〉을 설정하는 메타언어적 기호로서 역할을 한다). 그러나 파라오의 군대가 쳐들어오는 상황에서 /통과/는 모세에게조차 〈노예〉를 의미하게 된다. 이렇게 의미의 축은 상황에 따라 지속적으로 재구성된다. 그렇지만 의미 작용이 정립되기 위해서는 이런 축이 반드시 〈존재〉해야 한다. 모든 기호 연구는 표면적으로 불일치하는 이런 대립 관계들을 최대한으로 수집하여 그것들의 관계가 더욱 일반적인 〈변형 규칙〉의 형태를 갖는 모델로 정리해야 한다. 대다수의 경우, 그리고 대부분의 총체적 의미 체계에서 이런 작업은 가능할 것이며 그럼으로써 우리는 매우 밀접하게 조직되는 수많은 의미 영역들을 구성할 수 있을 것이다. 그러나 기호학은 이런 총체적인 체계를 따로 떼어 내어 기술할 수 없다. 왜냐하면 이런 식의 기술이 가능해지는 순간부터 기호 현상의 생명력을 촉진시키는 지속적인 창조성의 운동은 정지되기 때문이다.

이런 관점에서 모든 문화는 기호 체계의 체계로 간주할 수 있으며, 이런 체계 안에서 그 체계의 종류와 무관하게 한 시니피앙의 시니피에는 새로운 시니피에의 시니피앙으로 바뀐다(언어, 사물, 상품, 관념, 가치, 감정, 몸짓 또는 행태 체계 모두가 포함된다). 이렇게 기호학은 과학의 형태를 취하는 문화 인류학이라고 할 수 있다.

문화는 곧 특정한 역사적 및 인류학적 상황에서 이런 체계가 인식의 객체화 운동과 함께 분할되는 방식을 의미한다. 그리고 이런 분할은 기초적인 지각 단위에서 시작하여 이데올로기적 체계에 이르기까지 모든 차원에서 작용한다.

왜냐하면 문화는 색깔과 같은 기초적인 단위뿐만 아니라 친족 관계, 동물 이름, 신체 부위, 자연 현상, 관념과 가치 체계를 비롯하여 〈이데올로기〉라는 더 큰 의미 내용까지도 문화 단위로 승격시키면서 의미 내용을 분할하기 때문이다. 그리고 특정한 축에 따라 조직된 기나긴 연사적 연쇄의 대립 관계들이 이데올로기적 입장들을 만들어 낸다. 따라서 이데올로기의 〈이데올로기적〉 본질은, 부분적인 의미 영역을 마치 확고부동한 것으로 간주하고 그것들을 〈총체적인 의미 체계〉라는 더욱 보편적인 관계의 틀에 위치시키려 하지 않는, 이른바 그럴듯하게 보이려는 조작에서 찾아야 한다.

이런 총체적 체계는 부분적인 영역들을 연결시킬 뿐만 아니라 그것들을 비교함으로써 모순점들을 드러낼 것이다. 결국 이데올로기에 대한 비판은 부분적인 의미 영역들을 더욱 폭넓은 상관관계 안에 배치시킴으로써 대립 관계들의 부분적인 성질을 드러내는 작업으로 간주될 수 있다.

3·12·2 총체적 의미 체계로서 백과사전의 의미는 코드의 개념을 수정하게 만든다. 수많은 기호 이론에서 코드는 단위들의 일치 관계이자, 불변하고 경직된 체계로 간주될 위험이 있다. 이와 반대로 총체적 의미 체계 전체는 표현될 수 없다. 왜냐하면 그것은 끊임없이 움직이고 있으며, 기호 현상의 생명력 자체가 이런 변화를 결정하기 때문이다.

시니피앙 체계의 재구성은 상대적으로 느린 반면에 의미 체계는 비교적 빠르게 재구성된다. 한 문화의 생명력은 바로 이러한 특징을 갖는다. 그리고 이러한 재구성은 〈기호학적 판단〉 내지는 〈사실의 판단〉을 거치면서 진행된다.

내적 재구성은 〈기호학적 판단〉 또는 〈분석적 판단〉이라는 복합 기호의 등장과 더불어 진행된다. 기본적으로 이런 판단은 하나의 문화 단위에 코드가 허용하는 의미적 속성의 전체 또는 일부분을 부여한다(/달은 지구의 위성이다/). 그러나 이런 판단의 구성 성분 목록이 너무나 방대하기 때문에 그 중 몇 가지는 상호 모순될 수 있다. 이러한 모순을 밝혀낼 수 있는 분석적 판단은 두 가지의 방향으로 나갈 수 있다. 하나는 미적인 목적을 위해 (또는 기만을 위해) 모호한 메시지를 만들어 내는 것이고, 다른 하나는 문화 단위의 정의 자체가 흔들리는 상황인데, 이런 상황에 처한 체계는 스스로를 재구성하기에 이른다.

외적 재구성은 〈사실적 판단〉 내지는 〈종합적 판단〉에 힘입어 진행된다. 새로운 경험에 기초하여 사실적 판단들은 문화 단위에게 새로운 의미 성분을 부여하며 체계를 재구성하게 만든다(물론 이런 재구성은 부분적인 의미 축과 영역에만 국한된다). 기호 현상의 세계는 이런 식으로 진화하는 계기를 갖게 된다. 이런 세계에서 구조를 가정하는 것은 결코 그것의 부동성을 가정하는 것이 아니다. 이런 세계에서는 오히려 변화의 구조적 메커니즘을 규명할 필요가 있다.

〈결국 사실적 판단을 만들어 냄으로써 물리적 힘들은 그것의 초구조, 다시 말해 기호 현상의 세계에 영향을 미치게 되는 것이다.〉

그러나 물리적 힘들을 이해하고 개념화하기 위해 그것들은 기호로 표현되어야 하며 그렇기 때문에 그 자체도 기호의 형태로서 기호 현상 안에 위치할 수밖에 없다. 그리고 이때부터는 기호 현상의 영향 아래 놓인다고 할 수 있다. 또한 판단이 만들어지는 과정에서 그것들은 이런 힘들의 변화를 지배하는 실질적인 태도 변화의 조건들을 결정하기도 한다.

이 모든 이유 때문에, 그리고 또 다른 동기들 때문에 기호학은 이론에 그칠 수 없다. 즉 기호학은 끊임없는 실천이라는 말이다. 기호학이 실천일 수밖에 없는 이유는 의미 체계가 진화한다는 데서 찾아야 한다. 기호학은 이런 체계를 부분적으로만, 즉 구체적이고 일시적인 커뮤니케이션의 사건에 기초하여 기술할 수밖에 없다. 또 다른 이유는, 기호학적 분석은 그것이 밝혀내는 체계를 변화시킨다는 데 있다. 그리고 마지막으로 언급할 수 있는 이유는 사회적 실천 자체가 기호 현상 안에서 자체의 의미 표현을 발견하기 때문이다. 이렇게 기호들은 사회적 힘을 반영하는 단순한 도구가 아니라 분명한 사회적 힘을 구성하는 셈이다.

4 기호의 생성 양식

4·1 비언어적 기호들의 분절론

앞서 우리는 구조주의 모델이 의미 체계와 시니피에의 구성에 이론적으로 적용될 수 있음을 살펴보았다.

이제부터는 언어학에서 정립된 모델이 모든 기호 체계에 적용될 수 있다는 주장을 검토하기로 한다. 이 같은 가설을 확인하려는 노력 중에 가장 주목할 만한 것은 루이스 프리에토Luis Prieto의 연구이다. 그는 뷔상스의 이론을 이어받으면서도 좀 더 엄격한 논리성을 추구한다(프리에토Prieto, 1966). 하지만 그의 연구는 인공 기호와 자의적 기호에만 국한된다. 예컨대 그는 교통 신호 체계, 열차 번호 체계, 호텔 방 번호, 깃발 신호 등을 주로 분석했지만 (명백한 체계를 구성하는) 도상 기호와 같은 기호 체계는 다루지 않았다. 그리고 그는 이런 기호들을 마치 (뷔상스가 말하는 의소처럼) 더 이상 분할이 불가능한 것으로 취급하기도 했다.

우선 호텔 방 번호와 같은 매우 단순한 커뮤니케이션 체계를 살펴보자. 예를 들어 /77/이라는 방 번호는 정확한 지시 대상을 가리키며 그렇기 때문에 (지시 대상 이외에도) 그것은 시니피에를 갖는다. 왜냐하면 호텔 안내원은 또 다른 기호나 서술 방법, 한마디로 시니피에로 정의될 수 있는 무언가에 따라 이런 시니피앙에 하나의 정신적 이미지를 결합시키기 때문이다. 그러면 이런 코드에서 /77/의 시니피에는 무엇인가? 그것은 다름 아닌 〈일곱 번째 층의 여덟 번째 방〉이다. 즉 십 단위의 7은 층을 가리키고 일 단위의 7은 그 층에 위치한 방을 의미한다(이 숫자는 70에서 시작하기 때문에 7층을 가리킨다). 물론 프랑스에서처럼 우리의 2층을 1층(더 정확하게 말하자면 /첫 번째 층/)으로 부르는 경우 /77/은 8층을 가리키며 이때 우리의 1층(따라서 프랑스의 〈*rez-dechaussée*〉)에 위치한 방들은 00, 01, 02 등으로 표시될 것이다). 결국 이런 코드는 1차 분절의 코드라고 할 수 있다. 그것의 단소들은 층과 그 층에 위치한 방을 가리키는 단순한 숫자들이다. 이런 숫자들은 음소처럼 의미를 갖는 단위로 분석되지 않으며 의미적 연사구(예를 들어 /77/)로만 분절된다(옐름슬레우는 한 기호 체계의 기본 단위를 형상이라고 부를 것을 제안한다).

그러면 이제부터는 시내버스 번호의 시니피에와 관련되는 코드를 살펴보자. 번호 /21/은 〈잠실에서 시청〉을 의미할 수 있다. /21/은 더 큰 단위를 구성할 수 없는 단소이며 그 자체도 2차 분절의 단위(/2/와 /1/)들이 연사적으로 결합한 데서 비롯된다. 그렇지만 이런 단위들은 개별적 의미를 갖기보다는, 예를 들어 /0/과 /3/을 구분하는 변별적인 가치만을 갖는다.

또 다른 예를 들어 보자.

이것은 〈자전거 진입 금지〉를 의미하는 복합적인 언술이다. 〈금지〉를 의미하는 이런 기호는 두 가지 하위 기호로 구성되는데 빨간 테두리의 흰색 원반과, 〈이런 금지 사항은 자전거 이용자들에게 해당한다〉를 의미하는 자전거가 그것이다. 이런 언술은 1차 분절만을 보유하는 코드에 기초하여 발신된다. 빨간 테두리의 흰색 원반과 자전거 그림은 더 작은 단위로 분할될 수 없으며 의미도 갖지 않는다. 이런 기호들은 1차 분절의 차원에서 결합하며 또 다른 결합들은 전혀 다른 시니피에를 가리킬 것이다. 예를 들어 트럭 그림이 그려진 똑같은 원반은 〈트럭 진입 금지〉를 의미할 것이다.

프리에토는 집합적 규칙에 근거하는 기호들을 분류하면서 아래와 같은 코드들을 구분한다.

(1) 〈무분절의 코드.〉 그는 다음의 몇 가지를 예로 제시한다.

〈단일 의소의 코드〉(예를 들어 맹인의 흰색 지팡이. 이것은 의소에 대한 존재 여부를 대립시킬 뿐이다).

〈제로 시니피앙의 코드〉(사령관의 삼각기는 〈사령관이 상선했음〉을 의미하고 그것의 부재는 〈사령관이 하선했음〉을 의미한다).

〈신호등〉: 각각의 신호는 운전자가 따라야 할 것을 가리키지만(예를 들어 빨간색 신호는 〈멈춤〉을 의미한다) 이런 언술은 기호 내지는 기본 형상으로 분절되지 않는다.

(2) 〈2차 분절만을 갖는 코드.〉 예를 들어 두 자리 숫자의 버스 노선 번호(위의 예를 참고할 수 있다)와 〈해군의 깃발 신호〉가 그것이다. 이런 깃발 신호에서 팔의 위치는 형상에 해당하며 그것들은 시니피에를 갖는 기호가 된다. 그러나 이런 기호들은 알파벳의 문자를 가리키며 이런 문자들의 분절은 깃발 신호가 아닌 언어 코드에 근거한다.

(3) 〈1차 분절만을 갖는 코드.〉 예를 들어 호텔 방 번호(위의 분석 참고), 교통 신호 표시판(〈자전거 진입 금지〉 참고), 십진법(십 단위를 기준으로 하는 체계).

(4) 〈이중 분절의 코드.〉 예를 들어 구두 언어, 여섯, 일곱, 또는 여덟 자리 전화번호(이런 번호의 하위 집합들은 섹터에서 동네에 이르기까지 더욱 작은 것을 가리키지만 각각의 숫자들은 자체의 시니피에가 아닌 변별적 가치만을 갖는다).

이런 코드 이외에도 유동적인 이중 분절의 코드들을 언급할 수 있다. 가장 대표적인 예는 게임의 종류와 심지어는 그런 게임의 진행 상황에 따라 분절의 가치가 변하는 카드 게임이다(이런 경우 게임의 종류는 코드의 역할을 대신한다).

카드 게임은 다음과 같은 행렬을 사용할 수 있다.

(1) 〈수적 가치의 변별적 요소들.〉 이런 가치들은 1에서

13까지 이어진다(잭과 퀸과 킹은 이런 가치를 알아보기 위한 수단에 불과하며 상위 숫자의 가치만을 가리킨다).

(2) 〈문장(紋章)의 가치에 따르는 변별적 요소들〉: 하트, 다이아몬드, 클로버, 스페이드.

(3) 〈(1)과 (2)의 조합〉: 예를 들어 스페이드의 7.

(4) 〈여러 카드의 조합 방식〉: 예를 들어 세 장의 에이스.

포커에서 (1)과 (2)의 요소들은 2차 분절을 구성한다. 즉 이런 요소들은 의미를 갖지 않는 대신 여러 의미를 갖는 1차 분절의 요소 (3)을 구성하는데(내가 에이스를 손에 쥐고 있는 경우 그것은 매우 유리한 조합을 허용할 것이다) 이런 요소들은 더욱 풍부한 의미를 갖는 (4) 유형의 연사구를 구성한다(예를 들어 트리플 에이스, 스트레이트 플러시 등).

그렇지만 게임의 문장에 따라 (1) 또는 (2)의 요소들은 서로 다른 변별적 가치를 갖게 된다. 스트레이트에서 (2)의 요소들은 어떠한 가치도 갖지 않는다(10이 필요한 경우 그것이 하트이든, 스페이드이든 상관이 없다). 반대로 플러시의 경우에는 (1)의 요소들이 가치를 상실하고 (2)의 요소들이 변별적 가치를 부여받는다. 마지막으로 스트레이트 플러시에서는 이 두 요소들이 가치를 부여받는다. 점치기 게임에서는 주로 (1)의 요소들이 의미적 가치를 갖는데, 3과 5를 합산하여 8을 만들 수 있기 때문이다. 블랙잭에서는 유일한 구성 요소라고 할 수 있는 스페이드의 잭은 그것과 짝을 이룰 수 있는 모든 카드들과 대립 관계를 갖는다(게임 끝 부분에 이런 짝을 갖게 되면 패배를 의미한다).

또 다른 사례를 통해 우리는 그야말로 다양한 체계에 적용될 수 있는 분절의 원리가 그런 체계들의 특수성을 매우 확실하게 기술한다는 사실을 입증할 수 있다. 이런 식으로 우리는 영화라는 삼중 분절의 체계도 규명할 수 있다(에코, 1968). 그렇지만 또 다른 종류의 기호를 기술할 때 언어학적 모델은 단순한 가설에 그칠 수도 있다.

4·2 언어학적 모델의 한계

사실 미분화된 단위의 형태처럼 보이는 〈도상 기호〉와 〈지시 기호〉의 구조를 분석하기 시작하면 문제는 전혀 새로운 양상을 드러낸다(2·8 참고). 실제로 이런 기호들은 〈도상적 언술〉이라고 불린다. 여기서 언술이라는 용어를 사용하는 이유는 〈대통령의 사진〉이 단순히 〈대통령〉을 의미하지 않기 때문이다. 예컨대 이런 기호는 〈대통령인 아무개 씨가 정면으로 서 있고 어두운 양복을 입고 있다는 등〉의 의미도 갖는다.

다른 한편, 이른바 도상 기호란 또 다른 범주의 기호들이며 그렇기 때문에 특유의 생성 양식에 따라 기술되어야 한다. 도상 기호의 내적 분석은 바로 이런 토대에서 출발하는데 이는 분절의 모델과 다소 거리감이 있을 것이다. 그렇지만 〈도상〉 기호는 시니피에를 갖지 않는 차별적 요소로 분할될 수도 있다. 예를 들어 사진 제판의 재생 방법이나 디지털 영상의 프로그래밍이 그것이다. 일간지의 사진에서 볼 수 있듯이 그것은 수많은 점들이 그물망처럼 조직되어 있는 것이다. 그리고 이런 요소들은 재생 기술에 따라 분류될 수 있다. 말하자면 단순한 흑/백의 대립만이 있을 수도 있고, 또는 다양한 크기 내지는 다양한 강도의 점들이 사용될 수도 있다. 더 나아가 서로 다른 형식적 구현 체계가 사용될 수도 있다. 어쨌든 이런 최소 단위들은 도상적 언술을 구성하기 위해 조합되며 그렇기 때문에 우리는 기호보다는 〈형상〉으로 하위 분할되는 복합적 언술을 말할 수 있는 것이다.

오늘날 학자들은 특정한 규약의 — 또는 스타일의 — 도상 기호를 분석하며 그럼으로써 동일한 구현 방식에 균일한 형상적 시니피에의 효과가 일치할 수 있는지를 확인하려 한다(크레스티Cresti, 1972). 그러나 이런 분석은 아직 진행 중이며 특히 5·3·4에서 볼 수 있듯이 더욱 방대한 철학적, 심리학적 문제 제기를 요구한다.

경우에 따라 (예를 들어 도상 기호의 경우처럼), 언어학적 모델은 오히려 분석을 가로막는 결과를 가져올 수도 있다. 프리에토가 제시한 것처럼 다양한 분절 가능성을 나열하면서 기호를 기술하는 작업은 언어학적 제국주의를 벗어날 수 있는 방법이기도 하다. 앞서 보았듯이, 한 사물의 내적 구조가 언어 기호의 내적 구조와 별 상관없는 것일지라도 기호로 간주될 수 있고, 우리는 언어 구조와 전혀 다른 기호의 내적 구조도 기술할 수 있어야 한다. 그러나 이런 식의 새로운 기술 방법들은 좀 더 다듬어져야 한다. 어쨌든 이런 연구는 진행 중이다. 그런데도 기호와 관련해서는 오늘날 가장 풍부하고 깊이 있는 분야이자 지난 수세기 동안 진행된 논의의 전성기를 장식하는 연구 분야가 언어학이라는 사실을 부인할 수 없다. 따라서 기호에 관한 일반적인 연구를 탄생시킨 언어학적 모델을 무조건 무시할 수는 없는 노릇이다. 이런 모델을 수정하거나 그것이 유용하지 못하다고 선언하기보다는 그것을 세밀하게 검토하여 활용 가능성을 따져 보는 일이 훨씬 더 바람직할 것이다.

결국 언어학적 모델에 잘 적용되지 않는 현상들을 기호로 간주하지 않는 언어학자들과 기호학자들의 성급한 결론은 거부해야 한다. 또한 이와 동시에 언어학적 모델과 부합될 수 없는 기호들을 그런 모델로 너무 쉽게 전환하는 일도 피해야 한다.

요약하자면 기호학의 문제는, 언어학적 모델과 모든 종류의 기호들을 동시에 규명할 수 있는 일반적 정의를 어떻게 정립할 것인가로 집약될 수 있다.

4·3 기호 생성의 모델

우리는 문맥 내에서든 고립된 상태에서든 기호를 만들고 해석하는 발신자와 수신자의 관점에서 기호를 분류한 바 있다(에코, 1975). 이런 식의 기호 생성 양식은 다음 도표를 통해 검토하기로 한다. 다음에 나올 도표는 전통적인 유형의 기호가 아닌 이른바 기호의 생성 양식의 유형들을 제시한다. 달리 말하자면 반복이나 지시 행위는 특정한 기호를 가리키기보다는 그것의 생성 과정을 가리킨다. 또는 기호로 규명되는 동일한 실체라도 다양한 생성 양식에 따라 만들어지고 해석될 수 있으며 이런 양식은 서로 겹칠 수도 있다. 이 문제는 이 장의 끝 부분에서 좀 더 명백해질 것으로 기대해 본다.

우리가 제시하는 기호의 생성 양식은 다음 네 가지 요인에 근거한다.

— 의미 표현의 생성에 필요한 〈물리적 노력.〉 이런 노력은 이미 물리적으로 존재하는 사물을 〈인식하는 행위〉에서 시작하여 이런 사물의 재생과 심지어는 그것을 가리키는 행위를 통해 아직 알려지지 않은 의미 표현의 〈기호 만들기〉에 이르기까지 모든 노력을 포함한다.

— 추상적인 〈유형〉과 그것의 구체적인 〈사용〉의 관계(영어에서는 *type/token*이라고 한다).

— 의미 표현을 만들기 위해 조작하는 〈물리적 연속체.〉

— 〈분절 방식〉과 그것의 〈복합성.〉 이것은 명백하게 코드화된 단위에서 시작하여 그런 단위를 식별하기가 어려운 텍스트에 이르기까지 다양하게 분포된다(여기서는 명백하게 배열되는 연속에서처럼 관여적인 단위들이 대립적 관계로 구성되는 사례를 구분할 수 있다).

문제를 좀 더 간략하게 제기하기 위해 우리는 〈물리적 노력〉과 〈추상적인 유형 및 구체적인 개체〉라는 두 가지 요인만을 고려하기로 한다.

4.3.1 우선 네 가지의 물리적 노력을 구분할 수 있다.

(a) 〈인식의 노력〉: 인간 해석자는 자연 내지는 다른 사람이 만들어 낸 특정한 사물이나 사건을 특정한 의미 내용과

연결시킬 수 있다. 인식의 사례로는 〈흔적〉(예를 들어 어떤 동물이 남긴 자국), 〈증후〉(예를 들어 어떤 질병을 앓고 있는 자의 얼굴에 나타나는 흔적), 〈지표〉(예를 들어 범행 장소에 살인범이 남긴 물건)가 있다.

(b) 〈지시 행위〉: 이미 존재하는 사물이 선택되어 그것이 자신이 속한 범주를 대표하는 것으로 지칭되는 상황을 말한다. 예를 들어 어떤 범주의 표본으로써 사물 전체를 보여 줄 수 있다(즉 〈담배〉를 표현하기 위한 담배 한 개비). 또는 전체를 표현하기 위해 그것의 일부분을 〈견본〉으로 제시한다(일반적인 의미의 담뱃갑을 표현하기 위해 하나의 담뱃갑을 제시할 수 있다). 또는 〈상상의 견본〉을 만들 수도 있다. 예를 들어 대검을 들고 있지는 않지만 결투를 좋아하는 사람을 흉내 낸다면 나는 내가 의미하고자 하는 행위의 일부분만을 실행하는 셈이다. 마찬가지로 〈담배〉, 〈애연가〉, 〈니코틴 중독〉을 의미하기 위해 팬터마임 연기자는 담배를 피우는 행위를 흉내 낼 수 있다.

(c) 〈반복〉: 이것은 추상적인 유형을 구체적으로 사용할 때 해당하는 기호 생성이다. 가장 대표적인 예가 언어의 단어들이다. 그렇지만 단어들은 〈조합의 단위〉라는 반복의 제한된 범주에 포함된다. 즉 이와는 다른 유형의 반복이 있다는 말이다. 스타일화가 그것이다. 이에 관해서는 카드의 킹이 훌륭한 예를 제공한다. 서양 카드의 킹은 그 유형의 몇 가지 요구만 충족시켜도 되며 — 즉 왕관을 쓰고 수염이 있으면 되며 — 나머지는 이런 요소를 좀 더 강조할 따름이다. 언어에는 누군가를 소개할 때 사용하는 예절의 형식적 표현들

이 있다. 어떤 사람이 /반갑습니다/, /기쁩니다/, /잘 지내셨습니까?/, /정말 반갑네요/라고 다양하게 말한다 해도 그가 전달하고자 하는 시니피에는 똑같다. 이런 경우, 유형은 전달된 표현이 만족감을 나타낼 것을 요구할 뿐이다. 반복적 표현의 목록에는 조합의 가(假)단위도 포함될 수 있다. 예를 들어 몬드리안 그림의 선들이나 악보의 음들이 그것이다. 이것은 시니피에를 규명하기가 어려운 경우로, 이런 기호들이 다양한 해석의 대상인지, 또는 정확한 의미 내용의 엄격한 연결로서 생략되는지를 규명하기가 어렵다. 기호학적 운명이 미리 결정되지 않은 상황에서 이런 단위들은 언제든지 기능소의 역할을 할 수 있다. 〈계획된 자극〉들도 반복 기호에 포함시킬 수 있다. 예를 들어, 비록 수신자는 기호학적 현상으로 지각하지 않지만 (즉 수신자는 자극-반응의 역학 관계에 따라 반응하지만) 발신자는 이런 자극이 특정한 반응을 반드시 일으킨다는 사실을 알고 있을 수 있다. 결국 이런 상황은 자극과 미리 예측한 반응 사이의 규약적 결합을 입증한다. 마지막으로 반복의 유형에는 〈벡터〉들을 포함시킬 수 있다. 벡터는 그것이 가리키는 의미 내용과 동일한 시공간적 특성을 갖는다. 예를 들어 오른쪽을 향한 화살표는 〈오른쪽으로 가시오〉라는 의미 내용을 전달한다. 프랑스어의 /Pierre bat Paul/에서 단위들의 연쇄는 /Pierre/가 행위의 주체이고 /Paul/은 그 대상임을 나타낸다.[1] 단위들의 순서를 바꾸면 결국 의미 내용의 순서도 바뀔 것이다.

[1] 프랑스어에서는 동사 앞에 위치하는 명사가 주어이고 동사 뒤에 위치하는 명사는 목적어이기 때문에 이 문장은 〈폴이 피에르를 때린다〉로 해석된다.

(d) 〈기호 만들기〉: 만들기에는 〈일치〉, 〈투영〉, 〈그래프〉를 포함시킬 수 있다(여기서 우리는 기하학적 및 위상 기하학적 범주를 사용한다). 그러나 이 같은 기호학적 생성을 제대로 설명하기 위해서는 앞서 언급한 두 번째 요인, 즉 유형과 개체를 고려해야 한다.

4·3·2 하나의 의미 표현을 만들어 낼 때 우리는 추상적인 유형과 일치하는 규칙에 따라 그 표현의 개체를 만든다(이때 추상적인 유형은 규칙의 〈집단〉을 구성한다). 다음에 전개되는 문제를 이해하기 위해서는 유형과 개체의 관계가 영어에서는 *Type/Token ratio*로 표현된다는 사실에 주목해야 한다. 언어의 단어들은 유형-개체 관계의 훌륭한 예가 된다(우리는 이런 관계를 용이 비례라고 부르기로 한다). 예를 들어 독일어에서 단어 /*Hund*(개)/의 유형을 생각해 보자. 이 단어는 특정한 순서를 따르는 네 음소로 구성된다. 단어들의 음성학적 생성 규칙이 세워진 다음에는 웬만한 신시사이저도 그것을 만들어 낼 수 있다. 결국 문화적 규약이 이런 의미 표현과 의미 내용을 결합시키는 것이다. 하지만 〈용이 비례〉는 흔히 자의적이라고 형용되는 기호의 생성만을 지배하지는 않는다. 예를 들어 증후들은 (비록 증상이기 때문에 〈유사하지는 않지만〉) 지시 대상과의 유연적인 관계를 갖는다. 그러나 증후들은 인공적으로 만들어질 수 있으며 그렇기 때문에 위조될 수도 있는 것이다. 하지만 증후들은 증후학의 저서에서 상세히 기술되어 있는 하나의 유형에 근거하여 만들어지고 인식된다. 결국 증후들도 〈용이 비례〉의 지배를 받

이미 표현을 만들기 위한 물리적 노력	인식		지시			반복				기호 만들기	
닮상 비례	자극										
	징후	지표	사례	견본	상상의 견본	벡터	스타일화				일치
								조합 단위			투영
									조합의 가(假)단위	계획된 자극	그래프 ← 변형
← 유형/개체의 관계 →											
몽이 비례	유연적인 다양한 재료들		단일 재료			자의적인 다양한 재료들					
연속체			문법화된 단위, 다양한 관여화의 양식에 따라 미리 결정되었고 코드화 또는 성야 코드화된 단위							성야 코드의 텍스트	
분절 방식											

4 기호의 생성 양식   193

는 셈이다.

그러면 왼쪽을 향하는 화살표 신호판을 예로 들어보자. 이런 신호는 〈좌회전을 하시오〉라는 명령과 자의적으로 결합되지만 〈좌측〉과는 유연적인 관계를 갖는다. 물론 이런 화살표는 도심의 온갖 상황에서 다양한 의미로 사용될 수 있다. 시공간적 문맥에서 정확한 위치를 가리키지 않더라도 이런 화살표는 일종의 공간-감각적인 기호로 인식될 것이다. 화살표라는 의미 표현과 그것의 의미 내용의 관계는 결국 〈난삽 비례〉에 기초한다. 즉 의미 표현은 그것의 의미 내용의 유형과 일치한다는 말이다.

우리는 기호들의 생성 양식에 대한 이 같은 분류가 기호의 유형학과 결코 일치할 수 없음을 다시 한 번 강조하고자 한다. 교통 신호판의 화살표는 통상적으로 유일한 기호로 기술되지만 사실 그것은 여러 가지의 기호 생성적 유형의 결과이다. 즉 화살표는 그것의 추상적 유형이 존재하기 때문에 〈융이 비례〉의 지배를 받는다(그것은 교통법 책자에도 수록되어 있다). 그러나 화살표는 스타일화이기도 하다. 그것의 크기와 길이, 조각되었든 칠해졌든, 그리고 어떠한 색깔로 칠해졌든, 사람들이 그것의 근본적인 특성 중 몇 가지를 인정하기 때문에 화살표는 기능을 발휘하는 것이다(예를 들어 화살표의 길이는 그 높이에 비해 더 길며 그렇기 때문에 사람들은 왼쪽과 오른쪽의 공간-감각적 관계를 지각한다). 이렇게 화살표는 벡터의 특성을 갖기 때문에 〈난삽 비례〉의 지배를 받는 것이다.

그러나 〈난삽 비례〉는 하나의 의미 표현과 그것이 가리키는 사물이 아니라, 의미 표현과 의미 내용의 관계를 가리키는 개념이라는 점을 강조해야 한다. 그러면 나침반과 (방위 표시도와 같은) 그 기본 구조를 예로 들어 보자. 나침반의 표현 형태는 태양을 중심으로 하는 지구의 위치와 그 형태를 결코 〈모방〉하지 않는다. 지구를 표현하기 위해 서양 문화는 공 모양과 같은 몇 가지의 관여적 자질만을 선별하여 그것을 2차원의 원형 도식으로 변형시켰다. 동서남북의 방향도 규약적으로 설정되었다. 이런 문제는 태양의 운동을 표현하는 만자(卍字)에서 더욱 두드러지게 나타난다. 나치들이 사용한 만자(a)는 남쪽을 향한 자에게만 이런 운동을 나타내는 반면에 동양에서 흔히 볼 수 있는 만자(b)는 북쪽을 향했을 때 그런 운동을 나타낸다.

(a)　　　　　　　　(b)

중세에 제작된 대다수의 지도들은 — 지상 낙원이 위치한 곳으로 간주되었던 — 아프리카를 지금의 북극이 위치하는 유럽 위에 그리거나 동쪽에 그리기도 했다. 이렇게 방위 표시도는 공간적 방향의 다양한 표현 방법 중 하나였다. 결국 나침반의 도식은 〈용이 비례〉에 근거한다고 말할 수 있는데 그 이유는 이런 표현 방식이 문화적 유형에서 비롯되었을 뿐만 아니라 이런 유형은 다시 〈난삽 비례〉의 지배를 받기 때문이다. 즉 이런 의미 표현은 그것이 가리키는 의미 내용과 동일한 관계를 나타낸다. 만약 아프리카가 유럽 위에 위치하면 동양은 필연적으로 왼쪽에, 그리고 아메리카는 오른쪽에 위치하게 된다. 물론 동서남북의 위치를 자의적으로 바꿀 수는 없다. 따라서 이런 위치 중 하나를 바꾸면 다른 위치들도 필연적으로 달라질 수밖에 없다. 지리부도를 만드는 일은 투영의 규약을 따르지만 이런 규범은 자의성을 의미하지 않으며, 유연성은 그것의 특정한 문화적 합의에 기초한다. 몇몇 규약은 물리적 유연성에 근거하며, 적어도 몇 가지 관점 내지는 주어진 기술 방법에서 이런 유연성은 의미 표현과 의미 내용 사이의 합치를 유발한다.

4.3.3 이제부터는 기호 생성의 마지막 양식인 〈기호 만들기〉의 문제를 다시 언급하고자 한다.

기호를 만든다는 것은 기존의 표현 유형에 근거하여 의미 표현을 만들어 낼 수 없는 상황을 가리킨다. 왜냐하면 이런 유형은 아직 존재하지 않으며 안정된 의미 표현의 유형과 결합될 수도 없기 때문이다. 또한 문화가 이 같은 의미 내용을 아직 규명하지 않았다는 이유도 있다. 그러면 해시계와 그 지시침이 발명되었을 때 무슨 일이 일어났는지 생각해 보자. 그것을 발명한 사람은 구체적인 경험을 하나의 표현적 도식에 (기하학적으로) 투영했다. 여기서 투영이란 비례 규칙에 기초하여 투영된 것과 그런 작용의 결과 사이의 상응 관계를 정립하는 일련의 문화적 작용을 의미한다. 이 과정에서 관여성을 부여받는 몇 가지의 양상은 간직되고, 관여적이지 않은 다른 것들은 무시된다. 이런 의미에서, 비록 원본이 전혀 다른 규모에 전혀 다른 재료로 만들어졌을지라도, 불과 몇 센티미터의 높이와 몇 세제곱센티미터의 부피를 갖는 피라미드는 쿠푸의 피라미드를 기하학적으로 올바르게 투영한 것으로 간주될 수 있다.

따라서 기호 만들기는 매우 폭넓은 스펙트럼을 갖는다. 즉 〈동일성〉에 해당하는 이른바 가장 강도 높은 관여성을 부여하는 경우가 있는가 하면(그 대표적인 예는 데스마스크이며 이런 기호에서 의미 내용 또는 실제 사물의 모든 측면은 의미 표현의 실체가 갖는 모든 측면과 일치한다), 의미 표현과 의미 내용의 일치가 공간적이라기보다는 논리적 순서에 근거하는 경우도 있다(그래프들이 이런 기호에 해당한다). 예를 들어 A, B, C 사이의 계보적 관계는 오른쪽에서 왼쪽으로, 또는 위에서 아래로, 더 나아가서는 나선 모양으로 표현될 수 있는데 이런 나선은 원심적 또는 구심적으로 표현될 수도 있다.

결국 기호 만들기의 사례들은 의미 표현과 의미 내용의 상관관계가 처음으로 제시되는 모든 경우에 해당한다. 앞서 우리가 인식의 항목에 포함시킨 흔적들은 새로 만드는 기호가 아니다. 비록 흔적들도 투영 작용에서 비롯되지만 그것의 의미 표현은 인식 이전에 존재하기 때문에 흔적은 그 의미 내용의 모델이 생겨나는 바로 그 순간에 만들어지는 기호가 아니다.

<u>4·3·4</u> 기호 생성 양식의 유형을 마무리하기 전에 이런 유형학이 다양한 기호 현상에 얼마나 적용될 수 있는지를 따져 보

아야 한다. 이 점을 확인한다는 의미에서 우리는 건축과 언어의 의미 표현이라는 그야말로 너무나도 상이한 두 가지 문제를 검토해 보기로 한다.

건축 기호학은 건축물이 기능적 및 사회적 의미 내용을 전달하는 의미 표현이라는 점을 충분히 입증한 바 있다(에코, 1968). 그러나 건축물을 하나의 단순 기호로 취급하는 일은 그릇된 판단이다. 오히려 건축물은 매우 다양한 기호학적 생성 현상이 개입하는 하나의 텍스트로 간주되어야 할 것이다.

계단의 예를 들어 보자. 계단은 그 자체의 기능을 외시하며 그것을 오르는 사람의 지위를 내포할 수도 있다(화려한 계단, 등대의 나선형 계단 등). 결국 계단은 스타일화의 대상인 셈이다(이런 사물의 유형은 너무나도 유연하다. 다시 말해 계단을 서로 다르게 지을 수는 있지만 그것은 항상 계단으로 인식될 것이다). 그러나 계단은 준(準)분절적 단위의 반복이기도 하다. 이와 동시에 그것의 경사도는 벡터의 요소로 간주될 수 있다. 즉 계단의 물리적 특성에 근거하여 의미 표현은 방향을 강요하고 계단을 올라가거나 내려가고자 하는 사람들은 이런 방향을 강요당한다. 그러면 의자의 경우를 생각해 보자. 의자도 그것의 기능을 우리에게 전달한다. 사실 의자의 형태는 앉아 있는 사람의 자세를 투영한 것이다(수직으로 배치된 세 부분은 각기 몸체, 허벅지, 다리에 해당한다). 즉 의자는 신체의 이상적인 유형의 흔적이기도 하다. 그리고 의자는 사용자의 지위나 권위를 내포할 수도 있다(왕좌, 카페 의자 등). 마지막으로 의자는 스타일화의 대상이기도 하다. 그것의 일차적 기능을 — 즉 사회적 지위를 막론하고 그냥 앉는 기능을 — 전달하기 위해 의자는 몇 개의 관여적 자질을 갖추어야 하지만, 다른 한편으로는 매우 다양한 부수적 자질들을 가질 수도 있다.

우리는 언어 표현에 대해서도 똑같이 분석해 볼 수 있다. 우선 한 언술의 발화와 해석에 개입하는 모든 기호 생성적 양식을 생각해 보자. 예를 들어 어떤 사람이 한국어에 서툰 미국인을 흉내 내면서 /아하! 당신이 〈나의 초국에는 세울처럼 폭찹한 데가 없셔요〉라고 말하면 누구라도 미국인으로 보겠네요/라고 말한다고 가정하자.

이런 언술의 각 단어는 〈용이 비례〉가 조절하는 조합 단위이다. 그러나 이와 동시에 또 다른 생성 양식들도 나타난다.

— /아하!/: 이런 발화는 수신자에게 발신자의 흥분 상태를 전달하는 증후이다. 또한 그것은 계획된 자극이기도 하다(왜냐하면 이런 표현은 수신자의 주의를 집중시키기 때문이다). 이런 /아하!/가 진짜 감탄사가 아니라 모방에 그친다면 결국 그것은 스타일화이자 상상의 견본으로 간주될 수 있다. 감탄사 /아하!/는 제2의 언어학에서 연구하는 발성인 만큼 순수 언어 체계의 요소라고는 볼 수 없다. 따라서 이것은 준조합적 단위로 간주해야 한다. 이 모든 것은 〈용이 비례〉에 근거한다.

— /당신이 ……라고 말하면 누구라도……/: 조건절에 해당하는 이런 구문은 시간과 인과 관계를 표현한다. 따라서 벡터화의 사례라고 할 수 있다. 다른 한편, /말하다/라는 연사구 자체도 벡터화의 사례에 해당한다. /말하나요/라고 바꾸기만 하면 의문의 표현을 만들 수 있다. 이 모든 관계들은

〈난삽 비례〉의 지배를 받는다.

/나의 초국에는 세울처럼 폭찹한 데가 없셔요/는 미국인이 발성한 표현을 인용한 것이다. 이것은 지시 기호에 해당하며 더 구체적으로는 상상의 견본을 가리킨다(왜냐하면 진짜 문장을 지시하지만 그런 흉내의 일부분에 지나지 않기 때문이다). 비록 흉내 낼 수도 있지만 이런 언술은 출신 민족의 증후가 되기도 한다. 그리고 풍자적 억양들이 이미 제시되었기 때문에 이런 언술은 〈용이 비례〉에 해당하는 셈이다. 그러나 이런 언술이 어떤 특정한 개인의 흉내 낼 수 없는 억양을 재현한다면 그것은 기호 만들기의 사례에 해당할 것이다. 모든 풍자와 마찬가지로 기호 만들기는 본래 발성의 몇 가지 자질만을 드러내고 강조하기 때문에 투영의 사례, 즉 〈난삽 비례〉에 해당한다.

— /누구라도……/: 이것은 이미 만들어진 문장(즉 통사적 레디 메이드)이며 스타일화에 해당한다.

이런 분석은 지속될 수 있다. 그러나 우리는 이토록 단순한 기호학적 기능에도 얼마나 다양한 생성 양식이 겹치는지를 확인하는 데 만족하기로 한다.

이 같은 유형학을 사용함으로써 기호 이론은 언어학의 모델을 초월할 수 있을 것이다. 여기서 분석한 기호의 생성 양식 자체는 언어학적인 양식도 아니며 언어 외적 양식도 아니다. 이런 양식들은 다양한 기호 체계에서 작용하면서 언어적 및 비언어적 과정을 동시에 나타낼 수 있는 이른바 기호 현상을 규명하는 독립적인 기호학적 범주들이다.

5 ___ 기호의 철학적 문제들

5·1 상징적 동물로서의 인간

흔히 말하듯이 인간은 상징적 동물이다. 이것은 인간의 언어 활동에만 국한되기보다는 인간의 문화 전체를 고려한 격언이다. 즉 인간의 삶 터, 제도, 사회관계, 의상들은 〈상징의 형태〉들이며(카시러Cassirer, 1923; 랭어Langer, 1953) 인간은 이런 형태를 자신의 경험으로 채움으로써 전달 가능하게 만든다. 사회가 있어야만 인류가 있다. 그러나 사회는 기호의 교류가 있어야만 존재한다는 사실을 덧붙여야 한다. 기호들 덕분에 인간은, 지각과 있는 그대로의 경험에서 해방되고 〈현실의 현장〉을 초월할 수 있다. 사람들은 말[馬]의 개념이나 관념에 일치할 수 있는 것이 과연 (우리의 정신 속에, 또는 초현세적인 세계 내지는 사물 안에) 존재하는지에 대해서 수많은 논쟁을 펼쳤다. 한 가지 확실한 것은 기호가 있다는 사실이고, 비록 모든 말을 대신할 수는 없지만 그런 기호는 적어도 우리가 편의상 말의 개념이라고 간주하는 그 무언가와 대등하다는 점이다. 개념에 대한 모든 철학적 논의는 우리가 기호를 사용한다는 데서 비롯된다. 우리는 언어의 소리 내지는 단어를 발성하기 전에 기호를 구상한다. 정신 분석학자들은, 어떤 물건을 숨긴 다음 다시 찾아내는 식의 이른바 어린아이의 첫 상징적 놀이를 통해 인간은 존재와 부재의 대립 관계에 기초하는 의미의 구조적 작용을 터득한다고 말한다.

문화는 인간이 자연을 지배하기 위해 도구를 발명했던 순간에 탄생했다고 말할 수 있다. 그러나 상징적 활동이 먼저 전개되어야만 도구가 도구로서 만들어질 수 있다는 가설도 제기되었다(에코, 1968). 아프리카에서는 두개골에 구멍이 난 비비원숭이들의 유골 근처에 오스트랄로피테쿠스들이 사용한 돌들이 발견되었다. 이렇게 오스트랄로피테쿠스들은 이미 돌이라는 자연의 일부분을 무기로 변형시켰던 것이다. 한마디로 그들은 도구를 발명했던 것이다. 그렇지만 도구(따라서 문화)가 존재하려면 몇 가지 조건이 충족되어야 한다.

(1) 생각하는 존재가 돌멩이에게 새로운 기능을 부여한다 (그러나 뾰족한 모양이라는 특정한 형태를 얻어 낼 때까지 돌멩이를 가공할 필요는 없다).

(2) 이런 존재는 문제의 도구를 〈이런저런 용도의 돌멩이〉로 동일시하면서 〈지칭〉해야 한다(그러나 이런 행위가 반드시 동족에게 전달하는 소리로 표현될 필요는 없다).

(3) 그는 이런 돌멩이를 〈X라는 기능을 위해 Y로 지칭되

는 돌멩이〉로 동일시한다. 그러나 그것을 다시 사용할 필요는 없다. 단지 그런 돌멩이를 식별할 수 있으면 된다. 또한 다른 이들에게 그것을 지칭해 줄 필요도 없다. K라는 존재가 오늘 사용한 그 돌멩이는 그다음 날 같은 사람에게 잠재적인 기능의 기호로 인식되기만 해도 된다. 이런 식으로 K1은 K2에게 돌멩이의 기능을 의미하는 규칙을 세워 준다.

그러나 언어 활동은 상호 개인적이고 관찰 가능한 기호학적 행동의 유형이 정립되는 순간부터 시작된다고 말할 수 있다. 어떤 학자들은 이런 언어 활동이 우선 구두 언어이어야 하며 그것은 사고의 형태이기 때문에 말 없이는 사고를 할 수 없다고 주장한다. 그렇기 때문에 기호론은 언어학의 일부분에 불과하며(바르트, 1964), 언어 과학만이 우리의 정신은 물론이고 무의식의 구조를 설명할 수 있다고 피력한다.

라캉(1966)에 따르면 〈시니피앙의 연쇄〉는 자아 형성 그 자체를 구성한다. 즉, 언어는 우리를 선행하며 우리를 결정짓는다는 것이다. 사실 이런 언어 활동에서 발화 행위의 주체와 언술의 주어는 각기 다르다. 이런 차이는, 우리 스스로를 객관화하는 〈문화〉 속으로 우리를 끌어들이기 위해, 미지의 본질과 우리를 연결시키는 언어 활동의 과정을 설명해 준다. 언어 행위를 통해 스스로를 주체로 인식하고자 하는 어린아이는 〈발화 행위의 주체〉이다. 즉 아이는 스스로를 /나/로 지칭하고자 하는데 언어의 세계로 들어오는 순간부터 그런 /나/는 이미 자신을 드러내는 언어적 연사구, 문장, 즉 〈언술의 주어〉가 된다. 그리고 이런 /나/는 이미 존재하는 문화적 단위이다(어쩌면 퍼스는, 이런 /나/는 문화가 모든 가능한 〈나〉를 위해 만든 〈유형〉이라고 말했을 것이다). 발화 행위의 주체는 스스로를 언술의 주어로 동일시하면서 자기 자신에게 주관성을 박탈한다. 언어는 이런 주체를 타자성에 가두며, 결코 벗어날 수 없는 이런 타자성 안에서 주체는 자기 자신을 정립하기 위해 스스로를 동일시해야 한다.

그러나 문화의 근원을 다시 살펴볼 필요가 있다. 우선 자신의 주체성을 모르는 원시인을 상상해 보자. 이 원시인이 현실 세계에 눈을 돌려 그가 지배하고 조정해야 하는 신비의 힘을 구분하는 순간부터 그는 기호들을 조작해야 한다. 이때 〈모방의 마술〉이 일어난다. 즉 원시인은 동물의 행동을 재현하거나, 또는 사냥감을 지배하기 위해 동물과 창이라는 이중의 기호를 동굴의 벽에 그린다. 〈접촉의 마술〉도 일어난다. 원시인은 그가 지배하고자 하는 사물에게 영향력을 행사하기 위해 그런 사물의 일부분을 확보한다(예를 들어 적의 목걸이, 동물의 가죽). 이런 사물을 통해 지배를 받는 것은 그 사물의 본래 소유자이다. 이 두 경우 원시인은 대체의 기호를 사용했다. 첫 번째 사례에서 그림은 사물을 모방하기 때문에 은유에 해당한다. 두 번째 사례에서 지금 눈앞에 없는 존재가 소유했던 사물은 환유를 구성한다(전체를 대신하는 부분, 결과를 대신하는 원인, 내용물을 대신하는 용기). 결국 기호를 매개로 하여 원시인은 사물 또는 그런 사물의 기호로 간주하는 대상을 지배하는 셈이다. 마지막으로 — 그리고 이것은 그리스 궤변론의 기초가 되는데 — 설득의 언어라는 마술의 힘을 발견한다. 즉 이런 언어 행위로 우리는 인간의 마음을 사로잡기 위해 배열되는 부드러운 속임수의 서정시를 만들 수 있다. 고대인도의 문법학자들이 그들의 위대한 통사론을 저술하는 동안 그리스의 궤변론자들은 화용론, 즉 〈상대방을 자유자재로 움직일 수 있게 하기 위해 기호들을 다루는 방법〉을 발견하고 이론화하고 있었다. 이런 구성의 규칙은 수사학이라는 이름을 갖는 학문 분야로 코드화되기에 이른다. 그리고 절대적 가치가 아닌 〈있을 것 같음〉의 전제에 근거하는 논증 이론, 즉 〈생략 추리법〉이 탄생하게 된다. 사실 불확실한 것에 대해서도 논증을 펼칠 수는 있다. 기호의 세계는 부정확성과 다의성의 세계이기도 하기 때문이다. 법률적 웅변, 토론적 웅변, 지시적 웅변은 아리스토텔레스의 『수사학』에 기초하는 세 가지의 웅변 형태이다. 이런 웅변들 덕분에 인간은 다른 이의 행동을 결정하거나 정치를 하기 위해 기호를 사용할 수 있다. 왜냐하면 이 모든 것이 정의와 불의, 할 수 있는 일과 그렇지 못한 일, 칭찬할 만한 일과 비난할 일에 대한 논의를 만들기 때문이다(페렐만Perelman, 1958).

5·2 범기호학적 형이상학

5·2·1 신적 언어로서의 자연

I. 아리스토텔레스는 제3의 인간이라는 파격적인 가설을 정립하면서 다음과 같은 질문들을 제기한다. 우주 전체와 그것을 구성하는 사물들이 기호에 불과하다면, 그리고 그런 기호들이 관념의 세계를 구성하는 외부 해석소들을 어설프게

가리킨다면 세상은 과연 어떨까? (플라톤의 모든 이론은 기호와 그 형이상학적 지시 대상의 교리에 그친다.) 그리고 과다한 피안적(彼岸的, *hyperuranien*) 지시 대상과 그것을 재현해 내는 사물, 그런 사물이 가리키는 개념과 이런 매개 역할을 하는 단어의 관계는 무엇인가? 또한 기호적 매개는 스스로를 무한하게 재생하지는 않는가? 과연 신은 지금의 현실 세계를 만들고 인간과 커뮤니케이션을 하기 위해 자연의 사물들을 정돈했을까? 만약 이런 사물들이 (모든 물리적 지칭을 초월하는) 완전한 모델들의 존재론적 퇴화 형태이자 불완전한 기호라면 또 어떨까? 이것이 바로 중세의 초기 형이상학에 기저하는 신플라톤주의적 가설이다. 이런 주장을 이어받는 가장 유명한 인물은 다름 아닌 디오니시우스 아레오파기타Dionysius Areopagita와 스코투스 에리우게나Scotus Eriugena이다. 그들에게 우주는 신의 현현(顯現)이다. 즉 신은 사물이라는 기호를 통해 모습을 드러내며 그것을 매개로 인간을 구원한다는 것이다. 중세의 모든 상징주의는 이런 가설에서 출발한다.

12세기에 알라누스 데 인술리스Alanus de Insulis는 다음과 같이 노래했다.

> Omnis mundi creatura
> quasi liber et pictura
> nobis est in speculum.
> Nostrae vitae, nostrae mortis,
> nostri status, nostrae sortis,

fidele signaculum
이 세상의 모든 존재는
책이나 그림과 같이
거울 속에서 존재하는 것.
우리의 삶, 우리의 죽음,
우리의 지위, 우리의 운명의
충실한 기호.

그리고 토마스 아퀴나스는 그가 제안하는 성서의 해석 지침서에서, 성서의 기호들을 알레고리 방식이 아니라 철저하게 일의적으로 읽어야 한다고 역설한다. 성서의 기자가 기적이 일어났다고 말할 때 그것은 그런 일이 정말로 일어났다는 기호라는 것이다. 이렇게 해독해야 하는 알레고리적 언어이자 성서가 대체의 의미 체계를 구성하는 실질적인 기호들은 신성한 역사의 사건들이며, 그런 사건들은 우리에게 우리의 의무와 운명을 읽도록 신이 만들어 낸 우주 언어의 단어들이다.

II. 그러나 범기호학적 형이상학을 정립하기 위해서 반드시 신적인 존재를 거론할 필요는 없다. 이런 형이상학에서는 스스로를 의미하는 전체로서의 우주, 즉 만물 단위의 의미만이 지배하면 된다. 이런 범기호학의 최종 전신(轉身)은 파솔리니 Pasolini가 제시하는 영화 언어와 현실 언어의 관계에서 찾아볼 수 있다(파솔리니, 1972: 171~297면). 영화 언어가 현실 언어의 충실한 재현이라는 생각은 앞으로 논의할 도상 이론의 과장된 해석에 불과하다. 그러나 물리적인 본질 안에서 모든 현실이 의미 작용이라는 말은 전혀 다른 의미이다. 파솔리니에 따르면 우리와 관계하는 모든 사물은 무엇보다 그 자체가 기호이다. 이렇게 〈명칭은 그 사물이다 nomina sunt res〉는 〈사물은 그 명칭이다 res sunt nomina〉로 대체된다. 〈사물들은 현실 세계의 책, 자연의 산문, 행동의 산문, 삶의 시 등을 구성한다. 내 앞에 있는 이 참나무는 《참나무》라는 구두 또는 문자 기호의 《시니피에》가 아니다. 그렇다, 나의 감각을 통해 지각할 수 있는 이 구체적인 참나무는 그 자체가 기호이다.〉 지각이 곧 의미 작용에 대한 반응이라는 의미에서, 다시 말해 현실이 지각적 주체의 형태로 스스로에게 반응한다는 의미에서, 현실은 그 자체와 대화를 한다는 것이다.

파솔리니의 흥미로운 제안들은 한편으로는 의미 작용으로서의 지각 현상학(5·3·2 III 참고)과, 다른 한편으로는 퍼스의 사물-기호 이론과 비교될 수 있다(5·5 참고). 그러나 이런 제안들은 너무 감성적인 형태로 제시되기 때문에 스스로를 범의미 작용의 신비론에 포함시키는 미적, 형이상학적 의미를 갖게 된다.

III. 후기 스콜라 시대와 유명론(唯名論)의 전성기에는 명사로서의 〈목소리의 숨결 flatus vocis〉과 같은 단어에 지대한 관심을 보였으며, 과학적 경험주의의 시대에는 사물의 개념이 문제시되었다. 즉 〈우유성(偶有性)〉의 술어를 부여받는 주체 subjectum에서 실체의 개념을 제거한 이상(다시 말해 사과 자체가 없고, 빨간색 자체도 없었기 때문에), /이 사과는 빨갛다/는 과연 무엇을 가리키는가, 하는 문제가 제기되었다. 로크는 기호가 아니라 사물이 문제였다고 말하는데, 그에 따르면 개념들은 우리가 문제 삼을 수 있는 사물들에 대한 우리의 가설을 특정한 항목으로 정립하고 분류하는 데 필요한 속기 기호에 불과하다.

그러나 언어학의 사조에서는 두 가지의 또 다른 현상이 흔적을 남긴다. 즉 마술과 신플라톤주의적 인문주의는 현실 세계를 상징의 숲으로 간주함으로써 기호의 해독을 〈인문주의 문학 *Humanae litterae*〉의 그늘에서 행해지는 새로운 마술이자 연금술로 인식한다. 버클리 Berkeley의 등장과 함께 상징 체계로서 우주의 문제와 순수 기호학적 기능을 보유한 지각의 문제는 다시 한 번 제기되며, 이런 문제 제기와 더불어 지각들은 신이 우리에게 현실 세계를 설명할 수 있도록 부여해 준 언어의 단어로 간주된다. 따라서 근대 이상주의의 거대한 우화는 정신의 기호학적 생성 이론으로 해석되는 것이 아닌가, 하는 의문을 제기해 볼 수 있다. 그리고 이처럼 거대한 체계들은 어떻게 인문주의가 거대한 상징적 구조물로 바뀌는지를 말해 줄 것이다. 신은 더 이상 기호를 통해 인간에게 말하는 것이 아니라 마치 초자연적인 존재가 거대한 상징적, 문화적 무대에 바람을 불어넣듯이 역사 속에서 형성되는 것이다. 베네데토 크로체 Benedetto Croce가 『시 *La poésie*』에서 사용하는 용어들은 우리의 이런 의구심을 풀어 준다. 즉 〈모방, 연상, 규약, 추론 등을 사용하는 언어 활동을 통해 인간의 상호 의사소통을 설명하려는 시도는 불충분하고 무력할 따름이다. 비록 신학적 형태를 가질지라도, 신성한 작용을 통한 《특수

어법의 의사소통*communicatio idiomatum*》만이 진실을 내포한다. 인간은 신 안에서 존재하고 움직이기 때문에 서로를 이해하는 것이다〉(270면).

5·2·2 절대 존재의 목소리로서의 언어

이제부터는 언어 활동을 거대한 무의식적 은유로 간주하는 철학적 노력, 즉 사물들과 너무 밀접한 나머지 언어 활동이 사물의 본질이라고 생각하는 철학을 언급할 차례이다. 그러나 이런 입장을 받아들인다면 은유적 언어만이(따라서 시적 언어만이) 본래의 지식과 실제 커뮤니케이션의 도구라는 결론에 도달할 수밖에 없을 것이며 우리는 바로 이 점을 주의해야 한다.

낭만주의에서 하이데거에 이르는 시기는 그야말로 언어 이론에 기초하는 시학과 수많은 작가들이 발전시킨 시학이 뒤섞이는 미학의 시대로 평가될 수 있다. 발명가 내지는 점술가를 자칭하는 이 시대의 작가들은 그들의 상상력에서 솟아 나오지만 사물들과의 감정적 일치를 드러내는 그런 상징들을 다룬다고 주장했다. 상징의 숲은 보들레르의 자연에서 시작하여 하이데거의 철학에 이르기까지 변함이 없다(비록 종교를 멀리할지라도 이 모든 것은 알라누스 데 인술리스의 자연론과 매우 밀접하다). 즉 자연을 지배하기 위해 언어를 조작하는 것은 인간이 아니라 언어를 통해 드러나는 대상(또는 자연, 절대 존재)이라는 것이다. 언어는 절대 존재의 목소리이며, 절대 진리는 곧 언어를 통해 모습을 드러내는 절대 존재이다. 만약 이런 주장이 맞는다면 기호학 내지는 기호 이론은 설 자리를 잃는다. 결국 〈해석학〉이라는 기호에 대한 지속적이고 정열적인 실천만이 있을 뿐이다. 해석학은 기호학적 규약들의 이론을 결코 세우지 않는다. 즉 해석학은, 규약이 존재할 수 없는 장소에 대해 겸손하고 충실하게 말하는 목소리를 받아들일 뿐이다. 왜냐하면 그런 목소리는 인간 자신을 선행하기 때문이다.

심지어 최근의 해석학(가다머Gadamer)은, 우리에게 말을 하는 목소리 뒤에는 해석의 법칙을 정립하고 우리에게 그런 목소리를 문화적 전통의 유산으로 이해할 것을 가르치는 〈문화〉가 숨어 있다고 암시한다.

5·2·3 문자의 흔적

우리는 기호 분류를 통해 대리 기호 체계의 존재를 입증할 수 있는데 그중에서 가장 주목할 만한 것은 문자 체계이다. 음성 표기법의 성질과 무관하게 문자는 자체의 법칙에 따라 그것과 전혀 다른 구두 언어의 법칙을 표현한다. 달리 말하자면 영어의 /hər/라는 발성체가 〈산토끼〉나 〈머리카락〉을 마치 동음어처럼 가리킬 이유는 없는 것이다. 그러나 알파벳 문자는 이런 발성체가 각기 /*hare*/와 /*hair*/로 표기되는 두 가지 실체를 가리킨다는 것을 보여 준다.

고대인들에게 이런 구분은 명백하지 않았다. 고대인들은 문자의 위력에 대해 일종의 공포를 느낀 나머지 철학적 마비 증세를 보였다(플라톤의 『파이드로스』에서 파라오가 토트

Toth 왕에게 전하는 연설을 생각할 수 있다). ⟨Grammatica (문법)⟩도 문자를 가리키는 ⟨gramma⟩에서 파생되었는데 이는 결코 우연이 아니다. 그리고 언어학과 기호 철학의 역사를 지배한 것도 문자 기호의 법칙에 따라 구두 기호를 분류하는 방식이었다. 사실, 현대 언어학의 등장 덕분에 구두 언어는 비로소 우선권을 인정받기에 이른다. ⟨gramma⟩와 ⟨phonê⟩를 혼동한 사람 중 가장 유명한 사람은, 어원학에 입각하여 언어 현상을 설명하려 한 7세기의 이시도루스일 것이다. 그는 자신의 어원학을 역사적 사실이나 음성적 메커니즘이 아니라 막연한 의미적 대조를 기준으로 하여 세운다(따라서 숲 속에는 빛이 들어오지 않는다는 이유로 숲을 뜻하는 ⟨lucus⟩는 ⟨a non lucendo⟩와 대등하다는 주장을 펼친다). 더 나아가, 대부분의 경우 이런 유추는 오로지 알파벳의 유사성에만 근거한다. 예컨대 ⟨cadaver⟩는 구더기에게 버려진 육체를 의미하는 ⟨CAro DAta VERmibus⟩에서 왔다는 것이다. 이런 식으로, 그는 음성성으로 전혀 무관하지만 문자상으로는 일치하는 의미 단위를 규명했다. 따라서 돌을 의미하는 ⟨lapis⟩는 LAedens Pedem에서 비롯된 것으로 보았다. 그러나 이시도루스 시대에 ⟨lapis⟩의 /la/는 /la/로 발음되었지만 /laedens/의 /lae/는 /le/로 발음되었다.

⟨gramma⟩와 ⟨phonê⟩를 구분하면서도 언어학은, 비록 음성 표기가 발음을 표현하지는 않지만 언어를 표기하는 방식 자체가 그것에 대한 우리의 인식에 영향을 끼친다는 사실을 무시하려 했다. 이 문제는 도상을 다룰 때 다시 논하기로 한다(5·3·4 참고). 우리는 사고를 정확한 공간적 순서로 표현

하기 때문에 나름대로의 공간적 질서를 〈생각〉한다고 말할 수 있다. 또한 어떤 학자들은 근대 문명이 활자체의 선적 모델의 지배를 받았다고 역설한다. 즉 우리의 현대 세계에서 새로운 형태의 감수성이 생겨나는 이유는 대다수의 새로운 기호들이 더 이상 선적인 방식이 아닌 총체적이고 공간적인 방식으로 다가오기 때문이라는 주장도 있다(매클루언McLuhan, 1962, 1964). 언젠가 나는 사고와 기호의 선적 특성과 시간적 연속성의 문제를 논의하던 어떤 대학 교수가 그것들을 오른쪽에서 왼쪽으로 향하는 손동작으로 표현하는 것을 본 적이 있다. 그는 이스라엘인이었기 때문에 히브리어로 생각했고 개념들의 추상적인 연속체를 자신이 문자를 쓰고 읽는 방식, 즉 라틴어와 그리스어와는 반대의 방향으로 표현했던 것이다. 즉각 우리는 이런 지적 사항 때문에 미소를 지었고, 한 번은 좌우로, 그다음 줄은 우좌로 쓰고 읽는 습관을 가졌던 고대인들에게 시간적 연속성은 어떠했을까 물었다.

또한 오늘날의 문자학, 또는 문자에 대한 과학적 연구는 서양인들을 오랫동안 괴롭힌 형이상학적 고뇌 자체의 구조가 〈*grammata*〉의 모델에 근거하지 않는지 묻고 있다(데리다, 1967).

5·3 사고와 현실과 기호의 관계

철학은 기호와 현실의 관계라는 근본적인 문제의 매듭을 풀려고 항상 노력했다. 이런 문제들은 다섯 가지의 명제로 구분될 수 있는데 여기서는 그것들을 다섯 가지의 반론에 대립시켜 분석해 보기로 한다. 그리고 가능한 범위 내에서 우리는 이런 대립을 오늘날의 기호학이 제안할 수 있는 선택적 가설에 입각하여 해결해 보기로 한다. 우리가 구분하는 명제들은 다음과 같다.

(1) 복합 기호의 형태(또는 언술)와 사고의 형태 사이에는 관계가 있다. 달리 말하자면 〈논리적 질서〉와 〈기호의 질서〉 사이에는 관계가 있다.

(2) 단순 기호와, 개념을 매개로 하여 그것이 외시하는 사물 사이에는 관계가 있다. 또는 〈기호〉와 〈개념〉 사이에는 기호학적 관계가 있으며 그런 개념은 다시 〈사물〉의 기호가 된다.

(3) 복합 기호(또는 언술)의 형태와 그것들이 기술하는 사건 사이에는 상관관계가 있다. 또는 〈기호의 질서〉와 〈존재론적 질서〉 사이에는 관계가 있다.

(4) 단순 기호와 그것이 가리키는 사물의 형태 사이에는 관계가 있으며 〈사물〉은 기호의 원인이라고 할 수 있다.

(5) 〈기호〉와 〈기호가 실제로 가리키는 사물〉 사이에는 기능적 관계가 있다. 이런 관계가 없다면 기호는 외시적 가치를 상실하며 그렇기 때문에 의미 있는 진술을 구성할 수도 없다.

여기서는 담화의 기호학이 아닌 기호의 기호학만을 다루는 만큼, 가정 (1)과 (3)을 제외한 나머지 가정들만을 논하기로 한다. 그러나 앞으로 볼 수 있듯이, 위의 다섯 가지 가정은 매우 밀접하게 연결되어 있으므로 전체를 〈간략하게〉 언급하겠다. 사실 이 모든 가정들은 각기 나름대로 〈지시 대상〉의 문제를 제기한다. 따라서 이 모든 가정들을 검토함으로써 우리는 지시 대상이란 개념이 기호의 정의에서 제외되어야 하는 이유와 방법을 이해할 수 있을 것이다.

5·3·1 기호의 법칙과 사고의 법칙

I. 고대인들이 제일 먼저 제기했던 문제 중 하나는 기호들의 구성이 곧 사고의 구성을 재현하는지 여부였다(그리고 사고의 구성이 과연 사물의 구성을 재현하는지도 문제였다). 이때 간혹 빠질 수 있는 함정은 이 두 차원의 상호적 관계를 무시한 채 각각의 문제를 따로 규명하는 일이다. 아리스토텔레스 역시 문법을 의미론으로 간주함으로써 시니피앙과 시니피에의 전형적인 혼동을 피해 가지 못하고 있다. 예컨대 문법적 실체들을 분류할 때 아리스토텔레스가 사용한 방법론은 정확했으며, 이를 토대로 그는 단어들의 굴절 어미에 따라 남성과 여성을 구분했다. 그러나 이런 원칙이 타당하게 보일지라도 그것을 실제로 응용하는 일은 문제를 야기한다. 왜냐하면 그리스어에는 이런 관점과 모순되는 굴절 어미가 있기 때문이다(다이닌Dineen, 1967: 120면 이하)]. 이런 문제는 이탈리아어에서도 찾아볼 수 있다. 즉 모든 남성 명사는 /o/로 끝나고 모든 여성 명사는 /a/로 끝난다고 말할 수 없는 이유는 이런 원리가 /*il problema*(문제)/와 같은 사례와 모순되기 때문

이다. 아리스토텔레스는 문법적 범주에 기초하여 논리적 범주들을 정립함으로써 문법과 논리를 혼동하기도 한다. 분명 아리스토텔레스의 논리학은 사고의 형태, 따라서 담화의 형태를 재현하는 실체론으로 간주될 수 있다. 그러나 현실의 형태들은 보편적임에도 불구하고 아리스토텔레스는 언어의 형태들을 그리스어의 형태에 국한시킨다. 그리스어와는 다른 언어 모델을 살펴보기만 하면 우리는 주어-계사-술어의 구조가 전혀 보편적이지 못하다는 사실을 확인할 수 있으며 그렇기 때문에 모든 실체의 철학에 대해서는 이의를 제기할 수 있는 것이다.

이런 논쟁은 고대 헬레니즘 시대의 문법학자들이 〈편차〉(페르가몬Pergame 학파)와 〈유추〉(알렉산드리아 학파)를 대립시킬 때 그 절정을 맞는다. 표면적으로 이 문제는 기술적 및 언어학적인 관점에서 제기되었다. 요컨대 당시의 사람들은 합리적이고 보편적이며 안정된 체계가 언어의 지배를 받는지 밝히려 했다. 그렇지만 이것은 언어와 사고와 현실의 재현 관계를 전제로 하는 존재론적 문제이기도 하다. 왜냐하면 이것은 결국, 우주에는 안정된 법칙이 있는가, 하는 문제로 집약되기 때문이다. 그러나 정답이 무엇이건, 수많은 문법학자들에게 언어 활동의 이성적인 이론을 세우게 한 모델, 즉 기술적인 실행의 차원에서 가장 유용한 것으로 판단된 것은 다름 아닌 유추의 모델이다. 이런 모델은 디오니시우스 트라쿠스의 『문법론 *Traité de Grammaire*』(기원전 1세기)에서, 이런 모델을 라틴어에 응용한 바로Varro(기원전 1세기)와 도나투스Donatus에서 프리스키아누스Priscianus(5세기)를 거치면서, 피에르 아이 Pierre d'Ailly(15세기)에 이르기까지 이어졌으며, 이 시기에 지금까지도 사용되고 있는 초·중등 교육의 문법 모델이 드디어 정립된다(특히 명사, 동사, 부사, 형용사, 접속사, 대명사, 관사 등 이른바 〈품사〉들의 전통적인 열거 방식이 이 시대에 뿌리를 내린다). 13~14세기의 모디스트들 Modistes과 더불어 〈사변 문법 Grammatica speculativa〉의 시대가 열리면서 〈의미 작용의 양식〉연구도 심도 있게 진행된다. 오늘날까지도 생명력을 유지하고 있는 이러한 분석 모델은 언어의 보편적 메커니즘을 밝히는 것이 목적이었다. 그러나 사고의 법칙을 밝히기 위해 당시의 사람들은 항상 개별 언어에서 출발했으며 그 언어는 숙명적으로 이성 그 자체로 간주되었다. 그리고 고대인들에게는 그것이 그리스어였고 모디스트들에게는 라틴어일 수밖에 없었다. (라틴어 교육을 강요한 것도 바로 이러한 상황에서 비롯되었는데, 몇몇 교육학자들은 젊은이들이 추론하는 법을 〈제대로〉 배울 수 있는 유일한 도구는 다름 아닌 라틴어라고 생각했기 때문이었다.)

모디스트들은 〈의미 작용의 양식〉이 사고와 현실의 양식과 일치한다고 믿었다(라이언스, 1968: 1·2·7; 다이닌, 1967; 버실 홀 Bursill Hall, 1972). 이러한 믿음 때문에 로저 베이컨은 〈비록 우연한 변화를 보일 수 있지만 본질적으로 문법은 모든 언어에서 동일하다〉고 주장하기까지 했다. 그리고 이성주의의 관점 — 즉 데카르트의 관점 — 에 입각하여 17세기의 포르루아얄 논리학자와 언어학자들은 그들의 『일반 문법과 이성 문법 Grammaire générale et raisonnée』과 『논리학 또는 사고의 기술 Logique ou art de penser』에서 이런 이론을 받아들인다. 촘스키도 지대한 관심을 가졌던 이 두 저서는 20세기 언어학의 큰 흐름 중 하나인 변형 생성 문법에 막대한 영향을 미친다. 〈데카르트 언어학〉(촘스키, 1968)으로 간주되는 이 이론은 스콜라학파의 보편주의에서 근본적인 영감을 받은 셈이다(사이먼스Simons, 1969).

포르루아얄 학자들의 주장에 따르면 언어 활동은 사고의 법칙을 따르며, 이런 법칙은 인류 전체를 지배한다. 물론 언어의 일상적인 사용과 그에 따르는 변태적 현상들은 개별 언어에서 문장들을 만들어 내는 심층의 논리적 구조를 왜곡시킬 수 있다. 따라서 보편 문법의 목적은 문장의 표면적인 구조 속에서 그런 구조들이 표현하는 논리적인 연결 체계를 찾아내는 일이다. 예를 들어 〈보이지 않는 신은 보이는 세상을 창조했다〉는 표현에 대해 문법학자는 (1) 신은 보이지 않는다, (2) 신은 세상을 창조했다, (3) 이 세상은 보인다는 이른바 세 단계로 연결되는 심층의 논리 구조를 재구성해야 한다. 물론 2번 명제가 나머지 두 명제를 지배하기 때문에 그것은 언술의 핵심을 구성한다.

그렇지만 포르루아얄 논리학은 실체의 논리학에 머물렀으며, 적어도 그 추종자들은 언술들의 심층 구조가 현실 세계의 심층 구조를 재현한다고 생각했다. 오늘날 촘스키와 그의 학파는 심층 구조와 표면 구조의 개념을 정립하기 위해 (여기서 심층 구조는 일련의 통사적 변형을 통해 표면 구조를 생성한다. 그러나 더 정확하게 말하자면 심층 구조는 표면 구조의 통사적 변형을 통해서만 규명될 수 있다) 포르루아얄 문법에서 몇 가지 개념을 빌려오는데, 이런 상황은 현실 세계의 실체적 합법성에 대한 믿음과는 전적으로 무관하다. 왜냐하면 촘스키는 뒤 마르세Du Marsais와 계몽주의 시대의 이론들도 인용하기 때문이다. 요컨대, 이미 알려졌듯이 백과전서파들에게 보편 문법은 당연히 모든 언어로 발성되고 쓰일 수 있는 언어 행위의 확고부동하고 보편적인 원리를 탐구하는 이성적인 학문이지만 이런 논리적 법칙은 개별 문법의 다양성 속에서 표현된다. 따라서 유일한 경험론적 현실은 언어 사용의 현실이며 이런 현실에서 출발해야만 그것이 기초하는 일반 원리를 귀납적으로 파악할 수 있는 것이다. 바야흐로 계몽주의의 관점에서 보면 〈보편 문법은, 여러 언어들의 공통적인 요소들이 드러내는 관계에 기초하여 그런 요소들을 귀납적으로 규명할 수 있는 방법론적 도식으로 간주될 수 있다〉(로시엘로Rosiello, 1967 : 187면). 이는 순수 방법론적인 절차이기도 하다. 그럼에도 불구하고 변형 생성 문법이 자리잡는 이론적 틀은 분명 합리주의적 형이상학에 포함된다고 말할 수 있다. 즉 〈언어적, 정신적 발달 과정은 잠재적으로 동일하다……. 의미를 표현하는 심층 구조는 사고의 형태를 반영하기 때문에 모든 언어에 공통적이다. 그리고 심층 구조를 표면 구조로 변환하는 변형 규칙들은 개별 언어에 따라 다를 수도 있다〉(촘스키, 1966).

Ⅱ. 지금까지 언급한 모든 학자들은 〈유추론자〉들로 분류할 수 있다. 그러나 편차와 유추의 대립 관계는 언어학과 철학의 발전 과정을 장식하며 이 점은 특히 본래적 의미의 역사 문제를 다룰 때 더 두드러지게 나타난다. 17세기에 발견

되는 산스크리트어와 그것에 따르는 인도·유럽어들의 친족 관계에 대한 연구는 개별 언어들의 진화론에 더욱 주목하게 만들었다. 그 결과 언어들의 변화는 — 예를 들어 음성적 변화들은 — (소장 문법학자Junggrammatiker 내지는 신문법학자들의 유추론적 주장처럼) 과연 엄격하고 일관된 법칙을 따르는지, 아니면 (19세기에 그림Grimm이 주장했듯이) 이런 법칙을 벗어나는지를 밝히려는 문제가 제기되었다. 이 문제는 서서히 비교 언어학에 대한 논의와 언어들을 〈공시적〉 구조 또는 〈통시적〉 미래의 관점에서 바라볼 필요성에 대한 논의로 발전한다.

여기서 문제의 핵심은, 비록 순수 기호학적 성질을 갖지는 않지만 역사의 힘이 어떻게 기호 구조에 영향을 미치는지를 밝히는 일이다. 이런 논의의 기저에는 거의 항상 언어의 법칙과 사고의 법칙, 그리고 이런 법칙들의 보편적 가치의 연대성 문제가 깔려 있다. 만약 이러한 보편성의 법칙이 수용될 수 있다면 역사의 힘 자체는 언어의 심층 구조에 영향을 미치는 표면적인 변이 요소처럼 보일 것이다.

이 점에 대한 마르크스주의적 입장은 다소 이상야릇하다. 예컨대 우리는 마르크스주의가 언어의 지속적인 재구성의 변증법적 순간과, 언어와 사회의 사회 경제적 조건을 연결짓는 엄격한 역사적 관계를 강조할 것이라고 생각할 수 있다. 따라서 언어는 그것이 표현하는 이데올로기를 기준으로 정의될 수도 있다. 그러나 이런 학설은, 「마르크스주의와 언어학의 문제」라는 스탈린의 짧은 논문과 더불어, 우리가 앞으로 다루고자 하는 이론보다는 데카르트 언어학과 더욱 유사한 이론을 만들어 냈다. 스탈린은 자신의 저서에서 언어를 물리적인 토대에 의해 결정되는 상부 구조로 보려 한 러시아 언어학자 마르Marr의 가설을 부인한다. 스탈린은, 푸시킨이 제정 러시아를 그릴 때 사용한 규칙과, 새로운 사회 덕분에 혁명 러시아가 물리적 관계를 표현할 수 있는 규칙은 똑같은 것이라고 반박했다. 이는 성급한 판단이 아닐 수 없다. 왜냐하면 이런 학설은 의미론적 이탈과 문체론적 변형을 고려하지 않은 채 형태론적 및 통사적 지속성을 중요시하기 때문이다.

스탈린의 입장은 다시 한 번, 그리고 체계적으로 언어의 유추론적 개념을 앞세우면서 궁극적으로는 다음과 같은 추론에 근거한다. 즉 우리가 기호를 사용하여 사고를 하기 때문에 기호의 법칙과 사고의 법칙 사이에는 불일치가 있을 수 없다는 것이다. 말하자면 중세의 모디스트에서 포르루아얄, 포르루아얄에서 스탈린과 촘스키에 이르기까지, 그리고 음운론적인 차원에서든 문법적 차원에서든 〈언어 활동의 보편소〉의 존재를 주장하는 모든 언어학자들에 이르기까지 결국에는 아리스토텔레스의 입장만이 반복되는 셈이다. 하지만 보편소의 문제가 몇몇 형태적 자질들의 반복에 대한 순수 경험론적 연구의 차원에서도 제기된다는 사실을 제외하면(따라서 사실에 대한 조사가 형이상학적 가설을 끌어들이지 않는다면) 이러한 입장은 다음과 같은 문제를 고려해야만 논의의 대상이 될 수 있다. 요컨대 특정한 방식을 강요하는 것은 특정한 역사적 언어가 아니겠는가, 하는 문제가 그것이다. 뿐만 아니라 언어적 법칙을 확대 적용한 몇 가지의 규칙을 범주 전환하여 그것을 논리의 법칙 자체로 만들기보다는, 우리의 사고방식을 재검토하기 위해 그런 언어 법칙을 엄밀하게 분석하는 것이 더 바람직하지 않은가, 하는 문제도 검토되어야 할 것이다.

III. 포르루아얄의 합리주의적이고 보편주의적인 이상이 발전하던 시대에 홉스는, 계사(繫辭)로서의 to be 동사를 모르는 민족들은 〈본질〉과 〈실체〉라는 개념도 알 수 없다고 역설한다(『물체론 De Corpore』, I·2·4). 이런 주장은 홉스가 모든 언어 특유의 〈성질〉과 각각의 언어가 만들어 내는 이른바 현실 세계의 지각 모델을 명백하게 인식하고 있었다는 사실을 입증한다. 이런 인식은 콩디야크 Condillac와 비코 Vico를 비롯하여, 사고의 운동 자체를 표현할 수 있다는 일련의 완벽한 통사 규칙들을 제시하고 논리 계산을 창조한 (또는 그렇게 잘못 알려진) 라이프니츠에게서도 찾아볼 수 있다. 한 가지 명백한 것은, 『보편적 특성들 Characteristica universalis』과 「조합술 D'ars combinatoria」에서 라이프니츠가 기호 체계의 수립을 통해 보편적 과학을 세우고자 했다는 사실이다. 그러나 언어들의 차이에 대한 라이프니츠의 예리한 통찰력에 비하면 이런 계획은 이차적인 문제로 밀려난다. 그에 따르면 언어들은 통사적으로든 의미적으로든 서로 일치하지 않으며 그렇기 때문에 개별 언어들은 그 민족의 역사뿐만 아니라 그들의 사고방식과 언어 사용을 조건짓는다. 바로 이런 이유 때문에 라이프니츠가 구상했던 과학은 이런 차이를 초월할 수 있는 논리적 도구를 구축하려 했다. 즉 특정한 기호 체계와 논리적 관념 체계 사이의 엄격한 대응 관계를 세우는 이유는 바로 자연 언어가 이런 대응 관계를 허용하지 않기 때문이다(데 마우로De Mauro, 1965: 56~57면).

합리적 일의성이라는 과학적 이상을 추구하는 보편 문법은, 포르루아얄의 논리학자들이 갈망했듯이, 〈선험적으로〉 주어진 도식이 아니라 오히려 〈인간 언어의 경험론적 및 역사적 사용이 그려 낸 길을 거슬러 올라가면서 도달해야 하는 이상〉이다(로시엘로, 1967: 46~60면). 19세기 퍼스의 〈실용주의〉에서 찾아볼 수 있는 것도 바로 〈백과사전적 언어학〉의 계획이다. 즉 〈우리의 사고를 응용할 수 있는 모든 것이 공통의 무언가를 갖는다는 사실을 관찰하면서 계사-동사가 함축하는 의미의 절대 존재를 과연 개념화할 수 있겠는가? 이런 질문을 던지는 이유는 우리가 관찰할 수 있는 것이 없기 때문이다. 이런 개념은 기호 내지는 단어 또는 사고에 대해 고찰함으로써 얻을 수 있다. 우리는 여러 술어가 여러 주체와 결합할 수 있으며 각각의 술어는 주체에 적용할 수 있는 개념을 구성한다는 사실을 확인한다. 이런 식으로 우리는 어떠한 술어라도 주체와 결합할 수 있기 때문에 주체는 고유의 진리를 갖는다고 생각한다. 그리고 이것이 우리가 절대 존재라고 지칭하는 것이다. 그렇지만 존재의 개념은 하나의 기호나 단어 또는 사고와 상관관계를 갖는다. 이런 개념이 모든 기호에 적용될 수 있기 때문에, 심지어는 당장 사물에 적용할 수 있는 보편적 가치를 가질지라도, 근본적으로는 보편적 가치를 갖지 않는다. 형이상학적 개념들이 우선적으로, 그리고 궁극적으로 단어에 대한 사고, 또는 사고에 대한 사고라는 주장은 별 의미가 없다. 아리스토텔레스나 칸트의 학설에서도 상황은 마찬가지이다(아리스토텔레스의 범주들은 품사에 기초하며 칸트의 범주들은 다양한 명제 양식의 자질에 기초한다)〉(퍼스, 5·295). 다시 간략하게 말하자면 〈주어와 술어로 구성되는 명제의 분석이, 아리안족이라고 불리는 《우리》의 사고를 기술할 수 있다는 주장은 타당하다. 그렇지만 그것이 유일한 사고의 방식이라면 나는 부정하겠다. 더 나아가 이런 사고는 가장 명백한 것도, 가장 효율적인 것도 아니다〉(퍼스, 4·48).

IV. 오늘날 이 같은 불신은 코르지프스키Korzibsky의 『일반 의미론Sémantique générale』에서 가장 도발적인 형식으로 나타난다. 코르지프스키는 우리의 사고가 (주어, 계사, 술어로 구성되는) 아리스토텔레스의 명제 도식에 너무 지배를 받는 나머지 지속적인 정신 치료가 필요하다고 역설하며(이는 언어학적 치료를 의미하기도 한다) 이에 대응하기 위해 그는 〈지도는 영토가 아니다〉라는 슬로건을 내세운다.

결국 일반 의미론은, 특히 벤저민 리 워프Benjamin Lee Whorf의 학설이 담긴 사피어-워프의 유명한 가설을 한 단계 더 발전시킨다(워프, 1958). 워프는 공간, 시간, 인과 관계의 관계를 설정하는 방법이 민족에 따라 다르다고 역설했다. 즉 물리적 현실을 하나의 관계 체계로 바라보고 지각하며 단위로 분할하는 방법은 우리가 사고하는 방법을 배울 수 있었던 언어 법칙에 따라 결정된다는 것이다(당연히 이런 언어 법칙은 보편적 특성을 갖지 않는다). 따라서 언어는 〈그것을 통해〉 우리가 사고하는 것이 아니라 〈그 덕분에〉 사고를 할 수 있는 것, 더 나아가 〈우리를 생각하는 것〉 또는 〈우리가 생각하게 만드는 것〉이다. 우리에게는 /눈/이라는 단어가 하나 있다면 에스키모인들에게는 네 개의 단어가 있다는 사실을 다시 언급할 수 있다. 그렇지만 그들의 언어가 더욱 풍부한 동의어를 갖는다는 말은 아니다. 사실 에스키모인들은 우리가 〈눈〉이라고 부르는 유일한 실체를 모르는 대신 그 기본 요소를 사용하는 방법에 따라 네 가지의 서로 다른 사물을 알고 있는 것이다(마찬가지로 우리는 동일한 물질의 두 가지 상태에 불과한 얼음과 물을 구분한다. 따라서 온 더 록을 주문했을 때 술집 웨이터가 얼음 대신 물을 섞어 주면 우리는 불만을 나타내겠지만 둘 다 H_2O라는 사실에는 무관심할 것이다). 문제는, 생존을 위해 에스키모인들이 네 가지의 서로 다른 실체를 무분별하게 지각하기 때문에 네 단위를 사용하는지, 아니면 (각각의 시니피에를 갖는 네 가지의 시니피앙이라는) 네 단어의 존재에 조건화되었기 때문에 네 가지의 사물을 지각하는지를 밝히는 데 있다. 좀 더 추상적으로 말하자면 문제는 다음과 같이 정리할 수 있다. 요컨대 우리는 언어를 관여적인 기호로 분할하는 방식에 의거하여 현실을 조직하는가, 아니면 우리가 현실을 지각하는 방법이 언어 특유의 구성 방법을 강요하는가, 하는 문제가 그것이다.

이런 문제가 제기하는 일차적인 어려움은 무엇보다 이 모든 가설들이 의미 작용의 메커니즘에 대한 엄격하고 기술적인 분석이 있기 전에 제기되었다는 사실에서 비롯된다. 그러나 이런 분석이 제대로 진행될지라도 어떤 가설이 더 우선권을 갖는지는 단정짓기가 어렵다. 그렇지만 적어도 이런 분석은 언어의 구성과 우리가 구상하는 현실 사이에 있을 수 있는 대응 관계를 확인시킬 것이다. 물론 의미적 구성의 문제인지, 아니면 통사적 구성이 문제인지도 짚고 넘어가야 한다. 의미 구성의 분석은 주어진 지각적 현실이 하나 또는 여러 명칭과 일치하는지를 밝힐 수 있을 것이다. 그리고 통사 구성의 분석은 주어-계사-술어의 구조가 과연 현실을 실체와 속성으로, 다시 말해 *subjecta*와 *accidentia*라는 이른바 일차적 특성과 이차적 특성으로 나눌 수 있는지를 밝힐 것이다. 이렇게 존재와 실체의 철학에 대한 근대 이론들의 모든 비판은 언어 구조의 고찰에서 출발한다. 그리고 기호학은 존 로크를 앞세우는 근대적 사조와 더불어 탄생하며 기호학이란 명칭도 이때 부여받는다. 홉스, 로크, 버클리, 흄은 기호 이론의 비평과 재평가를 통해 실체의 개념을 해체하려 했다. 그러나 이런 비평은 기호와 사고의 관계를 또 다른 관계와 혼동하는데 그것은 다름 아닌 기호의 형태와 그것이 관념 또는 개념이라는 매개 요소를 통해 가리키는 사물 형태의 관계이다. 이런 관점에서 보면 기호학의 문제는 인식 형이상학의 문제와 맥을 같이한다고 할 수 있다.

5·3·2 지시 대상의 첫 번째 출현: 사물의 기호로서의 개념

에피쿠로스와 루크레티우스를 비롯하여 지상 낙원에서 최초의 인간들이 사용한 언어에 대한 단테의 사변을 거치면서 고대와 중세는 〈에덴동산의 언어〉 또는 〈아담의 언어〉라고 일컬어지는 최초의 언어의 문제를 근대에 물려준다. 드디어 이런 언어에서 단어들은 사물들과의 긴밀한 용해를 통해 만들어진다는 주장이 등장한다. 그리고 바벨의 거대한 혼란이 일어난다. 그다음에는 위대한 꿈이 인문주의 문화와 영국의 경험주의, 즉 베이컨에서 18세기 전체에 이르는 시기를 관통한다. 이 시기는 우리 선조들의 언어를 발견하거나 모든 인간이 사용할 수 있는 보편 언어를 재창조하려는 시대이기도 하다. 비코는 이 문제를 역사적 관점에서 다시 거론한다. 그에 따르면 언어의 진화는 최초의 순간이자 행운의 순간, 즉 〈근본적인 전의(轉義)〉 또는 사물의 특성 자체가 언어로 표현될 수 있는 직접적인 은유의 형성 순간에 시작된다. 그러나 이런 논의는 이미 플라톤이 제기한 바 있는 기호의 규범론적인 개념과 평행선을 그리며 진행된다. 한마디로 단어와 그것을 있게 하는 사물 사이의 직접적인 관계를 더 이상 문제삼지 않았다. 고대와 중세의 모든 철학은 단어와 사물 사이에 투명하고 결정적인 무형의 공간, 즉 개념이 위치한다는 사실을 알고 있었기 때문이다. 따라서 문제는 어떻게 말이 개념을 가리키는지, 그리고 개념들은 과연 실질적인 사물들의 이미지인지 아니면 정신적 기호인지를 밝히는 데 있었다.

I. 중세에 들어서면서 처음으로 〈보편소〉의 문제는 분쟁의 국면으로 치닫게 된다. 어떠한 스콜라 학자도 사물의 현실을 부인하지는 않았다(왜냐하면 그것은 창조자의 존재를 부인하는 처사이기 때문이다). 그러나 당시의 사람들은 기호들이 사물에 내재하는 *in re* 구조와 일치하는지, 아니면 신의 말씀이 창조한 이성 *ante rem*과 일치하는지, 또는 구체적인 경험

들의 일반적 대용물로서 우리 정신이 만들어 낸 기호들 *post rem*과 일치하는지를 밝히려 했다. 당연히 기호는 사물과 어느 정도 연관되는 것으로 인식되었다. 왜냐하면 모든 사물은 (정신이 인식하고 기호로 전달될 수 있는) 보편적인 본질 내지는 순수 개체성을 표현하기 때문이다. 역설적으로 기호들은 사물들이 덜 개체화되어 있을수록 의미적으로 밀접하며, 절대적인 개체로 존재하는 사물보다는 오히려 고유 명사들이 기호와 더욱 밀접한 의미적 관계를 갖는다. 그러나 이는 표면적인 역설에 불과하다. 추상적인 지식이 객관성을 갖기 위해서는 현실에 보편적인 법칙이 존재해야 하기 때문이다. 이러한 가능성에 기초하여 중세의 인식론은 보편적 본질로서의 사물과 수동적 지성 안에서 능동적 지성이 만들어 내는 〈개체〉가 일치한다고 결론지었다. 그러면 토마스학파의 인식 형이상학에서 보편적이고 현실적인 인지 과정의 모델을 어떻게 정립하는지를 살펴보기로 하자.

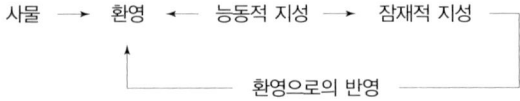

여기서 사물은 그 정의의 원리인 본질을 갖고 있다. 그러나 사물의 완전한 이미지는 감각을 매개로 한 일종의 환영으로서 상상 속에 새겨지게 된다. 그러나 여기까지는 〈무언가의 환영 *phantasma*〉, 즉 〈개체의 원리 *principium individuationis*〉와 같은 이른바 전체로 인식되는 사물이자 가장 구체적이고 세세한 특성의 사물로 인식된다. 이런 환영, 다시 말해 특정한 사물과 유사하면서도 similitudo rei particularis 특유의 유형 species sensibilis만을 표현하는 사물의 이미지에서 능동적 지성은 〈단순화의 인식 simplex apprehensio〉 행위를 통해 보편적 형태를 추출한다. 이렇게 능동적 지성은 사물의 특성과 그 모든 물리적 결정화에서 〈특유의 유형〉을 찾아내어 그것을 동일한 성질과 실체를 갖는 무한한 사물에 적용할 수 있는 순수 보편적인 형태로 바꾼 다음, 수동적 또는 〈잠재적〉 지성에 제공한다. 수동적 지성은 이렇게 새겨진 특수성을 보편적 형태로 받아들여 지각한 것을 드디어 인식할 수 있는 추상적 정보(말하자면 지각의 시니피에)로 표현한다. 만약 어떤 주체가 하나의 사물을 그 특이성으로 인식하고자 한다면 그는 자신이 동일시하는 사물의 종류와 환영 속에 나타나는 개체로서의 사물의 특성을 비교해야 한다. 그러나 이는 사물로의 복귀를 의미하지 않는다. 최초 감각의 순간에서 시작하여, 지능의 힘과 이런 식으로 생성 및 확인된 사물의 종류 사이에는 완전한 과정이 자리를 잡았고 그럼으로써 사물 자체는 배제되는 것이다.

그러나 이런 과정이 기호만을 연루시킨다고 말할 수 있는가? 비록 스콜라 학자들은 부인하지만 잠재적으로는 그렇다고 할 수 있다. 즉 유일한 차이점은 인식 가능한 종류와 〈단어 verbum〉의 관계가 자의적인 반면에 개념과 사물의 관계는 아직도 유연성을 갖는다는 점이다(즉 〈단어는 의지의 의미적 목소리이다 verbum est vox significativa ad placitum〉라는 것이다). 이런 과정은 스콜라적 현실주의가 사물 자체의 개념을 부인하기에 이를 때 비로소 완전한 기호학적 과정으로 바뀌기 시작한다.

II. 이 모든 것에 대한 오컴Ockham의 입장은 매우 명백하다. 즉 과학적 명제들은 사물이 아닌 개념만을 다루며 (이런 관점에서 보면 시니피에와 지시 대상은 분명하게 구분된다), 이런 개념들은 다시 특정한 사물들과 분리될 수 있는 기호가 된다. 다시 말해 수많은 개체들은 단 하나의 총칭적 항목으로 정리할 수 있는 일종의 속기술 기호가 된다는 것이다. 결국 개념을 정립하는 과정은 기호를 발신하게 하는 과정과 동일하다는 주장이다. 오컴이 생각하는 언어 기호는 결국 개념 또는 시니피에를 가리키는 시니피앙이지만 이 개념은 다시 기호로 바뀌며, 이런 기호는 특정한 사물들이 제공하는 시니피에(또는 지시 대상)의 추상적이고 압축된 시니피앙이 된다 (『명제집 4권〔신학 교과서〕에 대한 의문들Super quatuor libros sententiarum』, 2·8).

홉스가 채택하는 해결책도 역시 유명론적인 대안이라고 할 수 있다(『리바이어던』, 1·4). 비록 하나의 특성에 해당할지라도, 하나의 관념은 일련의 유사한 관념들의 기호로 다시 사용될 때 비로소 보편적인 시니피에를 가질 수 있다는 것이다. 그러나 이런 대안을 가장 엄격하게 형식화한 사람은 로크이다. 사실 로크는 근대 기호학의 아버지로 간주할 수 있는데, 『인간 오성론Essay Concerning Human Understanding』(IV, XX)의 결론에서 그는 기호학의 존재를 인정하면서 기호학과 논리학의 현실적인 동일성을 제시하기 때문이다. 여기서 로크는 과학이 세 종류로 구분된다고 역설한다. 즉 유형적 및 정신적 사물에 대한 지식으로서의 〈물리학〉과 우리의 행동을 이끄는 규칙 체계로서의 〈실천〉, 그리고 〈기호학〉이 있다는 것이다. 기호학의 연구 목적은 기호들에 대한 지식, 다시 말해 다른 학문의 도구인 관념과 단어(따라서 기호)들의 지식을 정립하는 데 있다. 그는 새로운 유형의 논리학과 비평을 만들기 위한 유일한 희망은 기호학에 있다고 덧붙인다.

이 결론에서 로크가 추구하는 것은, 언어 문제를 다루는 같은 책의 제3권에서 명백하게 드러난다. 여기서 로크는 언어 사용의 분석을 통해 실체의 개념을 비판한다. 요컨대 단어들은 사물을 표현하지 않으며 우리는 단순 개념들이 만들어 내는 복합적인 개념들의 구성에 따라 사물을 인식한다는 것이다. 그리고 이때부터 단어와 사물 사이에는 자의적 관계가 성립된다. 왜냐하면 근원적인 의성어에 대해 이론가들이 주장했던 근본적인 유연성은 성립되지 않으며 사물과 단어 사이의 매개 요소 자체도 자의적이기 때문이다. 스콜라 학자들의 주장과는 달리, 개념은 더 이상 사물의 반영이나 이미지가 아니라 선별에 따라 형성되는 구성체이다. 추상적인 개념은 사물의 개별적인 본질을 나타내지 않으며 그런 본질은 끝내 인식할 수도 없다. 명사의 본질과 마찬가지로 개념 자체는 이미 사물의 기호이자 그 몇 가지 특성들을 요약, 생성, 구성한 것으로서 사물의 외관이나 속성을 갖지 않는 추상 작용의 결과이다. 명사의 본질을 만들어 내는 추상적인 절차는 경험의 복합체를 의미하기 위해 명사를 선택하게 만드는 절차와 동일하다. 버클리와 흄이 제안하는 것과는 반대로 로크는 명사의 본질인 추상적 개념이 일정한 정신적 밀도와 품위를 간직한다고 생각했다. 그러나 그것은 이미 기호의 산물이다. 커뮤니케이션 과정에서 사물을 사용하는 것처럼 단어를 사용하는 행위는 경험론적으로 확인할 수 있는 사실이다. 그러나 인식론의 관점에서 단어들은, 명사의 본질과 같은 추상적 개념인 정신적 기호를 가리킨다(III, 2). 이를 토대로 로크는 전문어 사용과 언어의 남용을 비판할 수 있었다. 철학 언어와 일상 언어에 대한 로크의 이러한 비판적 통제 이론은 매우 놀랄 만큼 현대적이다. 로크의 시니피에 이론이 그 시대를 반영하기 때문에 오늘날에는 다소 적절하지 못한 것처럼 보일 수 있는 이유는 그가 개념을 너무 심리적인 성질의 것으로 간주했기 때문이다. 그러나 개념이란 것을 (인간의 정신 속에 위치하기보다는 오히려 그것을 의미 내용의 단위로 규명하는 문화 속에 위치하는) 〈의미 단위〉로 바꾸기만 하면 로크의 이론은 오늘날의 의미 분석에서도 충분히 사용할 수 있는 이론으로 평가될 것이다(예를 들어 포르미가리 Formigari, 1970 : 196~197면).

로크에 대한 첫 번째 비판은 추상적인 개념을 바로잡는 데 기여한다. 예컨대 1702년에 헨리 리Henry Lee는 다음과 같이 주장했다. 즉 일반 명사는 추상적인 개념을 가리키는 것이 아니라, 몇 가지 공통적인 특성을 갖는 개체의 범주로 기호를 확장시킨 결과라는 것이다. 여기서 유명론은 극단으로 치닫는 셈이다. 또한 버클리는, 우리가 알고 있는 것은 개별적인 지각과 개별적인 개념들이라고 말함으로써 자신의 주장을 정리한다. 다시 말해 〈만약 단어에 시니피에를 부여하고 우리가 이해할 수 있는 범위 내에서만 말을 해야 한다면 결국 그 자체로 고려되는 개념은 고유하지만, 그것을 같은 종류의 다른 개념들과 《대등할 수 있도록 표할 때》는 일반적인 개념으로 바뀐다〉는 것이다(『인간 지식의 원리에 대하여 *Treatise Concerning the Principles of Human Knowledge*』, 서론, 12. 강조 표시는 필자가 한 것임). 이렇게 버클리는 퍼스가 기호를 정의할 때 사용하는 표현, 즉 다른 무언가와 대등한 것이라는 표현을 사용한다. 차이점은 버클리가 논리적 작용의 도구로서 언어를 정의할 때 개념의 절대적인 명사화를 사용하지 않는다는 점이다. 오히려 그는 이런 언어를 확실하게 알 수 없다는 점을 강조함으로써 일종의 불신을 감추지 않았다. 그리고 흄은 유명론적 입장을 뒷받침하는 역할을 하는 데 그쳤다. 그에 따르면 이러한 대응 관계를 성립시키는 힘이 필요한데 그것은 다름 아닌 〈습관〉이다.

우리는 (로크가 『인간 오성론』 제3권에서 시도했듯이) 이런 습관이 과연 사회적 사용법인지 아니면 지적 습관인지, 더 나아가 규약적 코드인지를 따져 볼 수도 있다. 어쨌든 나름대로의 발전은 있었던 셈이다. 사물 자체는 인식의 세계에서 모든 권리를 상실하며, 기호는 더 이상 사물을 가리키는 것이 아니라 개념을 가리키지만 이런 개념은 더 이상 기호가 아니다. 한마디로 근대 사조의 바로 이 시점에서 〈해석소〉 이론(4·5 참고)과 〈기호 현상〉 이론의 씨앗이 뿌려진 셈이다.

III. 버클리가 시도한 〈보편적 관념이라는 개념〉의 파괴로부터 흄의 비평적 고증과 칸트의 비판 철학을 거치면서 현대 철학은 지각의 개념 자체를 다시 공식화하는 데 전념한다. 그리고 이런 작업은 기호학과 철학적 담론이 밀접하게 연대하는 마지막 문제 제기로 이어지는데, 그것은 다름 아닌 지각적 시니피에의 개념을 기호 현상의 결과로서 정의하는 문제이다. 그리고 19세기가 끝날 무렵 퍼스와 후설은 이런 개념의 중요성을 강조하는 데 앞장선다.

이렇게 칸트에서 퍼스로 건너뛰는 일은 독자를 놀라게 할 것이다. 그렇지만 최근 연구들은 칸트 철학에서도 시니피에의 초월적 근거이자 문제 제기를 발견할 수 있다고 말한다(예를 들어 가로니). 또한 계몽주의와 낭만주의 그리고 후기 낭만주의 시대의 철학들도 기호학적 암시로 가득 차 있다. 백과전서파와 콩디야크 그리고 관념학파가 발전시킨 기호에 대한 가설들도 매우 높은 완성도를 자랑한다. 괴테에게서 발견할 수 있는 상징 이론도 내포적 의미의 기호학에 크게 기여했으며, 특히 텍스트 이론에서 매우 높은 활용 가치가 있는 것으로 평가받는다. 그러나 우리의 연구 범위를 벗어날 필요는 없다. 그 대신 지금의 연구 범위 안에서 관념 철학이 그토록 모호한 지위를 갖는 이유는 따져 볼 필요가 있을 것이다.

물론 관념 철학은 기호학의 문제와 밀접한 정신 활동의 이론을 발전시켰다. 그러나 모든 것이 커뮤니케이션을 하고, 스스로를 표현하며 심지어는 만물이 의사 표시를 한다는 지적에 그친다면 기호학은 존재할 수 없다. 기호학은 커뮤니케이션과 의미 작용이 〈어떻게〉 성립되는지를 설명할 때 비로소 존재한다. 예를 들어, 표현의 철학을 구축하지만 수많은 가(假)개념들과 함께 언어학이 규명한 기술적 도구들을 배제하는 크로체는 우리에게 단 하나의 돌파구만을 허용한다. 즉 기호들의 사회적 기능에 대한 담론을 정립할 때 감히 사용할 수 없는 철학 체계는 오로지 존경과 황홀함으로 주시하라는 것이다. 툴리오 데 마우로(1965: 11면)는 다음과 같은 결론을 내린다. 즉 〈크로체의 학문 세계를 파고드는 이른바 절대적으로 말할 수 있음의 광명은 어느 누구도 원하지 않은 변증법의 운동으로 신비스럽고 불가사의한 그림자로 탈바꿈한다. 이때 그 그림자는 의사소통의 불가능성이다〉. 바야흐로 이같이 간결한 파노라마의 한계 내에서 우리가 할 수 있는 일이라고는 기호가 명백하고도 사용 가능한 형태로 나타날 때 그 문제를 다시 제기하는 일뿐이다.

이것이 삼단 논법을 정의한 다음, 지각이 명백한 삼단 논법의 과정이라고 역설한 퍼스의 경우이다. 퍼스는 정신적 도상을 논할 때 다시 언급하기로 한다〔5·3·4 참고. 그리고 이 문제에 관해서는 보스코Bosco(1959), 살라니트로Salanitro(1969) 그리고 에코와 세보크(1983)에 수록된 에코, 본판티니Bonfantini, 세보크를 참고할 수 있다〕.

퍼스에게는 삼단 논법이 추론에 따른 논증 중에서 가장 직접적이고 불확실한 형태이다. 이 논법은 불확실한 전제하에 세우는 가설로서, 그런 전제는 연쇄적인 귀납법과 연역적인 제어 방식으로 확인되어야 한다. 그러나 삼단 논법은 이미 무언가를 드러내고 있으며 잠재적으로는 그 자체의 전개 과정을 함축하고 있다. 그러면 좀 더 구체적인 예를 제시해 보기로 하자. 다음 연역법의 예는 추론에 해당한다.

— 이 상자의 모든 손수건은 흰색이다.
— 이 손수건들은 이 상자에서 꺼냈다.
— 따라서 이 손수건들은 흰색이다.

귀납법의 예는 다음과 같다.

⟨사례⟩: — 이 손수건들은 이 상자에서 꺼냈다.
⟨결과⟩: — 그것들은 흰색이다.
⟨규칙⟩: — 아마도 이 상자의 손수건들은 모두가 흰색일 것이다.

이에 반해 다음과 같은 논증은 삼단 논법에 해당된다.

⟨결과⟩: — 책상 위에 흰색 손수건들이 있다.
⟨문제⟩: — 그 손수건들은 어디서 꺼낸 것일까?
⟨규칙⟩: — 이 상자의 모든 손수건들이 흰색이라고 가정한다면……
⟨사례⟩: — 그리고 이 손수건을 이 상자에서 꺼냈다고 가정한다면……
— 결국 이 손수건을 어디서 꺼냈는지는 문제가 되지 않는다.

퍼스는 모든 추론이 기호학적 과정을 구성한다고 말한다. 그러나 바로 이런 관점에서 보면 위 세 가지 과정의 차이는 명백하다.

첫 번째 예(귀납법)에서 전제는 논증의 결과를 충분히 함축하고 있기 때문에 그것은 이런 결과의 기호를 구성한다. 이 문제를 성분 분석의 관점에서 다시 생각해 보자(이 문제는 이미 3·8에서 논의한 바 있다). 〈인간〉이라는 형태 의미소의 분석은 죽음을 비롯하여 그것에 부여할 수 있는 모든 특성들을 구분한다. 마찬가지로 〈소크라테스〉라는 형태 의미소의 분석은 〈인간〉과 〈죽음〉이라는 의미 자질을 포함해야 한다. 문맥적 융합의 관점에서 보면 이런 삼단 논법은 의미적으로 올바른 문장에 해당한다. 그러나 소전제에 삽입된 〈소크라테스〉라는 단위는 결론의 의미적 정보를 자체적으로 포함하고 있다.

귀납법의 경우 — 두 번째 예 — 기호학적 과정은 다르다. 상자에서 꺼낸 손수건들은 아직 볼 수 없는 손수건의 기호로 간주된다(이런 기호는 손수건에 해당한다). 이는 증후 해석에 해당하지만 귀납법이 확인되는 순간까지, 다시 말해 상자에서 손수건을 계속 꺼냈을 때, 그리고 이렇게 꺼낸 손수건이 모두 흰색으로 확인될 때까지 이런 해석은 코드 밖에서 진행된다. 상자에서 꺼내는 손수건의 수는 코드를 구성하고 이런 식으로 형성된 코드는 증후의 추론을 뒷받침한다.

세 번째 예에 해당하는 삼단 논법의 경우는 또 다르다. 여기서 — 이미 알고 있는 것의 코드화를 구성하는 — 대전제가 기술하는 것과 소전제에서 제시되는 규칙 사이에는 명백한 관계가 없다. 예컨대 나는 (지금은 없는) 상자의 내용을 하루 전에 상상했을 수도 있으며 흰색 손수건을 그다음 날 볼 수도 있다. 이렇게 삼단 논법은 관찰된 결과가 가능한 규칙의 특별한 사례에 해당한다는 가설을 세운다. 또는 추론을 선행하는 물리적 관계와 아직은 확인되지 않는 인과 관계에 대한 가설도 세운다. 이는 마치, ⟨content⟩이라고 적힌 어떤 라벨 조각을 ⟨3Fl. Oz⟩라고 쓰인 조각 내지는 ⟨de nous?⟩라고 쓰인 또 다른 조각과 연결시키는 경우를 떠올릴 수 있다. 이때 나는 두 가지의 코드가 (또는 규칙이) 있다는 것을 알고 있다. 하나는 영어의 코드로서 /content/는 ⟨함유량⟩을 의미하고, 다른 하나는 프랑스어의 코드로서 똑같은 문자소가 ⟨만족함⟩을 의미한다. 따라서 이런 문자소가 속하는 코드를 선택한 다음 그것에 따라 /content 3Fl. Oz/ 또는 /content de nous?/(우리에 대해 만족합니까?)라는 연사구를 만들어야 한다. 이것은 코드를 선택하는 가설적 작업이다. 암호로 적은 메시지를 해독해야 하는 암호 전문가나 첩보원은 직관적으로 이런 가설을 세우지만 사실 이런 직관은 매우 힘든 가설의 과정과 반복되는 확인 작업에 기초한다.

그러나 지각의 정상적인 과정은 이와 다르게 진행되지는 않는지 살펴보아야 한다. 한밤중에 어두운 골목을 걷는 상황을 예로 들어 보자. 나는 불명확한 형태를 보면서 ⟨저것이 무엇일까⟩라고 묻는다(그렇지만 나는 ⟨저것이 무엇을 의미할까⟩라고 물을 수도 있는데 그때의 언어적 사용은 그것에 내재하는 철학적 근심을 입증하기도 한다). 나는 주의를 집중한다. 나는 자극들을 정돈하고 경험 속에서 배운 몇 가지 도식을 대조해 본다(다시 말해 나는 아직 막연한 자극들에 유의미한 모델을 적용해 본다). 그리고 지각 가능한 영역을 설정한다. 그다음 나는 그것이 고양이라는 것을 알아차린다.

만약 그것이 한 번도 본 적이 없는 신비의 동물이라면(내가 성장한 문화에서 알려지지 않은 동물이라면) 나는 그것을 알아보지 못할 것이다. 따라서 나는 부정확한 지각을 감지하고 그것에 잘못된 명칭을 부여할 것이다. 삼단 논법과 마찬가지로 지각은 지식의 타협적인 정의와 비교될 수 있다. 그러나 이와 동시에 지각은, 있는 그대로의 지각과 명칭 부여 사이에 연속성이 없는 그런 과정이기도 하다. 이것이 바로 후설의 현상학이 암시하는 문제이다. 〈지각 시니피에〉와 〈언어 시니피에〉를 혼동해서는 안 된다는 지적도 있을 수 있지만 적어도 이 두 경우에 대해서는 똑같은 용어를 사용할 수 있는 근거가 분명히 있는 셈이다.

후설은 『논리 연구 *Logische Untersuchungen*』, 특히 〈표현과 시니피에〉라는 제목의 제1권, 순수 문법의 개념에 할애된 제4권, 그리고 제6권에서 시니피에의 방대한 이론을 발전시킨다. 여러 관점에서 가장 흥미로운 제6권에서는 하나의 직관을 지칭하는 데 사용될 수 있는 명사와 그런 명사를 통해 규명되는 완전한 직관의 만남으로서 지각 현상학이 소개된다. 지식이라는 역학적 행위는 지각 속에서 구성되는 사물의 〈의미 채우기〉 또는 〈의미 부여〉의 활동을 함축한다. 〈하나의 표현을 부여한다는 말은 이런저런 내용의 술어를 그런 지각에 부여한다는 뜻으로 풀이할 수 있다……. 이런 인식 덕분에 빨간 사물은 빨간 것으로 인식되고 빨간색으로 지칭되는 것이다. 결국 ― 지칭된 사물에 대한 직관을 전제로 하는 능동적 지칭 행위로서 ―《빨간 것으로 지칭하는 것》과《빨간 것으로 인식하는 것》은《동일한 의미를 갖는》표현들이다…….

이런 단위에서 함축적으로 인식되는 요인들은 — 즉 단어의 물리적 출현, 시니피에의 사용, 다시 말해 지칭된 것의 인식과 직관의 요인들은 — 결코 상호적으로 구분될 수 없다. 사물에 대한 인식과 시니피에의 부여에 대해 말한다는 것은 단지 상이한 관점에서 지각되는 동일한 상황을 가리킨다〉(후설, 1922).

메를로퐁티의 모든 이론을 지배하는 것도 다름 아닌 지속적인 의미 부여(그리고 나는 구두 언어뿐만 아니라 나의 신체적 표현력으로도 이것에 참여한다)로서 현실 세계의 지각적 구성이라는 개념이다(그것은 너무나도 다양하게 구성될 수 있다). 따라서 지각의 현상학은 기호 현상의 현상학으로 귀착되기에 이른다. 단지 기호학은 문화가 우리에게 제의하는 이른바 〈코드화되고 이미 조직된 시니피에〉의 사용보다는 〈시니피에의 조직화〉의 연구를 더 중요시할 뿐이다. 언어학에서 출발한 기호학이 우선적으로는 (언어학이 무엇보다 랑그의 언어학으로 거듭난 것처럼) 〈코드의 기호학〉으로서 동일시 및 분류가 가능한 현실을 분석했지만 이 두 가지 개념은 상호 배타적이지 않다. 이렇게 전통 현상학의 기호학적 재해석은 보다 엄격한 〈메시지의 기호학〉(따라서 파롤의 언어학)에 길을 열어 줄 수 있다. 그럼으로써 기호학은 기호의 기능을 지배하는 규약을 연구하는 분야가 아니라 기호의 생성과 코드의 재구성 자체의 과정을 연구하는 학문 분야로 거듭날 수 있을 것이다.

5·3·3 지시 대상의 두 번째 출현: 언술의 형태와 사건의 형태

결국 언어와 논리의 관계를 밝히는 문제는 아직 해답을 찾지 못했다. 이런 두 가지 영역 중 하나가 해결되어도, 앞서 언급한 복합 기호의 문제는 접근조차 할 수 없을 것이다. 다시 말해 복합 기호의 — 또는 언술의 — 순서와 연속성은 과연 실제 현실의 그것을(따라서 그 형태를) 반영하는가, 하는 문제는 여전히 미결에 머문다는 말이다.

또한 포르루아얄의 논리학자들이 제기한 바 있는 이런 문제는 다시 비트겐슈타인의 유명한 『논리 철학 논고 *Logisch-Philosophische abhandlung*』와 신실증주의 논리학에서 현대적 형식으로 다시 한 번 제기된다(비트겐슈타인, 1922: 2·17면). 명제의 〈구현 형태〉를 논하면서, 사실과 언술(2·151)의 구조적 일치성을 주장하는 것은 곧 단어들의 순서가 바로 그런 단어들이 기술하는 현상의 질서를 반영한다는 주장과 상통한다. 우리가 이토록 중요한 철학적 문제를 각별하게 다루지 않는 이유는 그것이 (기호가 아닌) 담화의 기호학과 관련되기 때문이 아니라 그 뿌리가 다음 장에서 논의할 도상 기호의 개념에 있기 때문이다. 비록 언어 기호의 자의성 문제를 규명했을지라도 언어 이론은 기호의 유연성 문제를 다시 한 번 제기해야 한다. 즉, 외시 내지는 지시 대상의 특성을 반영하는 도상 기호의 존재를 인정함으로써 언어학은 결국 사물의 형태를 반영한다고 간주되는 기호의 문제를 다시 거론할 수밖에 없다.

퍼스의 도상 이론을 분석함으로써 우리는 사실과 언술의

관계가 기호와 사물의 유사성의 관계에서 비롯된다는(또는 그런 관계에 근거한다는) 점을 입증하고자 한다. 그런데 몇 가지의 기호에 대해 설정할 수 있는 이런 관계는 기호의 모든 정의에 영향을 미친다. 또한 언어학자들도 잘 알고 있듯이, 여기서 문제삼는 것은 지시 대상과 의성어의 관계를 유지하는 단순 기호에 국한되지 않는다. 문제가 되는 것은 /철수는 들어와 문을 닫고 자리에 앉았다/와 같은 표현이다. 왜냐하면 이것은 구성 단위들의 통사적 순서를 통해 그것이 가리키는 행위의 순서를 재현하는 것처럼 보이기 때문이다. 이렇게 우리가 직면하는 문제는 도상의 이론적 문제라고 할 수 있다.

5·3·4 지시 대상의 세 번째 출현: 도상

I. 원시적인 사고나 신비주의에 물들어 있는 사고에서만이 기호와 사물을 동일시할 것이다. 비록 기호 대신에 사물을 이용하긴 했지만 중세인들은 진짜 살아 있는 양과 예수의 기호로 사용되는 양을 구별할 줄 알았다. 그럼에도 불구하고 철학은 즉각 기호와 사물의 상호적 반영 관계라는 문제를 제기했다. 이것이 플라톤의 『크라틸로스*Cratylus*』에서 전개되는 논의이며 여기서 우리는 기호가 과연 〈*Nomos*〉, 즉 규범에서 비롯되는지 아니면 〈*Physis*〉, 즉 본질에서 비롯되는지 묻게 된다. 다시 말해 크라틸은 한 사물의 명칭이 그 사물의 본질에서 유래되는지를 묻는다. 그리고 그런 본질에서 비롯된다면 명사의 음성적 구성은 과연 그것이 지칭하는 사물의 구성을 따르는가 하는 의문이 제기된다. 만약 그렇다면 각각의 사물에

는 단 하나의 적합한 명칭이 있을 것이다. 이런 견해에 대항하여 헤르모게네스Hermogenes는 규범론을 제창한다. 한마디로 하나의 명사는 규약에 따라 그리고 자의적으로 하나의 사물을 가리킨다는 주장이다. 소크라테스는 이 두 가설을 양립시키려 했으며, 오늘날까지도 꽤 많은 언어 기호들이 의성어적 근원을 갖는다고 주장하는 사람들과 마찬가지로, 규약의 가설을 지지하면서 이런저런 음성적 구성의 선택은 사물과의 관계에 근거한다고 말한다. 요컨대 서로 다른 종족들이 하늘에서 들리는 천둥소리를 지칭하기 위해 동일한 근원의 형태를 간직한 것은 우연일 수 없다는 것이다〔*tonnerre*(프랑스어), *tuono*(이탈리아어), *thunder*(영어), *Donner*(독어)〕.

II. 그러나 이 문제의 핵심에는 도상의 개념이 꿈틀거리고 있다. 사물과 유사성의 관계를 유지하는 기호들이 있다면 결국 기호학적 메커니즘에는 친족의 원리가 개입하는 셈이며 그것의 극단적인 형태는 기호의 근본적인 유연성으로 집약될 것이다. 따라서 (통상적으로 기호 그 자체로 정의되는) 자의적 상징들은 근본적이고 근원적인 유연성 안에서 충분히 정의되지 못한 실체로 격하되었다는 주장도 있을 수 있다. 이것이 바로〈도상은 그것이 외시하는 사물의 실존 여부와 상관없이, 그런 사물의 특성에 근거하여 그것을 가리키는 기호이다〉라는 퍼스의 정의를 문자 그대로 해석하는 이들의 실수이다.

이런 정의를 가장 자연스럽게 해석하기 위해서는, 비록 어떤 동물이 존재하지 않아도 완벽한 도상이 그것을 표현하는 경우를 생각할 수 있다(우리는 용의 도상이나 일각수의 도상을 의심의 여지 없이 받아들인다). 그러나 퍼스는 도표와 은유들도 도상 기호로 간주한다. 왜냐하면 도표들은 그 사물과의 명백한 유사성을 나타내기보다는 〈사물 자체의 부분적인 관계와 유사한 부분들〉을 나타내기 때문이다. 그리고 은유들은 〈다른 것과의 대응 관계를 표현하면서 한 표현소의 표현적 특성을 나타내기 때문이다〉(2·277).

다른 글에서 퍼스는 도상을 〈정신적 이미지〉로 명백하게 정의한다. 그는 〈하나의 개념을 직접적으로 전달할 수 있는 유일한 방법은 도상을 사용하는 방법이다〉라고 말한다(2·278). 정신적 도상이란 기호가 가리키는 시각적 이미지이다(2·238~2·239). 즉 〈상징은 정신 행위에 해당하며〉(2·436), 이런 정신적 행위는 서로 결합하여 복합적인 개념을 만들어 낼 수 있다. 따라서 /중국 여인/이라는 표현에 해당하는 정신적 이미지를 구상하기 위해 우리의 상상력은 한 여인의 도상과 중국인의 도상을 결합시킨다(2·441). 퍼스는 우리가 오로지 도상으로만 추론한다고 강조한다. 다시 말해 〈우리가 추론을 할 때 추상적 언술들이 도식을 만들어 내지 못한다면 그것들은 쓸모가 없다……. 움직이는 무언가를 상상하지 못한 채 움직임을 과연 생각할 수 있겠는가?〉(4·127)

이렇게 퍼스는, 편의상 머릿속에 있는 도상을 재현하는 것이 외부 세계의 사물일지라도 도상은 정신 속에서만 존재한다고 말한다(4·447). 따라서 한 장의 사진을 도상이라고 부르는 것은 은유에 불과하다(물론 퍼스는 사진이 지표라고도 말하는데, 사진은 그것이 도상적으로 재현하는 현실의 한 단편에 우리의 주의를 집중시키기 때문이다).

그럼에도 불구하고 우리는 도상의 개념을 오늘날 도상적 기호라고 부르는 것에 적용할 수 있다. 왜냐하면 퍼스에게조차도 정신적 도상들은 추상 작용, 즉 개별적인 사물들의 몇몇 특성만을 간직하는 표상에 머물기 때문이다(그리고 이런 표상들은 기존의 감각에 기초하여 작용하는 감각의 배열 덕분에 구성될 수 있다). 이런 의미에서 추상 작용은, 사물의 형태나 심지어는 색깔을 모방하지만 촉각적 특징은 무시될 수밖에 없는 그림과 비교될 수 있다(5·300~5·306).

드디어 우리는, 기호학적 과정이 사고의 추상적인 과정과 일치한다는 수많은 철학자들의 주장을 이해할 수 있다. 이 두 가지 과정의 공통점은 경험적 정보들의 몇 가지 일반적 양상을 선별하여 그것에 기초하는 일종의 압축 모델을 구축한다는 것이다. 즉 도상 이론에 따르면 이런 모델은 그것이 의미하는 사물의 형태와 동일한 형태를 갖는다.

퍼스가 강조하지는 않지만, 형태의 개념은 도상의 개념을 이해하는 데 매우 중요하다. 형태의 개념은 그것이 가리키는 사물의 〈외형적〉 특성을 갖는다. 따라서 퍼스는, 도표와 마찬가지로 대수학의 공식도 도상 기호라는 점을 강조한다. 비록 사물의 모든 특성을 갖지는 않지만(3·362) 도표와 수학 공식은 형식적인 상관관계를 재현한다는 것이다.

$$(x + y)z = xz + yz$$

그러나 산식(算式)이 도상일 수 있는 이유는 무엇인가? 그것은 위와 같은 산식이 표현하는 추상적 관계들이, 그 단순 단위들이 배치되는 방법 때문에(여기서 이런 단위들은 지표에 해당한다), 형식적으로 지각될 수 있으며 시각적으로도 명백하기 때문이다.

즉, 추론에 앞서 이런 표현의 조화는 한눈에 지각된다는 말이다. 만약 도식을 한눈에 볼 수 없다면 논리학에서 사용되는 몇 가지의 복합 관계는 결코 이해될 수 없을 것이다. 다음 삼단 논법을 보자.

모든 M은 P이다.
몇몇 S는 M이다.
따라서, 몇몇 S는 P이다.

이 삼단 논법은 세 개념 사이의 관계를 나타내는 도상이다. 왜냐하면 〈매 개념이 두 전제 사이에 위치하는 것은 한눈에 지각되며, 그렇지 않은 경우 이 관계는 어떠한 가치도 갖지 않기〉 때문이다(3·363).

이 같은 입장은, 상징 논리학을 일종의 〈표의법〉으로 취급하는 논리학자들의 주장과도 일치한다. 두 삼단 논법을 상징 표기로 바꾸면 그것들의 차이를 모호하게 만드는 문법적 모호성은 제거된다. 다음 예를 보자.

1. 인간은 자기 운명을 책임진다.
  소크라테스는 인간이다.
  소크라테스는 자기 운명을 책임진다.

2. 『일리아드』의 작가는 인간이다.
호메로스는 인간이다.
호메로스는 『일리아스』의 작가이다.

첫 번째 삼단 논법에서 대전제는 다음과 같은 상징 기호로 옮겨 쓸 수 있는 논리적 귀결을 만들어 낸다.

$$(x)\,[F(x) \supset G(x)]$$

이에 반해 두 번째 삼단 논법은 아래와 같이 다시 쓸 수 있으며 논리적 귀결을 허용하지 않는다.

$$(\exists x)\,[F(x) \cdot G(x)]$$

퍼스가 말하고자 하는 것은 하나의 논리 공식에서 기호들이 개념의 순서만을 재현할 뿐만 아니라 그런 순서 자체가 마치 사선 위에 그린 사각형과 피타고라스의 정리에서처럼 양면 위에 그려진 사각형의 관계와 마찬가지로, 함축성이 있는 형태로서 한눈에 보인다는 것이다. 한마디로 이런 관계는 사고의 형태와 그래프 형태 사이의 시각적 관계와 같다는 말이다. 그렇지만 〈이 두 가지 형태의 관계〉가 무엇을 의미하는지 따져 보아야 한다. 우선 이 관계는 그래프의 형태와 사고의 형태를 가리킨다. 그러나 이는 사고 형태와 사물 형태의 관계를 무조건 입증하지는 않는다.

퍼스의 견해를 좀 더 자세히 살펴보면 그는 분명히 첫 번째 관계를 말하고 있다. 그것은 물리적 유사성이 아닌 〈비례적 대응 관계〉의 의미로 풀이되어야 한다. 그래야만 그가 도상의 예를 제시할 때 (사진보다는) 도표와 은유를 언급하는 이유를 알 수 있다. 즉 은유와 마찬가지로 (유사성을 전제로 한다는 의미에서) 도표들은 $A/B = C/D$의 비례 관계를 정립한다.

따라서 하나의 명제는 하나의 대응 관계를 정립한다. 그러나 여기서는 〈정립하다〉는 용어를 주시해야 한다. 즉 명제는 대응 관계를 정립할 뿐, 이미 구성되어 있는 그런 관계를 찾아내는 것은 아니다. 〈아날로그〉 컴퓨터의 작동 방식을 생각해 보자. 예를 들어 1이라는 전압에는 10이라는 크기를 일치시킬 수 있다. 비례 규칙에 기초하여 2라는 전압은 20이라는 크기를 표현할 수 있을 것이다. 그러나 규칙을 바꾸면 전압 2는 100이라는 크기를 표현할 수도 있다. 이때부터 $1/2 = 10/20$(또는 $1/2 = 10/100$)이 성립되는데 이는 〈1〉이 〈10〉과 유사해서가 아니라 주어진 규약이 이 둘을 결합시키기 때문이다. 이렇게 해서 수학적 또는 기하학적 명제들의 대응 관계는 자동적으로 진행되는데 이때부터 문제는 유사성이 아닌 수학 규칙이 되는 것이다.

이제부터는 (퍼스가 나름의 이유로 자신의 걸작이라고 부른 바 있으며) 이 모든 것의 기초가 되는 텍스트를 읽어 보자. 그것은 18세기에 오일러Euler가 제안하여 1880년경에 벤Venn이 다시 인용하는 『존재론적 그래프』에 관한 글로서(4·347~573), 여기서 퍼스는 〈원으로 표현되는 삼단 논법의 본질〉에 대한 논의를 펼친다.

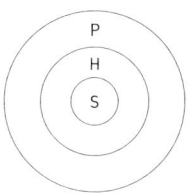

　이 도식은 성자들이 모두 인간의 범주에 포함되며 인간들은 모두 정열의 소유자에 포함된다는 사실을 나타내고 있다. 반대로 〈어떤 사람도 완벽하지 않다. 모든 성자는 인간이다. 어떤 성자도 완벽하지 않다〉는 삼단 논법은 다음과 같이 성자들이 완벽한 인간의 범주에 포함되지 않는다는 사실을 명백하게 나타낼 수 있다.

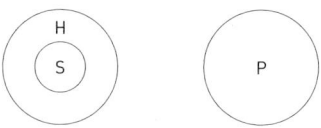

　퍼스에 따르면, 이런 그래프가 아름답게 보이는 이유는 그것이 가지는 〈본래의 도상성〉에서 비롯된다(4·368). 그러나 이 같은 발언은 도표의 공간적 외형이 실질적인 공간적 상황을 〈모방〉한다는 생각을 낳을 수 있다. 만약 그렇다면 퍼스의 도상 이론은 참으로 순박한 이론에 그칠 것이다. 왜냐하면 도표들이 외부와 내부의 관계를 시각적으로 보여 주는 것은 사실이지만 그것은 이런 공간적 특성들이 다른 공간적 특성의 도상임을 의미하지는 않기 때문이다! 정열의 소유 여부는 공간의 문제가 아니다. 전통 논리학의 관점에서 말하자면, 그것은 기껏해야 어떤 특성의 소유 여부 문제에 불과하다. 그렇다면 현대 논리학이 이런 특성의 소유 여부를 특정 범주로의 포함 여부로 표현하는 이유는 무엇인가? 그것은 오로지 규약 때문이다. 그러나 더 정확히 말하자면, 〈주체〉에는 (비본질적인) 〈사건〉이 내재한다는 생각을 지배하는 순박한 현실주의적 개념을 제거하기 위해서이다. 그렇지만 어떤 범주에의 포함 여부는 공간의 문제인가? 물론 아니다. 그리고 여기서는 특정한 장소에 있는 모든 사람들의 범주에 누군가를 포함시키는 일은 제외된다. 그러나 정열을 아는 사람들의 범주에 내가 포함된다면 그 범주는 공간이 아닌 추상 작용의 결과인 것이다. 그렇다면 원형을 사용한 표현 방법에서 범주가 공간으로 바뀌는 이유는 무엇인가? 〈그것도 오로지 규약 때문이다.〉

결국 이런저런 동그라미에 포함되는지 여부는 어떠한 것의 도상도 아니다. 그것은 규약적으로 설정된 관계이자 기껏해야 동그라미를 사용하는 또 다른 규약적 표현의 도상적 관계일 뿐이다(이는 결국 하나의 기호가 동일한 의미 형태와 동일한 의미 표현의 실체를 갖는 모든 기호들과 닮았다는 사실을 의미한다. 다시 말해 빨간색, 노란색, 검은색 깃발은 모든 빨간색, 노란색, 검은색의 깃발들과 동일하다는 말이다). 퍼스의 주장대로, 도표에 대한 그것의 정신적 이미지는 도상으로 간주될 수 있다. 그러나 이런 주장은, 일단 도표가 설정되면 우리는 그것을 지각하고 그것에 정신적 이미지 내지는 적어도 망막의 이미지, 즉 사물의 도상적 투영을 일치시킨다는 의미로 풀이된다. 그러나 우리의 논점은, 도표와 같은 기호는 과연 그것이 표현하는 관계에 따라 도상이 되는가, 하는 것이다. 사실 그렇다. 왜냐하면 두 관계 사이에 비례 관계가 〈제시〉되었고(A/B = B/C), 단 하나의 규약이 논리적 포함 여부와 공간적 포함 여부를 일치시켰기 때문이다. 그리고 우리는 이런 식의 일치에 너무 익숙해진 나머지, 어떠한 도상적 관계도 없는 각각의 사물을 혼동하기에 이르렀다.

따라서 도상에 대한 논의는 방향 전환을 할 수밖에 없다. 즉, 도상의 문제는 〈도상을 만들어 내는 규약적 양식〉의 문제로 바뀐다.

퍼스는, 오일러의 도표들이 도상적이지 않은 이유는 그것들이 현실을 재현해서가 아니라 〈도표의 논리를 지배하는 논리를 재현하기〉 때문이라고 지적한다(4·368). 처음에는 공간에의 포함 관계가 곧 범주에의 포함 관계이며 그런 공간에서의 배제 여부는 곧 범주에서의 배제 여부라는 식의 규약적 등가 관계를 설정했다. 따라서 〈의미 표현의 형태〉와 〈의미 내용의 형태〉 사이의 〈동형성〉으로서의 도상을 완벽하게 정의할 수 있었다(즉 이런 동형성은 사진의 〈유사성〉 법칙이 아닌 수학적 비례 법칙을 따른다). 다시 말해 이런 논증에서는 현실과의 모든 유사성이 완벽하게 배제되었던 것이다.

물론 어떻게 해서 공간적 상관관계와 논리적 상관관계의 비례적 등가 관계가 즉각 기능을 발휘하는가, 하는 질문이 제기될 수 있다. 이에 관해 우리는, 연대순의 형태로는 논리적 상관관계가 우선권을 가지며(우선 〈인간은 언젠가 죽는다〉라는 명제를 놓고 그다음에 〈소크라테스는 인간이다〉라는 명제를 놓는 식의 연대순), 그래프에 대한 우리의 글쓰기 습관에 따라 언어적 담화의 시간적 연쇄는 공간적 연쇄로 표현된다고 생각할 수 있다. 또한 칸트의 주장과 유사하게, 이 두 범주(공간의 범주와 기간의 범주)는, 우리의 지각 능력 및 지적 능력을 결정하는 한 쌍의 근본 개념이라는 설명도 가능하다.

그러나 이런 경우, 기호에 대한 담론은 지각의 구조 자체와 심지어는 우리 뇌세포 구조에 대한 담론을 가리키게 된다. 만약 그렇다면 인간에게는 시간의 연쇄를 공간의 연쇄로 (또는 그 반대로) 재현하는 경향이 있다는 사실을 인정할 수밖에 없다. 그리고 이런 경향은 우리로 하여금 논리적 관계를 공간적 상관관계(예를 들어 범주에의 포함 여부) 내지는 (항상 〈결과 post hoc〉의 잔재를 간직하는 〈원인 propter hoc〉인) 시간의 연쇄로 표현하게 만들면서 우리의 추상 작용을 조건 지을 것이다.

III. 퍼스는 이 문제를 오히려 〈직관적 이미지〉와 근접한 것으로서 정신적 도상과 도식의 관계로 인식했다. 이에 대해 퍼스는 도상의 두 가지 정의를 제시하는데 그 두 번째 정의는 직관론의 관점에서 정리된다. 따라서 우리는 에리게나적 현실주의로 물든 퍼스의 반복적인 주장을 이해할 수 있다. 그리고 이런 주장에 따르면 정신적 도상은 스콜라학파에서 말하는 이른바 〈정신 속에 새겨진 양상〉의 모든 특성들을 갖는다. 다시 말해 형태와 관련하여 사물이 이런 〈양상〉을 결정 짓는다는 것이다(이것이 〈지각과 사물의 일치성 adequatio rei et intellectus〉으로서의 인식의 개념이다). 이렇게 도상 이론은 〈규약/본질〉이라는 양자택일의 두 번째 요소인 〈본질

Nomos-Physis〉쪽으로 다시 기운다. 즉 기호는 사물 형태의 물리적 결과에 불과하다는 것이다. 그렇지만 퍼스만큼이나 직관론적 형태의 적으로 군림하려 한 사람도 없을 것이다!

〈단기호〉와 〈질기호〉를 다룰 때 퍼스는 분명 직관론을 언급한다(2·7·4 참고). 그러나 질기호는 기호가 물리적으로 존재하기 위한 형태이다. 따라서 이런 특성은 기호의 내적 구조를 구성하지 못한다. 퍼스에 따르면 단순한 직감이 직감의 지위를 포기하고 기호로 변하는 순간에만 인식이 있다.

기호학적 관계는 규약적 요소들이 개입함으로써 구성된다. 이런 규약적 요소 중에는 다음과 같은 것을 우선 언급할 수 있다. 즉 기호는, 다른 기호들과 고립되어 오로지 그 자체만을 위해서는 결코 만들어지지 않는다는 것이다. 다른 기호들이 그 기호를 해석하는 만큼 기호는 다른 기호의 해석소로 사용된다. 앞서 기호학적 과정으로서의 지각에 대해 말했듯이, 기호를 안다는 것은 사물들 사이의 관계를 설정하고 기호를 통해 그런 사물들을 분류한다는 의미를 갖는다. 그럼으로써 어떤 사물에 대해 〈빨갛다〉는 특성을 부여하는 행위조차도 이미 문화가 한정 지어 놓은 범주 속에서 무언가를 비교하고 정리하는 작업을 함축한다.

중국 여인의 도상을 정의하기 위해 퍼스가 여인의 도상과 중국인의 도상을 결합시키는 식의 다소 진부한 개념을 사용하는 것도 우연이 아니다. 당연히 이런 관점에서 분할 과정은 무한히 지속될 수 있다. 이에 반해 도상의 직관론에 입각하면 중국 여인의 이미지는 그것을 오로지 게슈탈트적으로 완전하게 반영하는 단위가 되며 그것은 우리의 지각을 선행하게 된다. 따라서 지각 사물은 하나의 (기호학적) 구성체이며, 생성 과정의 결과가 아닌 것은 결코 도상일 수가 없다는 결론을 내릴 수 있다.

이 문제는 〈도상〉이라는 규약적 명칭으로 분류할 수 있는 모든 것을 만들어 내는 다양한 종류의 기호학적 과정을 분석할 때 이미 강조한 바 있다(2·8 참고). 도상을 〈투영적 기호〉 내지는 〈특성화의 기호〉로 엄격하게 정의할 때조차도, 흔히 도상 기호라고 불리는 것은 그 외시적 현실과 유사한 사물이 아니다. 이는 마치 우리가 사물의 몇 가지 자질을 인식하는 것과는 다르다. 한마디로 〈도상 기호는 《유사성》이라고 불리는 외형을 생성하도록 만들어진 기호이다.〉 기호와 그 대상의 인과 관계는 〈사물의 우연한 결과가 아니라 기호의 근원이 되는 규약에 있다〉(따라서 문화적 단위로서의 사물 자체에 기초한다). 도상에 대한 퍼스의 논의는 이런 정의를 전형적인 도상처럼 보이는 정신적 이미지에도 적용할 수 있게 했다. 일단 사물과 기호의 인과 관계를 제거한 이상, (앞 장에서 언급한) 언술과 현실의 관계는 마치 거울과 같다는 순박한 믿음이 무너지게 되었다. 따라서 (소위 논리 형태의 도상성과 도표의 분석을 통해 밝힐 수 있었듯이) 대응의 규약적 관계를 언급할 이유가 더욱 명백해질 따름이다.

이 모든 것을 요약하면, 〈언술은 사실의 형태를 반영하는 것이 아니라, 단지 우리가 습득을 통해 언술이 흐르는 형태로 사실을 생각한다〉고 말할 수 있다.

IV. 그렇지만 지금까지 논의한 모든 것이 새로운 문제에 부닥친다. 즉 어떠한 과정을 통해 두 가지 음성적 구성체가 동일한 모델의 구체적인 사용 사례로 인식되는가(또는 두 개의 단기호가 하나의 단어로서의 합법 기호의 실현체로 인식되는가), 하는 문제가 그것이다. 왜냐하면 도상을 통해 사물을 인식한다는 생각은 우리가 통상적으로 가지고 있는 지각 행위의 핵심에 위치하기 때문이다. 다시 말해 오일러의 두 도표가 두 가지의 규약적 표현 방법에 해당한다는 사실을 인정할지라도, 어떻게 해서 우리는 두 개의 동그라미를 동그라미의 존재로 인식하는지를 따져 보아야 한다! 이렇게 도상 이론은 형태의 인식 문제를 제거하기보다는 다른 차원으로 옮겨 놓는다. 요컨대 도상 이론은 이 문제를 더욱 깊은 차원으로 끌어내리며 여기서 유연성과 규약성은, 마치 방사 물리학에서 파동과 분자가 상호 보충하듯이 보충적인 범주의 짝을 구성한다. 그럼에도 불구하고 우리는 나름대로의 결론을 얻어 낸 셈이다. 도상적 유연성을 기호 정의의 준거점으로 채택하는 순간부터 우리는 그런 유연성에 근거하는 모든 설명을 제거할 수 있기 때문이다. 여기서 말하는 상호 보충적 범주들은 아마도 한층 더 분석적인 연구에서 위력을 발휘할 것이다(예를 들어 심리학이나 어쩌면 지각 생리학을 생각할 수 있다). 그러나 기호를 분석할 때는 그것을 문화적 도구로 정립하는 규약의 관점에서 언제든지 논의할 수 있어야 한다. (기호 생성 이론의 관점에서 풀어 본 도상의 문제에 대해서는 4·3을 참고할 수 있다.)

5·3·5 지시 대상의 네 번째 출현: 기호의 외시로서의 사물

칸트가 사물 자체를 제거함으로써, 기호학은 사물과 개념 (따라서 사물과 기호)의 인과 관계라는 문제를 떨쳐 버릴 수 있었다. 그렇지만 앞서 말했듯이 언어적 순서와 논리적 순서 사이의 필연적인 관계의 존재 가능성은 아직도 논란의 대상이 되고 있다.

19세기와 20세기에 논리학자들은 여러 논의를 거쳐 새로운 문제를 매우 엄격하고 예리한 방식으로 제기한다. 즉 당시의 논리학은 (모든 기호 활동의 기준이라는) 〈사물〉의 문제를 기호 자체의 매개 변수로서 다시 끌어들인다. 달리 말하자면 (특히 실험 과학의 문제와 관련이 있는 논리학을 비롯하여) 명제의 진리치를 연구하고 이에 따라 언어적 언술이 이런저런 사물의 상태와 일치하는지를 밝히는 데 전념하는 현대 논리학은, 사물을 비롯하여 구체적이고 실재하며 특별한 사물의 개념을 다시 언급할 수밖에 없는 상황에 놓인다. 이런 연구가 더욱 다듬어진 개념을 정립할 수도 있지만 그것은 우리가 다룰 문제가 아니다. 만약 그렇다면 논리 의미론의 전통은 영국의 경험론자들과, 대상이나 사실의 상태를 나타내기 위해 표현을 사용한다는 초월적 관념론을 괴롭혔던 암초를 피해 갔다고 인정할 수 있다. /이 사과는 빨갛다/라는 표현을 사용할 때, 나는 사물의 철학적 개념을 사용하는 것이 아니라, 나의 진술이 사실의 한 상태와 일치하는지 여부에 대해 논하는 것이다. 달리 말하자면 /이 사과는 빨갛다/는 오로지 그 사과가 실제로 빨간색이어야만 참이다.

이렇게 현대 논리학은 이미 고대 논리학이 주장한 것들을 물려받는다. 즉 현대 논리학은 개별적인 단어 자체는 진실도 아니고 거짓도 아니라고 말한다. 단어들은 무언가를 〈가리키며〉 기껏해야 무언가를 〈외시한다〉고 주장한다. 한마디로 진술만이 〈단언적〉이며 그렇기 때문에 진위 여부로 평가될 수 있는 것이다.

그러나 한 단어(또는 기호)가 무언가를 외시하거나 가리킨다는 사실은 그런 대상이 경험론적으로 확인될 수 있고 실제로 존재하는 대상이 아닌가 하는 생각을 낳게 한다.

그렇기 때문에 1892년에 프레게는 차후에 의미론적 삼각형의 근원이 되는 구분을 제의했다(의미론적 삼각형에 대해서는 1·2를 참고할 수 있다). 프레게에 따르면 기호는 외시적 대상을 갖는데 그것은 (〈시니피에〉로 잘못 번역되었던) 〈*Bedeutung*〉과 삼각형의 정상에 위치하는 (흔히 〈의미〉로 번역되는) 〈*Sinn*〉이다.

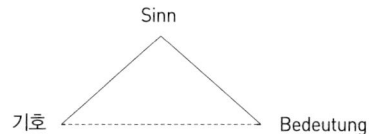

앞으로는 〈*Bedeutung*〉을 〈지시 현상〉으로 번역하기로 하는데 이것은 하나의 대상 또는 그런 대상의 범주로 해석될 수 있다. 사실 프레게에게 〈*Bedeutung*〉은 〈진리치〉를 의미했다. 대신 〈*Sinn*〉은 그런 대상이 정신 속에서 떠오르는 방법을 가리킨다. 이런 구분을 설명하는 전통적 예는 프랑스어의 /étoile du soir/(직역: 어둠 별)과 /étoile du matin/(직역: 새벽별)이다. 비록 전통 천문학은 이것이 서로 다른 두 유성이라고 생각했지만 이런 표현은 금성을 가리킬 따름이다. 따라서 금성이라는 유성은 이 두 기호의 〈Bedeutung〉이지만 여기에는 두 〈Sinn〉, 즉 두 의미이자 대상을 이해하는 두 가지 방식이 있는 셈이다(콰인, 1953).

이런 방법으로 (스튜어트 밀의 구분을 더욱 세심하게 분석한) 현대 논리학자들은 새로운 구분, 즉 기호가 가리킬 수 있는 모든 대상들의 범주(다시 말해 기호의 외연이라고 할 수 있는 외시)와 그 기호가 가질 수 있는 모든 의미의 구분을 도입한다(기호의 의미, 즉 그것의 내연 또는 모든 내포적 의미는 기호의 외시 대상에게 부여할 수 있는 특성들을 가리키지만 여기서 말하는 /내포적 의미/는 3·5에서 분석한 것처럼 언어학자들이 부여하는 시니피에를 갖지는 않는다).

이런 구분 덕분에 사실적 지시 대상의 존재 조건을 우회할 수 있다. 따라서 기호들은 /일각수/의 경우처럼 하나의 의미와 내연을 가지면서도 어떠한 외연 denotatum, Bedeutung도 갖지 않을 수 있다. 비록 일각수는 존재하지 않는 동물이지만 누구라도 그것의 특성들을 열거할 수 있다. 따라서 /일각수/는 〈어떠한 외연도 갖지 않는〉 기호인 셈이다(굿맨Goodman, 1952). 또는 그것이 가능한 세계에서 존재하는 대상을 외시한다고 말할 수도 있다.

이런 방법은 지시 대상에 대해 자연 언어의 연구가 느끼던 부담을 줄여 줄 것이다. 사실 (/이것은 검은 개다/와 같은) 명백한 지시적 상황을 제외하면 자연 언어들은 내연의 영역에만 근거한다고 할 수 있다. 실험실에서 /H_2O/와 같은 기호를 사용하는 화학자들은 분명 그런 기호가 실제로 실험관 안에 담겨 있는 물을 가리킨다는 사실을 알고 있다. 또한 화학 논문을 쓰는 사람은 /H_2O/에 대해 말할 수 있으며 그것의 실질적 외연을 무시한 채 모든 내연적 특성을 진술하고 그런 정보를 독자에게 전달할 수 있다. 이런 특성이 없다면 언어는 거짓말을 하거나 엉뚱한 주장을 하는 데 사용될 수 없을 것이다.

그렇지만 논리학은 외연적 계산을 뒷받침하기 위해 내연의 개념을 사용한다는 점을 지적해야 한다. 이는 매우 유용한 접근 방법으로서, 특히 엄격하게 형식화되고 일의적인 언어에 적용되었을 때와 과학적 방법들을 메타언어적으로 제어할 때 그 위력을 드러낸다. 그러나 넓은 의미의 기호학적 문제에 이런 접근 방법을 적용하면 문제가 발생한다. 이런 인식론적 차이는 끝내 논리학과 기호학을 결별하게 만들었다. 그러나 오늘날에는 다시 자연 언어에 대한 새로운 인지론적 접근 방법을 도입함으로써 논리학과 기호학을 연결하려는 시도가 엿보이고 있다(레이코프Lakoff, 1987).

이런 방법론적 양립 불가능성의 예를 제시하기 위해서는 철저하게 〈현실주의적〉인 개념에 기초하는 학설을 인용할 필요가 있다. 그것은 다름 아닌 외시에 대한 러셀의 이론이다.

/루이 16세는 프랑스의 왕이었다/라는 진술의 진실 또는 거짓의 추론을 끌어내기 위해 논리학은 이런 진술 자체의 진위 여부를 밝혀야 한다. 예를 들어 $p \supset q$라는 논리적 귀결은 p와 q가 둘 다 참이거나 거짓일 때만 참이다. 따라서 진술의

진위 여부를 아는 것이 중요하다. 그러나 이를 위해서는 그런 진술의 구성 요소들이 무엇을 외시하는지 밝혀야 한다. 달리 말하면 그런 구성 요소들이 〈*Bedeutung*〉을 갖는지 여부를 알아내야 한다. 현실적으로 존재하지도 않는 대상을 가리키는 /키마이라/와 같은 명사 내지는 /현재 프랑스의 왕/과 같은 서술의 경우, 우리는 /현재 프랑스의 왕은 대머리이다/라는 진술이 거짓이라고 말할 수 있다. 그러나 — 이 유명한 예를 제시한 — 러셀은 /현재 프랑스의 왕/이 비록 실질적인 외시를 갖지는 않지만 명백한 시니피에(*Sinn*)를 갖는다는 사실에는 어떠한 관심도 보이지 않았다. 왜냐하면 러셀에게는 /현재 프랑스의 왕/의 의미를 즉각 이해할 수 있게 하는 그런 시니피에가 전혀 유용하지 않기 때문이다. 이런 시니피앙은 /프랑스의 왕이자 대머리인 남자가 지금 존재한다는 것은 거짓이다/라는 식으로 서술되는 외시적 문장에서만 오로지 〈부수적으로 나타날 뿐〉이다. 이미 『수학의 원리 *The Principles of Mathematics*』(1904)에서 러셀은 시니피에에 대한 무관심을 표명했다. 〈시니피에를 갖는다는 사실은 논리적인 요소들과 심리적인 요소들이 뒤섞인 혼합적 개념처럼 보인다. 모든 단어들은 그 자체와 구분되는 무언가를 위해 사용된다는 의미에서 시니피에를 갖는다. 그러나 언어 활동과 관련되는 상황을 제외하면 하나의 명제는 단어로 구성되는 것이 아니라 그런 단어들이 가리키는 실체들로 구성된다. 그럼으로써 — 단어들이 시니피에를 갖는다는 의미에서 말하자면 — 시니피에는 논리학이 다룰 문제가 아니다.〉 러셀은 /어제 나는 길가에서 한 남자를 만났다/는 진술에서 /한 남자/라는 표현은 개념을 위해 사용된 것이 아니라 〈실질적인 두 발의 인간을 외시한다〉고 말한다. 이렇게 그는 매우 단호하게 〈무언가를 외시하는 개념들만이 시니피에를 갖는다〉고 선언하기에 이른다. 프랑스의 왕을 인용한 『외시에 대하여 On denoting』(1905)에서 서술과 단언에 대한 시니피에의 문제는 일관성을 잃는다. 본판티니(1970)가 지적하듯이 〈러셀은, 한편으로는 상징과 구분되면서도 다른 한편으로는 외시와 구분되는 시니피에는 존재하지 않는다고 주장한다〉. 이런 의견을 다소 완곡하게 표현한다면 우리는 다음과 같이 말할 수 있다. 즉 러셀은 메타언어적으로 외시할 수 있는 복합적인 명제의 존재를 인정할 때 비로소 어떠한 외시도 가리키지 않는 시니피에를 개입시킨다는 것이다. 그러나 러셀이 시니피에의 존재를 인정하는지 여부는 별로 중요하지 않다. 한 가지 명백한 것은 러셀이 보기에 논리학에서는 시니피에의 개념 자체가 적절하지 않다는 사실이다.

어떻게 이런 상황에까지 이르렀는지 물을 수도 있다. 왜냐하면 명제 계산을 하기 위해 논리학자는 당연히 그런 계산을 가능케 하는 원자 표현들과 그것에 포함된 단언들을 이해해야 하기 때문이다. 다시 말해 진위 여부를 가리기 위해 논리학자는 결국 이런 표현들이 무엇을 의미하는지를 알아야 한다. 또는 거짓임을 규명하기 위해서는 그런 표현들이 사실과 일치하지 않는다는 사실을 밝혀야 한다. 그러나 이런 불일치를 말하기 위해서는 표현들의 의미 작용을 파악해야 하는 것이다.

물론 지금 거론하는 명제 계산에서는 (접속사, 부정문, 논리적 귀결 등의) 정확한 논리 조작소들을 사용하여 사실과 일치하거나 그렇지 않은 표현들의 관계를 설정하고 있다. 그러나 본래 이런 계산은 원자 표현들의 진위 여부를 결정하는 일과는 전적으로 무관하다. 이런 표현들은 이미 그런 지위를 갖는 것으로 수용된다. 왜냐하면 그것은 사실적 가치가 아닌 오로지 진리치만을 조작하는 순수 형식적인 계산이기 때문이다. 이런 지위와 더불어 그런 표현들을 받아들이는 일은 곧 그것들을 경험적 사실로 수용하는 처사이기도 하다.

이 문제의 핵심을 보다 적나라하게 드러내기 위해서는 다음과 같은 역설적인 예를 들어 볼 수 있다. 이런 예는 논리학이 〈비현실적 조건부 counterfactual conditional〉라고 부르는 것과 일치한다.

요컨대 /우리 할머니에게 바퀴가 달렸다면 할머니는 자동차일 것이다/가 그것이다. 명제 계산의 관점에서 보면 이런 논리적 귀결은 다음과 같은 상황에서만 참이다.

(1) 우리 할머니는 바퀴가 있고 자동차이다.
(2) 우리 할머니는 바퀴가 없지만 자동차이다.
(3) 우리 할머니는 바퀴가 없고 자동차가 아니다.

이런 진술은 할머니에게 바퀴가 달렸을지라도 자동차가 〈아니면〉 거짓이다.

복합적 진술의 진위 여부가 논리적 계산에 좌우된다면 원자 진술의 진위 여부는 당연히 경험론적 사실에 근거한다. 나에게 우리 할머니가 바퀴를 지녔는지와 현재 프랑스에는 과연 왕이 있는지를 말해 주는 것은 직관적 경험이다. 이런 경험론적 직관들은 분명히 우리가 지시 대상에 대해 가지고 있는 지각과 관련이 있다.

이렇게 지시 대상은 그나마 신빙성이 있는 유일한 의미 실체로 바뀐다. 이에 반해 — 바퀴가 달린 조상이 과연 무엇인지를 언어적으로 말해 주는 — 시니피에는 명제 계산을 통해 설명할 필요가 없는 것, 즉 화자가 직관적으로 이해하는 이른바 〈주어진〉 그 무엇이다.

다음과 같은 특징도 추가해야 한다. 즉 명제 계산은 원자 표현의 시니피에뿐만 아니라, 예를 들어 /자동차/ 또는 /할머니/와 같이 그런 표현을 구성하는 개별적인 단위(또는 명사)들의 시니피에들도 계산의 대상으로 간주한다. 그렇지만 명제 계산의 규칙들은 그 이유를 설명하지 않는다. 그럼에도 불구하고 단순 기호든 복합 기호든, 한 기호의 시니피에에 대한 모든 기호학적 문제는 바로 이런 이유에서 비롯된다. 즉 개별적으로 보았을 때 자동차와 할머니는 웃음을 자아내지 않지만, 할머니에게 자동차의 특성을 부여하는 순간에는 우스꽝스러움이 생겨난다. 왜냐하면 형태 의미소 〈자동차〉는 〈할머니〉라는 형태 의미소와 양립할 수 없는 성분을 갖기 때문이다. 그리고 이런 조건은 /우리 할머니는 자동차〈이다〉/와 /우리 할머니는 자동차가 〈아니다〉/라는 두 진술을 우스꽝스럽게 만든다. 그렇지만 명제 계산의 차원에서 보면 첫 번째 진술은 거짓으로 판명되는 반면에 두 번째 진술은 진실로 간주된다.

그렇다고 해서 논리학이 시니피에의 문제를 해결할 수 없다는 말은 아니다. 단지 우리는 명제 계산이 시니피에의 문제를 마치 경험론적으로 조정된 것으로 간주한다는 사실을 지적했을 뿐이다. 그렇지만 이런저런 〈가능한 세계〉에서 한 단어에 부여된 특성들을 분석하는 내연의 논리학은 우리가 3·8에서 형태 의미소의 성분 분석에 대해 말한 내용과 매우 흡사하다. 어쨌든 이런 방법을 통해 우리는 규약을 무시하고 하나의 특성을 어떤 단어에 부여하는 일이 받아들여질 수 없거나 우스꽝스러운 이유를 설명할 수 있다. 카르납이 다루고자 하는 것도 바로 이런 문제지만 그의 이론은 내연적 분석과 외연적 분석을 완전히 분리하지 못한다.

이 모든 문제를 해결하기 위해서는 시니피에와 지시 대상을 근본적으로 구분해야 하며 내연의 논리학과 진리치의 논리학을 결정적으로 분리해야 한다. 이런 조건이 충족되어야만 자연 언어의 논리학이 기호학과 연결될 수 있으며 그 역으로의 합류도 기대할 수 있을 것이다. 그러나 이를 위해서는 (우리가 한 진술이 시니피에를 갖는지 여부를 결정하게 하는) 언어학적 직관주의를 멀리해야 하며 진술의 시니피에를 설명할 수 있는 시니피에 이론을 구축해야 한다.

앞서 보았듯이, 시니피에를 경험론적 사실로 간주하는 일은 그것을 지시 대상에 근거하는 경험론적 직관에 따라 분절하는 처사이자, 진술과 사실의 관계를 경험론적으로 동일시하면서 시니피에를 규명하는 입장을 의미한다. 물론 러셀의 철학은 이러한 조작을 감행하지 않는다. 그러나 시니피에에 대한 러셀의 무관심은 결국 외시 내지는 지시 대상의 문제를 부각시키게 만든다. 지시 현상에 연연하기 때문에 러셀의 철학은 자연 언어들이 사실적 상황과 실존하는 사물들의 지시 관계와 하등의 관계 없이 시니피에를 분절하는 이유를 설명하지 못한다. 다시 말해 우리가 전설을 이야기하고, 믿을 만한 거짓말을 할 수 있는 이유를 설명하지 못하는 것이다. 물론 개를 빤히 보면서 /이 개는 존재하지 않는다/고 말하는 행위는 어리석은 거짓말이다. 하지만 수많은 사람들에게는 거짓말로 인식된 단언, 즉 /성찬식에서 예수 그리스도의 살과 피는 빵과 포도주로 나타났다/는 단언은 충분히 의미를 가지고 이해되었을 뿐만 아니라 수많은 담론과 역사적 사건들을 만들어 냈다. 당연히 이런 진술은 〈실체〉와 〈종개념〉의 개념들을 의미론적으로 분석한 다음에야 논의될 수 있다. 그리고 이런 진술을 거부하려면 〈실체〉가 존재하지 않는다고 주장하기보다는 현대 과학이 정립한 의미 영역이 /실체/의 의미론과 양립할 수 없다는 사실을 입증해야 한다.

달리 말하자면 (비지시적 논리학과) 기호학의 목적은, 어떻게 해서 언어가 실제로 존재하는 사실들과 아무 관계도 없이 명사, 서술, 상관관계, 지표 등을 구축할 수 있는지, 다시 말해 언어가 문화의 핵심이자 일상적인 커뮤니케이션의 본질인 담론을 어떻게 만들어 내는지를 설명하는 데 있는 것이다.

논리학과 기호학은 일상 언어의 문제에 관심을 갖기 시작한 어떤 논리학자 덕분에 서로 연결될 수 있었다. 그는 하나의 언술 또는 문장의 〈시니피에〉와 〈사용법〉을 구분한 스트로슨Strawson이다. /프랑스의 왕은 현명하다/가 루이 14세 시대에 진술되었다면 그것은 진실로 간주되겠지만 무능하기로 유명한 루이 15세 때 발화되었다면 거짓으로 판명되었을 것이다. 즉 〈이런 문장의 경우는 명백하지만 덜 명백한 다른 경우에는 진실과 거짓으로서의 문장을 말할 수가 없다. 단지 우리는 진실 또는 거짓의 단언 내지는 명제를 만들기 위한 그런 문장의 사용을 논할 수 있을 뿐이다〉(프랑스어판, 120면 참고. 여기서 스트로슨은, 문장은 논리적 진실의 시니피앙이지만 추상적으로 보면 이런 논리적 진실은 명제라고 말한다).

결국 스트로슨은 (지금까지 우리가 사용한 의미의) 시니피에와 〈지시 행위〉 또는 〈언급〉을 새롭게 구분한다. 《언급하기》 또는 《가리키기》는 한 표현이 수행하는 역할이 아니다. 이는 그런 표현을 사용하는 사람이 할 수 있는 그 무엇이다……. 의미는 (적어도 대부분의 경우에는) 문장 또는 표현의 기능이다. 즉 언급과 지시 현상, 진실과 거짓은 문장과 (또는) 표현의 사용상의 기능이다〉.[1] 따라서 한 표현의 시니피에를 제시한다는 것은 특정한 사람이나 사물을 기준으로 그 표현의 사용에 필요한 일반적인 규칙들을 표명하는 일을 의미한다. 이는 곧 하나의 표현이 언급하거나 가리키는 상황 속에서 그것의 올바른 사용 규칙을 지배하는 규율과 습관, 그리고 규약들을 정립하는 일을 뜻한다.

이런 입장은 기호학과 언어학의 입장과 매우 유사하다. 기호학과 언어학에서 한 어휘소의 시니피에를 정리한다는 것은 사실 그것의 성분적 측면을 다른 기호들과의 양립 가능성의 체계로서 기술하는 것을 뜻한다. 그렇기 때문에 /피스톤이 프랑스의 왕을 걷게 한다/고 말할 수 없다. 왜냐하면 /피

---

[1] 프랑스어판, 121~122면. 여기서 *meaning*은 〈의미〉로 번역되는 반면에 이탈리아어판에서는 〈시니피에〉로 번역된다. 스트로슨의 인용이 아닌 경우 우리는 시니피에라는 용어를 계속 사용하기로 한다 — 원주.

스톤/의 의미 규칙들은 그것을 기계의 문맥 속에 가두어 놓는 제한적 선별을 갖기 때문이다. 그리고 /이 기관차는 프랑스의 왕이다/라고 말할 수도 없다. 왜냐하면 /왕/은 /기관차/에서 찾아볼 수 없는 인간의 의미 자질을 갖기 때문이다.

그러나 이런 식으로 진행되는 의미 분석은 (샤를 르 쇼브 Charles le Chauve의 장관이었던 쉬제Suger 주교가 진술할 수도 있었던) /프랑스의 왕은 대머리chauve이다/라는 진술의 일관성에도 불구하고 /현재 프랑스 왕은 대머리chauve이다/라는 문장이 거짓으로 간주되는 이유를 설명하지 못한다.[2] 우리는 기호학의 목적을 기호 내지는 복합 기호의 사용에 대한 일반적인 조건에 대한 연구로 보고, 그런 기호와 사물 사이의 경험론적 비교를 통해서만 확인되는 언급 행위를 무시하며 오로지 기호의 의미 작용을 연구하는 데에만 만족할 수도 있다. 그러나 이런 제한 설정이 만족스럽지 못하다는 사실 이외에도(왜냐하면 이런 경우 기호 이론은 언급이라는 이른바 기호의 가장 일반적인 기능을 설명할 수 없기 때문이다) 또 다른 문제가 있다. 사실 이런 모순의 근원은 다름 아닌 기호학에 있다. 요컨대 우리가 /현재의 프랑스 왕/이라고 말하기 때문에 이런 진술이 문제가 된다는 말이다. 그렇다면 /현재/라는 기호는 도대체 어떠한 기호라는 말인가?

퍼스의 기호 분류를 다시 언급한다면 이런 기호는 지표, 또는 더 정확하게 말하자면 〈술어의 합법적 지표 기호〉라는 사실을 알 수 있다. 즉 /현재/라는 기호를 사용하는 것은 마

---

2 고유 명사 Charles le Chauve에서 Chauve가 대머리를 뜻하는 일반 명사로 해석될 수 있다는 점을 강조한다.

치 파리Paris의 방향으로 상대방의 주의를 끌기 위해 /이것/이라는 표현과 손가락을 사용하는 행위와 동일하다고 할 수 있다. 따라서 언급 행위에 대한 연구는 지표의 연구로 그 방향이 바뀌는 셈이다.

이와 관련하여 스트로슨은 다음 두 규칙의 차이점을 강조한다. 즉 의미를 부여 및 전가하는 규칙과 지시 현상에 사용되는 규칙이 그것이다(앞서 말했듯이 의미 부여 규칙은 코드에 따라 시니피에를 부여하는 의미론적 규칙을 가리킨다). 따라서 우리는 지시 현상의 규칙이, 한편으로는 구체적인 지시 행위와 무관하게 시니피에를 갖는 기호의 사용과(예를 들어 /프랑스의 왕/과 같은 경우) 다른 한편으로는 개별적인 상황들을 연결하는 일반 단위들(*rhème*, *dicisignes*, *argument*)과 연결하는 지표*index*라는 기호의 범주를 함축한다는 사실을 거듭 강조할 수 있다. 만약 그렇지 않은 경우 우리는 지표가 의미를 갖지 않는다고 말해야 하며, 이때부터 모든 지시 현상은 거짓이 된다(만약 감정적 변화로 완전한 의미를 갖는 /프랑스의 왕/이라는 표현을 거짓이자 무의미한 것으로 판단한다면, 그것은 기호학자가 아니라 어쩌면 심리학자가 관심을 가질 만한 또 다른 문제로 부각될 것이다).

그러나 이 시점에서는 스트로슨이 제기하지 않는 또 다른 문제가 등장한다. 즉 지표가 구체적인 지시 현상에 사용된다면 그것은 다른 무언가를 대신하기보다는 다른 무언가와 결합된다는 것이다. 결국 기호의 가장 대표적인 특징 중 하나를 놓치는 셈이다(따라서 지표는 시니피에를 갖지 않는 대신 하나의 지시 대상을 갖는 유일한 기호로 간주될 수밖에 없다). 앞으로 보게 되겠지만 구조주의 의미론은 은연중에 이런 문제에 답변하면서 다음과 같은 해결책을 제시했다. 요컨대 특정한 문화 속에서 잠재적 의미 내용 전체가 체계와 영역, 그리고 대립적 축으로 분할된다면(3·9 참고) 결국 우리는 사물 체계뿐만 아니라 규칙의 체계들도 인정해야 한다. 따라서 이런 지표들은 (말하자면 〈지금 이 언술이 전달하는 의미에 무엇을 일치시켜야 하는지를 알기 위해 지시 현상을 주목하시오〉라는 식의) 이른바 〈주의를 끌기 위한 벡터〉로 정의될 수 있으며 그것의 시니피에는 하나의 메타언어적 규칙으로서 다시 하나의 대립 체계 안에 자리매김한다고 할 수 있다(예를 들어 부정의 벡터/긍정의 벡터 등. 4·3 참고).

이렇게 (형식화된 담론의 시니피에뿐만 아니라) 모든 시니피에를 문화적 구성 체계로 생각할 수 없는 논리 철학은 지시 대상의 환영에서 빠져나올 수가 없다. 물론 스트로슨은 환영을 지시 행위 그 자체로 떠넘김으로써 그런 부담을 떨쳐버린다. 그러나 이런 방법을 통해 그는 자연 언어에 대한 이론을 포기하고 만다. 즉 스트로슨은 〈아리스토텔레스의 규칙이나 러셀의 규칙도 일상 언어가 만들어 내는 표현의 정확한 논리를 제공하지 못한다〉고 말한다. 맞는 말이다. 그러나 그는 이것이 〈일상 언어가 정확한 논리를 따르지 않기〉 때문이라고 덧붙이는데 이는 충분히 문제가 될 수 있는 발언이다.

5·4 기호의 일의성에 대한 신화

5·4·1 엄청난 양에 이르는 자연 언어의 용법과 수많은 상황들의 막연한 특성에 직면한 철학은 항상 언어의 이런 사용을 매우 제한된 일의적 규칙으로 축소하려 했다(적어도 통제가 가능한 영역에서는 그러한 노력을 아끼지 않았다).

즉 스콜라 학자들은 그들이 잘 알고 있던 사소한 신학적 문제와 관련하여 일의적으로 대상들을 분석할 수 있는 논리를 구축해야 했다. 그러나 다른 한편으로는 — 해석이 매우 어려울 뿐만 아니라 임시적이고 상징적인 — 성서를 해독해야 했기 때문에 그들은 다의성을 일의적으로 정의할 수 있는 이론도 구축해야 했다.

그래서 한편으로 생겨난 것이 성서의 독해와 해석 이론이다. 이미 7세기에 비드Bede는 (단테와 그 이후의 사람들이 발전시키는) 성서의 네 가지 의미에 대한 이론을 소개한다. 여기서 말하는 성서의 네 가지 의미는 문자 그대로의 의미, 알레고리적 의미, 신비적 의미, 도덕적 의미를 가리킨다. 수세기 동안 수많은 저술을 통해 당시의 사람들은 자연 기호에 대한 다양한 종류의 해석 규칙을 정립하려 했다. 예를 들어 당시의 학자들은 속죄의 염소라는 존재가 문맥에 따라 때로는 그리스도의 기호로, 때로는 악마의 기호로 해석될 수 있는 사례를 기록했다.

다른 한편으로 논리학의 관점에서는 기호의 모호성을 제거하려는 이론이 등장한다. 예를 들어 페트루스 히스파누스 (13세기)의 『논리학 개요 *Summulae Logicales*』는 〈시니피에〉와 〈가정 *suppositio*〉의 구분을 제시한 저술로 평가된다.

이런 구분은 대략 내연과 외연의 구분과 비교될 수 있다. 여기서 말하는 한 단어의 시니피에는 그 단어의 개념적 관계를 가리킨다. 이에 반해 〈가정〉은 그런 단어가 하나의 사물 내지는 사물의 상태를 지시하는 방법을 가리킨다. 중세 철학자들은 다양한 종류로 가정을 구분했다. (1) 단순 가정(또는 특정한 지시 현상): 단어는 특정한 개념을 가리킨다〔예를 들어 〈인간은 하나의 종(種)이다〉〕. (2) 개인적 가정(또는 개인적 지시 현상): 단어는 대상을 가리킨다(예를 들어 〈한 사람이 뛰고 있다〉). (3) 물리적 가정: 단어는 그 자체 내지는 다른 단어를 가리킨다(예를 들어 〈인간은 두 음절로 구성된다〉).

5·4·2 현대의 신실증주의는 기호의 모호하고도 감상적인 사용에 대항하기 위해, 다시 말해 과학 언어를 통제하고 철학 언어가 〈언어의 한계를 무모하게 이해하려고 할 때 만들어 내는 돌기들과 난센스〉(비트겐슈타인)의 흔적을 밝혀 내기 위해 탄생했다. 그리고 난센스란 다의적 표현에 모호한 의미를 부여하거나, 더 나아가서는 (모든 형이상학적 단어들이 그렇듯이) 시니피에만을 갖지만 마치 실제 대상을 가리키는 것처럼 사용되는 표현들에게 지시 대상을 부여하는 그런 태도를 의미한다. 비트겐슈타인과 카르납, 그리고 통일된 과학의 백과사전에 참여한 철학자들은 철학을 언어의 모호한 사용에 대한 치료 요법으로 간주하고, 이미 퍼스가 실용주의의 정의에서 밝힌 계획을 물려받는다. 즉 〈실용주의는 어떠한 사실적 가치도 제시하지 못하는 철학자들의 끝없는 논쟁

에서 해방되어야 한다……. 이런저런 철학자들은 단어들에 여러 의미를 부여한다. 아니면 여기 저기에서(심지어는 모든 저술에서) 철학자들은 정확하게 정의되지 않은 단어들을 사용한다. 따라서 우리에게 필요한 것은 모든 개념, 교리, 명제, 단어 그리고 모든 기호들의 실질적인 의미를 규명할 수 있는 방법이다. 기호의 대상과 의미는 별개이다. 대상은 막연한 사물이나 동기로서 기호가 적용될 수 있는 그 무엇이다. 기호의 의미는 가정을 통해서든, 또는 명령 내지는 단어를 통해서든 그 기호가 사물에 부여하는 개념이다〉(5·6).

정밀 과학의 분야에서 신실증주의의 연구 결과는 성과를 올렸지만 인문학에서는 매우 실망스러웠다(심지어는 위험하기까지 했다). 그토록 엄격하게 기호학적 활동들을 단어적 담론과 감성적 담론, 확인 가능한 단어와 가짜 단어, 커뮤니케이션의 담론과 순수 표현적 담론으로 하위 구분하는 행위는 이런 구분들의 첫 번째 요소들만을 중시했다. 바로 이런 방식으로 말미암아 완벽하게 일의적인 기호의 사용은 결국 유일하게 합당한 커뮤니케이션의 도구로 간주되었다. 그렇지만 기호의 이런 사용은 실험실이라는 폐쇄된 세계에서만 가능할 뿐, 일상 생활에서는 거의 찾아볼 수 없다. 따라서 과학적 검증이라는 엄격한 변수로 측정될 수 없는 일상적인 담론들, 다시 말해 정치, 애정, 설득, 견해 등의 담론들은 분석의 대상에서 제외될 수밖에 없었다.

5·4·3 신실증주의에 대한 반동도 역시 일방적이고 강렬했다. 한편으로는 경험적 모순들을 드러내야 하는 변증법적 해

석 방법과 의미 규칙을 거부하는 움직임이 있었다(예를 들어 『일차원적 인간One-Dimensional Man』에서 마르쿠제가 신실증주의에 대해 퍼붓는 비판을 참고할 수 있다). 그러나 이런 입장 표명은 결코 의미 규칙의 문제를 제거하지 못한다. 즉 이런 이론들은 기호의 시니피에를 마치 직관으로 〈주어진 것〉처럼 취급한다. 다른 한편으로는 일상 언어를 분석하는 분석적 철학이라는 것이 있었다. 후기 비트겐슈타인을 따르는 영국 학파의 이론가들은 일상생활의 모든 측면에서 드러나는 연속적인 기호 현상의 역동설을 끌어들인다. 그러나 그들은 구체적인 상황들이 어떠한 규칙도 따르지 않는다는 착각에 사로잡혀 그런 상황들의 목록만을 기술하는 데 그쳤고 결국에는 (우리가 4·3·II에서 비판한 바 있는) 언어적 직관을 판단의 기준으로 다시 받아들인다. 비록 이런 식으로 그들이 작성한 목록이 모든 면에서 소중하다 할지라도(라일 G. Ryle, 1949 ; 로시 란디Rossi-Landi, 1961) 기호에 대한 담론은 여기서 그칠 수 없는 것이다. 또한 모리스가 제의한 의미론, 통사론, 화용론의 구분은 언젠가 언급되어야 하는 기호의 사용 세계와 그런 사용의 구체적인 효과를 예견했다. 그리고 화용론이 등장하는 과정에서 언어 활동의 분석과 심리 언어학이 기여한 바도 매우 컸다. 그렇지만 과연 화용론을 의미론 및 통사론과 분리시킬 수 있는가, 하는 의문은 여전히 남는다.

5·4·4 모리스(1938 : 34면~)는 다음과 같은 사실을 상기시킨다. 즉 〈의미론은 기호와 그 대상의 관계를 다루는 만

큼, 그리고 해석자들과 그들의 반응은 경험적 과학에서 분석하는 자연적 대상인 만큼, 기호와 해석자의 관계는 의미론의 연구 대상으로 간주될 수 있다〉는 것이다. 그러나 〈한 기호의 해석소는 시니피앙에게 특정한 유형의 대상과 상황을 가리키게 하는 습관이다. 즉 해석소는 문제의 기호들이 가리키는 대상의 총체를 규명하는 방법을 의미한다. 그러나 해석소 자체는 그런 총체에 포함되지 않는다〉. 결국 해석소는 의미론적 세계와 화용론적 세계 사이의 매개 요소이자 메타언어적 도구이다. 〈화용론적 규칙들〉은 〈시니피앙이 기호로 바뀔 수 있도록 해석소가 만족시켜야 하는 조건〉을 의미하는 셈이다.

여기서는 이런 사용의 규칙이 문맥적이건 상황적이건, 그것은 의미론에만 국한될 수 없다는 점을 강조해야 한다. 행동적 상황에서 사물을 부인하기는 어렵다. 즉 기호의 모든 정의와 의미론적 규칙을 정립하는 목적은 기호가 유도하는 행동에 있다. 예상 가능하고 합의된 사용 체계 밖에서 기호는 (그리고 그 의미 규칙은) 과연 무엇이겠는가? 결국 화용론적 규칙의 총체라는 본래의 의미론을 의미론이라고 불러야 하지 않겠는가? 그러나 (모든 코드를 포함하는) 언어 활동은 곧 의미적 다의성의 장이라는 원리와, 의미론은 기호들의 모호한 사용에 대한 이론이라는 원리를 수용한다는 것은 무엇을 의미하는가? 이렇게 엄격한 계율의 의미론은 — 따라서 화용론을 배제한 의미론은 — 어휘론의 아류에 지나지 않는다. 한마디로 시니피에와 가장 흔해 빠진 외시를 결합시키기에 바쁜 (그럼으로써 한 언어를 다른 언어로 번역하는 노력도 불가능하게 만드는) 포켓용 사전 제작자들의 관심거리에 지나지 않는다는 말이다.

5·5 해석소와 무한한 기호 현상

기호의 사용은 기호 현상을 통해 더욱 다양해지며 기호 현상은 되도록 가장 포괄적인 해석소 이론을 필요로 한다. 그러면 이 문제에 대해 가장 흥미로운 견해를 피력한 퍼스로 다시 돌아가자. 〈기호 또는 《표상체》는 특정한 관계나 목적하에 다른 것을 누군가를 위해 대신하는 그 무엇이다. 기호는 누군가에게 전달된다. 다시 말해 누군가의 정신 속에 대등한 기호, 어쩌면 더욱 발전된 기호를 심어 준다. 기호가 만들어 내는 이런 기호를 나는 최초 기호의 《해석소》라고 부른다. 이 기호는 다른 것을 대신한다. 그리고 그것은 기호의 대상이 된다. 기호는 모든 관계에서가 아니라 내가 간혹 《표상체의 토대》라고 부른 적이 있는 일종의 개념을 기준으로 그런 대상을 대신한다〉(2·228).

네 요소로 구성되며 사각형(〈표상체〉, 〈해석소〉, 〈토대〉, 〈대상〉)으로 표현될 수 있는 이런 체계는 우선 전통적인 삼각형보다 더 거추장스럽게 보일 수 있다. 사실 다른 글에서 퍼스는 토대를 기호의 개념 내지는 특성(또는 특성의 총체), 다시 말해 정신적 도상으로 정의하기도 한다. 그리고 정신적 도상은 그 자체로서 기호의 또 다른 해석소를 구성한다. 그러나 이런 문제의 모호성은, 한편으로는 해석소 정의의 다양성에서 비롯되지만, 다른 한편으로는 퍼스가 말하듯이 정신의 생명은 오로지 끊임없는 기호학적 구성에 있다는 사실에서 비롯되기도 한다.

사실 해석소에 대해서는 두 가지 관점이 있다. 첫 번째 관점에 따르면 해석소는 최초의 기호를 표현하는 〈다른 기호〉이며(퍼스, 4·127 이하), 두 번째 관점에서는 해석소는 일련의 기호들이 만들어 내는 〈개념〉이다(1·554, 4·127~5·283). 퍼스는 기호의 과정 없이는 사고도 없다고 주장하면서, 기호가 끌어들이는 개념은 그 해석소 중 하나라는 결론에 도달한다. 〈한 표현의 시니피에는 하나의 표현일 수밖에 없다. 사실 시니피에는 표현 자체에 불과하다. 그러나 이런 표현은 비관여적인 모든 외형을 제거한 것이다. 그렇지만 이런 외형을 완전히 벗어던질 수는 없다. 따라서 여기에는 역진의 무한한 과정이 있는 셈이다. 결국 해석소는 진실의 횃불을 건네주는 또 다른 표현에 불과하다. 이런 특성을 부여받음으로써 표현은 다시 해석소를 갖게 된다. 이런 식으로 무한하고 새로운 연쇄가 시작된다〉(1·339).

한 가지 확실한 것은 퍼스의 이론에서 해석소의 개념이, 제1의 요소와 제2의 요소를 끌어들이는 삼원적인 관계에서 제3의 요소로서 제기된다는 사실이다. 이 같은 — 매개 요소로서의 — 삼원적인 관계는 기호학적 모델을 의미할 뿐만 아니라 물리적, 정신적 세계의 형이상학적 및 존재론적 불변수를 구성한다. 해석소는 매개 현상이 있을 때마다 존재하는데, 이런 매개를 보장하는 것은 다름 아닌 또 다른 기호, 개념, 정신적 이미지, 정의 또는 추론과 그것을 허용하는 전제

사이의 필연적 관계이다(1·541, 2·93, 5·473).

또한 퍼스(4·536)는, (시니피에에 해당하는) 〈직접적〉 해석소와 (기호가 일으키는 효과로서의) 역동적 해석소, 그리고 〈상황이 허락하는 범위 내에서 기호가 일으키는 정신적 효과로서의〉(웰비 부인에게 쓴 편지, 1909년 3월 14일) 〈최종적〉 해석소를 구분한다. 다소 모호하게 보일 수 있는 〈최종적 해석소〉라는 개념은 최종의 논리적 해석소라는 화용론적 개념으로 설명될 수 있다. 앞서 말했듯이, 퍼스에 따르면 정신의 생명은 거대한 기호학적 연쇄 작용이다. 그것은 (현상들을 암시하기 때문에 그것을 의미하는 기초적인 추측인) 최초의 논리적 해석소에서 출발하여 최종의 논리적 해석소까지를 포함한다. 최종의 논리적 해석소들은 기호 현상이 지향하는 습관이자 행위에 대한 준비이며 사물에 대한 영향력이다. 퍼스의 이런 견해는 앞서 우리가 언급한 내용, 요컨대 기호 현상의 생명은 기호가 결국에는 소멸되고 마는 지시 행위를 지향한다는 내용과 다소 유사하게 보일 수 있다. 그렇지만 퍼스에게는 또 다른 것이 있다. 한마디로 지적 활동이 인간에게 실행의 습관을 형성하게 만든다는 것이다. 그리고 이런 습관이 최종의 해석소를 가리킨다. 왜냐하면 이 단계에서 기호 현상은 소멸되기 때문이다. 〈특정한 조건하에서 해석소는, 특정한 목적이 요구될 때마다 특정한 방식으로 행동하게 만드는 습관을 만들어 낸다. 논리적이고 실질적이며 살아 있는 결말은 바로 이런 습관이다. 그리고 언어적 표명은 이런 습관을 표현할 뿐이다. 나는 개념과 명제와 논증이 논리적 해석소가 될 수 있다는 사실을 부인하지 않는다. 나는 그것들이 최종의 해석소가 될 수 없다는 사실을 가정할 따름이다. 왜냐하면 그것들 자체가 새로운 논리적 해석소를 갖는 기호이기 때문이다. 오로지 습관만이 — 특정한 관점에서는 습관도 기호가 될 수 있지만 — 그 자체가 기호의 논리적 해석소이기 때문에 기호가 아니다……. 습관은 진짜 최종의 논리적 해석소의 살아 있는 정의이다.

따라서 단어로 전달할 수 있는 개념에 대한 가장 완벽한 계산은 그런 개념이 만들어지는 습관을 기술하는 데 있다(8·332, 8·339). 즉 기호의 해석소는 행위나 행동일 수도 있다. 모리스의 행동주의가 해석소의 통일된 개념을 통해 모든 화용론을 의미론의 영역으로 끌어들인다는 사실을 제외하면 퍼스의 입장은 이런 행동주의를 명백하게 예견하는 것처럼 보인다. 기호에서 기호로, 그리고 매개체에서 매개체로 건너뛰는 무한한 탈주에서 기호 현상은 그것이 습관 속에서 소멸될 때 비로소 멈춘다. 이때부터 삶과 행위가 시작된다. 그러나 인간은 현실 세계에 어떻게 영향을 미치는가? 새로운 기호로 영향을 미치는 것이다. 그리고 정의의 기호들을 사용하지 않고 어떻게 최종의 습관을 기술하겠는가(5·491)? 기호 현상이 행위 속에 소멸되는 듯한 순간에 우리는 기호 현상 한복판에 다시 서게 된다. 인간은 분명 언어이다. 〈인간은 단어나 인간 외부에 있는 다른 상징을 통해서만 사고를 할 수 있으며〉 그렇기 때문에 이런 상징들은 인간에게 오히려 〈당신, 인간은 우리가 가리킨 것 말고는 아무것도 말할 수 없고, 인간은 한 단어를 사고의 해석소로 사용할 때만 무언가를 의미할 수 있다〉고 말한다. 결국 〈인간과 단어는 서로를 가르치는 셈이다. 인간의 지식이 풍부해진다는 것은 그만큼 단어에 대한 지식이 풍부해진다는 사실을 의미한다〉(5·313). 〈인간이 사용하는 기호와 단어는 인간 자체이다. 인생이 사고의 연속이라는 사실은 인간이 곧 기호라는 사실을 입증한다. 단어 *homo*와 *man*이 동일하듯이 인간과 인간 외부에 있는 기호는 결국 같다는 말이다. 이렇게 인간은 곧 사고이기 때문에 나의 언어는 《나》라는 존재의 총체이다〉(5·314).

퍼스 철학의 모든 웅장함은 이 같은 최종적 울림을 뒷받침한다. 물론, 오늘날까지도 기호학을 지배하는 개념을 다시 한 번 강조하기 위해 우리는 이러한 울림을 좀 더 절제된 용어로 표현하고 그것을 만들어 낸 형이상학적 세계에서 분리시켜 볼 수 있을 것이다. 그렇지만 〈인간은 곧 사고이다. 왜냐하면 문화는 다름 아닌 기호 체계의 체계에 불과하기 때문이다〉. 인간이 말을 한다고 생각할 때조차도 진짜 인간을 말하는 것은 인간이 사용하는 기호의 규칙들이다. 이런 규칙들을 안다는 것은 곧 사회를 아는 것이다. 그러나 그것은 예전에 〈사고의 대상 *res cogitans*〉이라고 불렸던 기호학적 결정, 다시 말해 우리 자신을 사고로 구성하는 그런 결정을 안다는 사실도 의미한다.

참고 문헌

공동 연구

1929 *Travaux du cercle linguistique de Prague*, 1, Prague ("Le Cercle de Prague", in *Change* No. 3, Paris: Le Seuil, 1969.
1962 *La Notion de structure*, La Haye: Van Goor.
1966 *Problèmes du Langage*, Paris: Gallimard (Diogène, 51).
1972 "Contributi sui segni iconici", in *VS* 특별호 No. 3, Milano: Mauri.
1973 "Semiotica e logica", in *VS* 특별호 No. 4, Milano: Bompiani.

ANTAL, Lázló
1963 *Questions of Meaning*, Den Haag: Mouton.

ASHBY, Ross
1960 *Design for a Brain*, 2nd ed., London: Chapman and Hall.

AUSTIN, J. L.
1958 "Performatif-constatif", in *La philosophie analytique*, Paris: Minuit, 1962.
1962 *Quand dire c'est faire*, Paris: Le Seuil, 1970.

AUZIAS, Jean-Marie
1967 *Clefs pour le structuralisme*, Paris: Seghers.

BALLY, Charles
1932 *Linguistique générale et linguistique française*, Berne: Francke.

BARTHES, Roland
1964   "Eléments de sémiologie", in *Communications* No. 4, pp. 91~136.
1967   *Système de la mode*, Paris: Le Seuil.
1970   "L'ancienne rhétorique. Aide-Mémoire", in *Communications* No. 16, pp. 172~229.

BAUDRILLARD, Jean
1968   *Le système des objets*, Paris: Gallimard.

BENSE, Max
1965   *Aesthetica*, Baden-Baden: Agis Verlag.

BENVENISTE, Emile
1966   *Problèmes de linguistique générale*, Paris: Gallimard.

BETTETINI, Gianfranco
1968   *Cinema: Lingua e scritura*, Milano: Bompiani.
1971   *L'indice del realismo*, Milano: Bompiani.
1972   "La crisi dell'iconicità nella metafora visiva", in *VS* No. 3, pp. 54~59.

BIERWISCH, Manfred
1970   "Semantics", in *New Horizons in Linguistics* (책임 편집: J. Lyons), Harmondsworth: Penguin.

BIRDWHISTELL, Ray L.
1960   "Kinesics and Communication", in *Explorations in Communications* (책임 편집: E. Carpenter & M. Mc-Luhan), Boston: Beacon Press.

BONFANTINI, Massimo
1970   "Appendice critica" to Russel, *Linguaggio e realtà*, Bari: Laterza.

BONFANTINI, M. A. & PRONI, G. P.
1983   "To Guess or not to guess", in Eco-Sebeok, 1983, pp. 119~134.

BONSIEPE, Guy
1965   "Retorica visivo-verbale", in *Marcatre*, pp. 19~22.

BORBE, Tasso
1983   *Semiotics unfolding* No. 4, Berlin, New York, Amsterdam: Mouton.

BOSCO, Ninfa
1959   *La filosofia pragmatica di C. S. Peirce*, Torino: Ed., di 〈Filosofia〉.

BURSILL-HALL, Geoffrey-L.
1971   *Speculative Grammars of the Middle Ages*, Den Haag: Mouton.

BUYSSENS, Eric
1943   *Les langages et le discours*, Office de Publicité.

CARNAP, Rudolf
1947   *Meaning and necessity, A study in Semantics and modal Logic*, Chicago: The University of Chicago Press, 5th ed., Phoenix Books, 1967.
1955   "Meaning and Synonymy in Natural Languages", in *Philosophical Studies* No. 7, pp. 33~47.

CARPENTER, Edmund and McLUHAN, Marshall
1960   *Exploration in Communication: an Anthology*, Boston: Beacon Press.

CASETTI, Francesco
1972   "Discussione sull'iconismo", in *VS* No. 3, pp. 43~47.

CASSIRER, Ernst
1923   *La philosophie des formes symboliques*, No. 1: 〈Le langage〉, Paris: Ed., de Minuit, 1972.

CHATMAN, Seymour, ECO, Umberto, KLINKENBERG, Jean-Marie
1979   *A Semiotic landscape, Panorama sémiotique*, New York: Mouton.

CHERRY, Colin
1968   *On Human Communication*, 2nd ed., New York: Willey.

CHOMSKY, Noam
1957   *Structures syntaxiques*, Paris: Le Seuil, 1969.
1965   *Aspects de la théorie syntaxique*, Paris: Le Seuil, 1971.
1966   *Linguistique cartésienne*, Paris: Le Seuil, 1969.
1968   *Le langage et la pensée*, Paris: Payot, 1969.

COSERIU, Eugenio
1962   *Teoría del lenguage y lingüística general*, Madrid: Gredos.

CRESTI, Emanuela
1972   "Oppositions iconiques dans une image de bande dessinée reproduite par Lichtenstein", in *VS*, No. 2, pp. 41~62.

CROCE, Benedetto
1936   *La poésie*, Paris: P. U. F., 1951.

De FUSCO, Renato
1968 "Tre contributi alla semiologia architettonica", in *OP. Cit.* No. 12.
1969 (M. L. Scalvini와 공저) "Significanti e significati nella rotonda palladiana", in *Op. Cit.* No. 16.

DE MAURO, Tullio
1965 *Une introduction à la sémantique*, Paris: Payot, 1969
1971 *Senso e significato*, Bari: Adriatica.

DERRIDA, Jacques
1967 *De la grammatologie*, Paris: Ed., de Minuit.

DINNEEN, Francis P.
1967 *An introduction to general linguistics*, New York: Holt, Rinchart & Winston.

DUCROT, Oswald & TODOROV, Tzvetan
1972 *Dictionnaire encyclopédique des sciences du langage*, Paris: Le Seuil.

DUCROT, Oswald, TODOROV, Tzvetan, SPERBER, Dan, SAFOUAN, M., WAHL, François
1968 *Qu'est-ce que le structuralisme?*, Paris: Le Seuil.

ECO, Umberto
1968 *La structure absente*, Paris: Mercure de France, 1972.
1971 *Le forme del contenuto*, Milano: Bompiani.
1972a (ed.) *Estetica e teoria dell'informazione*, Milano: Bompiani.
1972b "Introduction to a Semiotics of Iconic Signs", in *VS* No. 2. pp. 1~15.
1976 *A theory of Semiotics*, Bloomington: Indiana U. P. (이탈리아어판, *Trattato di semiotica generale*, Milano: Bompiani, 1975.)
1979 *Lector in Fabula*, Paris: Grasset, 1986.
1983 "Horns, Hooves, Insteps: Some Hypotheses on Three Types of Abduction", in Eco-Sebeok, 1983.
1984 *Sémiotique et philosophie du langage*, Paris: P. U. F., 1988.

ECO, Umberto & FACCANI, R. (편)
1969 *I sistemi di segni e lo strutturalismo sovietico*, Milano: Bompiani.

ECO, U. & SEBEOK, T. A.(편)
1983 *The Sign of Three: Dupin, Holmes, Peirce*, Bloomington: Indiana University Press.

ECO, Umberto & VOLLI, Ugo
1970 *Introduzione a Paralinguistica e cinesica*, Milano: Bompiani.

EKMAN, P. & FRIESEN, W.
1969 "The Repertoire of Non-Verbal Behavior Categories: Origins, Usage and Coding", in *Semiotica*, I, 1.

FANO, Giorgio
1962 *Saggio sulle origini del linguaggio*, Torino: Einaudi.

FARASSINO, Alberto
1972 "Richiamo al significante", in *VS* No. 3, pp. 48~53.

FORMIGARI, Lia
1970 *Linguistica ed empirismo nel 600 inglese*, Bari: Laterza.

FRANK, Lawrence
1960 "Tactile communication", in *Genetic Psychology Monographs* No. 56.

FREGE, Gottlob
1892 "über Sinn und Bedeutung", in *Zeitschrift für Philosophie und philosophische Kritik*, p. 100. (프랑스어판, *Ecrits logiques et philosophiques*, Paris: Le Seuil, 1971, pp. 102~126.)

GARRONI, Emilio
1968 *Semiotica ed estetica*, Bari: Laterza.
1972 *Progetto di semiotica*, Bari: Laterza.
1977 *Ricognizione della semiotica*, Roma: Officina.

GOFFMAN, Erving
1963 *Behavior in Public Places: notes on the Social Organization of Gatherings*, New York: Free Press (프랑스어판, *La Nouvelle communication*, Paris: Le Seuil, 1981, pp. 267~278.)
1967~69 *Les rites d'interaction*, Paris: Ed., de Minuit, 1974.
1971 *Les relations en public*, Paris: Ed., de Minuit, 1973.

GOMBRICH, Ernest
1956 *L'Art et l'illusion*, Paris: Gallimard, 1971.
1963 *Méditations sur un cheval de bois et autres essais sur la théorie de l'art*, Paris: W., 1986.

GOODMAN, Nelson
1949 "On Likeness of Meaning", in *Analysis* No. 10.

GREENBERG, Charles (편)
1963　*Universals of Language*, Cambridge: M. I. T. Press.

GREIMAS, Algirdas-Julien
1966　*Sémantique structurale*, Paris: Larousse.
1968　"Conditions d'une sémiotique du monde naturel", in *Langages* No. 7(& in *Du Sens*, pp. 49~91).
1970　*Du sens*, Paris: Le Seuil.

GREIMAS, A. -J. & COURTÈS, Joseph
1979　*Sémiotique*, Paris: Hachette.

GROUPE μ (J. DUBOIS, F. EDELINE, Ph. MINGUET, J. M. KLINKENBERG, F. PIRE, H. TRINON)
1970　*Rhétorique générale*, Paris: Le Seuil, 1982.
1977　*Rhétorique de la poésie*, Bruxelles: Complexe.

GUIRAUD, Pierre
1955　*La Sémantique*, Paris: P. U. F. (*Que sais-je?* No. 655).
1970　*La Sémiologie*, Paris: P. U. F. (*Que sais-je?* No. 1421).

HAIMAN, J.
1980　"Dictionaries and Encyclopedia", in *Lingua* No. 50.

HALL, Edward T.
1959　*Le langage silencieux*, Paris: Mame, 1973.
1966　*La dimension cachée*, Paris: Le Seuil, 1971(Intuitions).
1968　"A system for the Notation of Proxemic Behavior", in *American Anthropologist* No. 65, pp. 1003~1026.

HELBO, André (편)
1979　*Le champ sémiologique*, Bruxelles: Complexe (Creusets).

HENAULT, Anne
1979　*Les enjeux de la sémiotique* No. 1: 〈Introduction à la sémiotique générale〉, Paris: P. U. F.
1983　*Les enjeux de la sémiotique* No. 2: 〈Narratologie, sémiotique générale〉, Paris: P. U. F.

HJELMSLEV, Louis
1943　*Prolégomènes à une théorie du langage*, Paris: Ed., de Minuit, 1968.
1957　"Pour une sémantique structurale", in *Essais linguistiques*, Copenhague: Nordisk Sproogog Kulturforlag, 1959, pp. 96~112.

1963   *Le langage*, Paris: Ed., de Minuit, 1966.

1971   *Essais linguistiques*, Paris: Editions de Minuit.

HOOK, S. (편)
1969   *Language and philosophy*, New York University Press.

HUSSERL, Edmund
1922   *Recherches logiques*, Paris: P. U. F., 1962, 1969.

JAKOBSON, Roman
1963   *Essais de linguistique générale*, Paris: Editions de Minuit.

JAKOBSON, Roman & HALLE, Morris
1956   *Fundamentals of Language*, Den Haag: Mouton.

KATZ, Jerrold
1972   *Semantic theory*, New York: Harper & Row.

1977   *Propositional Structure and Illocutionary Force*, New York: Crowell.

1979   *The Neoclassical Theory of Meaning*, in P. A. French Ed., *Contemporary Perspectives in the philosophy of Language*, Minneapolis: University of Minnesota Press.

KATZ, Jerrold & FODOR, Jerry A.
1964   "Structure d'une théorie sémantique", in *Cahiers de lexicologie* No. 9(1966), pp. 39~72 No. 10(1967), pp. 31~66.

KOENIG, Giovanni Klaus
1970   *Architettura e comunicazione*, Firenze: Fiorentina.

KRISTEVA. Julia
1969   *Semeiotikè. Recherches pour une sémanalyse*, Paris: Le Seuil.

LACAN, Jacques
1966   "La chose freudienne", in *Ecrits*, Paris: Le Seuil.

LAKOFF, Georges & JOHNSON, Mark
1980   *Les Métaphores dans la vie quotidienne*, Paris: Editions de Minuit, 1985.

LALANDE, André
1926   *Vocabulaire technique et critique de la philosophie*, 7th ed., Paris: P. U. F., 1956.

LANGER, Suzanne K.
1953   *Feeling and form*, New York, London: Scribner's Sons, 1965.

LAUSBERG, Heinrich
1949 *Elemente der literarischen Rhetorik*, München: Max Hueber.

LEECH, Geoffrey
1974 *Semantics*, Harmondsworth: Penguin Books.

LEIBNIZ, Gottfried Wilhelm
1972 *Œuvres*, Paris: Aubier-Montaigne.

LENNEBERG, Erich H. (편)
1967 *Biological fundations of language*, New York: John Wiley.

LEPSCHY, Giulio C.
1966 *La linguistique structurale*, Paris: Payot, 1968.

LÉVI-STRAUSS, Claude
1949 *Les structures élémentaires de la parenté*, Paris: P. U. F. (증보판: Den Haag: Mouton, 1967).
1958 *Anthropologie structurale*, Paris: Plon.
1960 "Discours au Collège de France", in *Annuaire du Collège de France* No. 40.
1964 *Le cru et le cuit*, Paris: Plon.

LINSKY, Leonard (éd.)
1952 *Semantics and philosophy of Language*, University of Illinois Press.
1967 *Le problème de la référence*, Paris: Le Seuil, 1974.

LOCKE, John
1960 *Essai philosophique concernant l'entendement humain*, 5th ed., Paris: Vrin, 1972.

LYONS, John
1968 *Linguistque générale*, Paris: Larousse, 1970.
1977 *Eléments de sémantique*, Paris: Larousse, 1978 (Langue et langage).

MALTESE, Corrado
1970 *Semiologia del messagio oggettuale*, Milano: Mursia.

MARTIN, Robert
1976 *Inférence, autonymie et paraphrase*, Paris: Klincksieck (Bibliothèque française et romane).

MARTINET, André
1960   *Eléments de linguistique générale*, Paris: Armand Colin.
1962   *Langue et fonction*, Paris: Denoël, 1969.

MARTINET, Jeanne
1973   *Clés pour la sémiologie*, Paris: Seghers (Clefs 시리즈).

MCLUHAN, Marshall
1962   *La galaxie Gutenberg*, Tours, 2nd ed., Paris: Mame, 1967.
1964   *Pour comprendre les média*, Tours, 2nd ed., Paris: Mame, Le Seuil, 1968(Intuitions 시리즈).

MELANDRI, Enzo.
1968   *La linea e il circolo*, Bologna: Il Mulino.

MERLEAU-PONTY, Maurice
1960   *Signes*, Paris: Gallimard.

METZ, Christian
1968   *Essais sur la signification au cinéma*, Paris: Klincksieck.
1974   *Langage et cinéma*, Paris, Larousse(Langue et langage 시리즈).

MILLER, George Armitage
1967   *Psychology and Communication*, New York: Basic Books.

MINSKY, Marvin
1966   (ed.) *Semantic Information Processing*, Cambridge: M. I. T. Press.
1974   "A Framework for representing knowledge", in *AI Memo* No. 306, Cambridge, M. I. T. Press.

MOLES, Abraham A.
1958   *Théorie de l'information et perception esthétique*, Paris: Flammarion.
1969   *Sociodynamique de la culture*, Den Haag: Mouton.
1972   "Teoria informazionale dello schema", in *VS* No. 2, pp. 29~40.

MORRIS, Charles
1938   *Foundation of the Theory of Signs*, Chicago University Press (=*International Encyclopedia of Unified Sciences*, 1, 2).
1946   *Signs, Language and Behavior*, New York: Prentice Hall.
1971   *Writings on the General Theory of Signs*, Den Haag: Mouton.

NEUBAUER, F. & PETÖFI, J. S.
1981　*Word semantics, Lexicon Systems and Text Interpretation*, in H. J. Eikmeyer and H. Rieser(eds), *Words, Words and contexts*, Berlin: De Gruyter, pp. 344~377.

OSGOOD, Charles E., SUCI, G. J. & TANNENBAUM, P. H.
1957　*The measurement of meaning*, Urbana: Illinois University Press.

PASOLINI, P. Paolo
1972　*Empirismo eretico*, Milano: Garzanti.

PEIRCE, Charles Sanders
1931~1935　*Collected Papers*, Cambridge: Harvard, University Press. 프랑스어판 부분 번역: *Ecrits sur le signe*, éd., par G. Deledalle, Paris: Le Seuil, 1979.

PERELMAN, Chaïm et OLBRECHTS-TYTECA, Lucie
1958　*Traité de l'argumentation. La nouvelle rhétorique*, Paris: P. U. F.

PIAGET, Jean
1968　*Le Structuralisme*, Paris: P. U. F. (*Que sais-je?* No. 1311).

PIERCE, J. R.
1961　*Symboles, signaux et bruit. Introduction à la théorie de l'information*, Paris: Masson-Sofradel.

POTTIER, Bernard
1965　"La définition sémantique dans les dictionnaires", in *Travaux de linguistique et de littérature*, III, 1, pp. 33~39.

PRIETO, Luis-J.
1964　*Principes de néologie. Fondements de la théorie fontionnelle du signifié*, Den Haag: Mouton.
1966　*Messages et signaux*, Paris: P. U. F.
1975　*Pertinence et Pratique. Essai de sémiologie*, Paris: Ed., de Minuit.

PROPP, Vladimir Ja.
1928　*Morphologie du conte*, Paris: Le Seuil(Points).

PUTNAM, H.
1975　*Mind, Language and Reality*, vol. 2, London and New York: Cambridge University Press.

QUILLIAN, Ross M.
1968 "Semantic memory", in M. Minsky(ed), *Semantic Information Processing*, Cambridge: M. I. T. Press.

QUINE, Willard Van Orman
1951 "Two Dogmas of Empiricism", in *Philosophical Review* No. 50 (in *Quine*, 1953, pp. 20~46).
1953 *From a logical Point of View*, Cambridge: Harvard, University.
1960 *Le mot et la chose*, Paris: Flammarion, 1977(Nouvelle bibliothèque scientifique).

REY, Alain
1973 *Théories du signe et du sens*, I, Paris: Klincksieck.
1976 *Théories du signe et du sens*, II, Paris: Klincksieck.

REY-DEBOVE, Josette
1971 *Etude linguistique et sémiotique des dictionnaires français contemporains*, Paris: Klincksieck.
1979 *Sémiotique*, Paris: P. U. F. (Lexique).

RICHADS, I . A. & OGDEN, R. G.
1923 *The Meaning of Meaning*, London: Routledge and Kegan Paul.

RIFFLET-LEMAIRE, Anika
1970 *Jacques Lacan*, Bruxelles: Dessart (*Psychologie et Science humaines* No. 31).

ROBINS, Robert Henry
1969 *Brève histoire de la linguistique: de Platon à Chomsky*, Paris: Le Seuil, 1976(Travaux de linguistique).

ROSIELLO, Luigi
1965 *Struttura, uso e funzioni della lingua*, Firenze: Vallecchi.

ROSSI, Paolo
1960 *Clavis universalis - Arti mnemoniche e logica combinatoria da Lullo a Leibniz*, Milano: Ricciardi.

ROSSI-LANDI, Ferruccio
1953 *Charles Morris*, Milano: Bocca.
1961 *Significato, comunicazione, parlare comune*, Padova: Marsilio.
1968 *Il linguaggio come lavoro e come mercato*, Milano: Bompiani.
1972 *Semiotica e ideologia*, Milano: Bompiani.

RUSSELL, Bertrand
1950 "On Denoting", in *Mind* No. 14(단행본 출판 *Logic and knowledge. Essays, 1901~1950*, ed., R. C. Marsh, London: 1956).
1950 *Signification et vérité*, Paris: Flammarion, 1969.

RYLE, Gilbert
1949 *La notion d'esprit. Pour une critique des concepts mentaux*, Paris: Payot, 1978(Bibliothèque scientifique).

SALANITRO, Niccolò
1969 *Peirce e i problemi dell'interpretazione*, Roma: Silva.

SAPIR, Edward
1921 *Le Langage*, Paris: Payot, 1967(Petite bibliothèque, 104).

SAUSSURE, Ferdinand de
1916 *Cours de linguistique générale*, Paris: Payot.

SCHAFF, Adam
1962 *Introduction à la sémantique*, Paris: Anthropos, 1969.

SCHANK, Roger
1975 *Conceptual Information Processing*, Amsterdam: North Holland.

SCHANK, R. & RIESBECK, C. K.
1981 *Inside Computer understanding*, Hillsdale: Erlbaum.

SCHMIDT, S.
1973 *Texttheorie / Pragmalinguistik*, München: Fink.

SEBEOK, Thomas A.
1968 (ed.) *Animal communication: Techniques of study and Results of Research*, Bloomington: Indiana University Press.
1972 *Perspectives in Zoosemiotics*, Den Haag: Mouton.
1976 *Contributions to the Doctrine of Signs*, Bloomington: Indiana University Press.
1979 "You know my methods: A Juxtaposition of Charles S. Peirce and Sherlock Holmes", in *Semiotica* No. 26 (Eco-Sebeok, 1983).
1986 (éd.) *Encyclopedic Dictionary of Semiotics*, (3 vol.), Berlin, New York, Amsterdam: Mouton, De Gruyter.

SEBEOK, T. A., HAYES, A. S. & BATESON, M. C. (eds).
1964 *Approaches to Semiotics*, Den Haag: Mouton.

SEGRE, Cesare
1970   *I segni e la critica*, Torino: Einaudi.

SHANNON, C. E. & WEAVER, W.
1949   *The mathematical theory of communication*, Urbana: University of Illinois Press.

SIMONE, Raffaele
1969a   *Piccolo dizionario della lingustica moderna*, Torino: Loescher.
1969b   〈*Introduzione*〉 *a Grammatica e Logica di Port Royal*, Roma: Ubaldini.

STALINE, Joseph
1950   *A Propos du marxisme en linguistique*, Paris: La Nouvelle Critique (*Le marxisme et les problèmes de la linguistiqus*, Peking, 1974).

STANKIEWICZ, Edward
1964   "Problems of Emotive Language", in Sebeok et al., *Approaches to Semiotics*, pp. 239~264.

STEVENSON, Charles
1964   *Ethics and Language*, New Haven: Yale University Press.

STRAWSON, P. F.
1950   "On Referring", in *Mind* No. 59, pp. 320~344, & in G. H. R. Parkinson, ed., *The Theory of Meaning*, Oxford University Press, 1968.

STUART MILL, John
1843   *Système de logique déductive et inductive*, Paris: Alcan, 1896.

TODOROV, Tzvetan
1977   *Théories du symbole*, Paris: Le Seuil(Poétique).

TRAGER, Georges L.
1964   "Paralanguage: A First Approximation", in *Language in Culture and Society*, ed., by Dell Hymes, New York: Haper and Row.

TROUBETZKOJ, Nicolas Sergueevitch
1939   *Principes de phonologie*. Paris: Klincksieck, 1949.

ULLMANN, Stephen
1951   *Principles of Semantics*, Glasgow: Glasgow University Publications; (2nd ed., Oxford, Blackwell, 1969).

VALESIO, Paolo
1967   "Icone e schemi nella struttura della lingua", in *Lingua e Stile* No. 2, pp. 349~355.

VAN DIJK, Theun A.
1977   *Text and Context*, New York: Longman.

VERÓN, Eliseo
1970   "L'Analogique et le contigu", in *Communications* No. 15, pp. 52~69.
1973   "Pour une sémiologie des opérations translinguistiques", in *VS* No. 4, pp. 81~108.

VOLLI, Ugo
1972a   "È possibile una semiotica dell'arte?", in *La scienza e l'arte*, Milano: Mazzotta.
1972b   "Some Possible Developments of the Concept of Iconism", in *VS* No. 3, pp. 14~30.

VOLLI, Ugo, MAGLI, Patrizia & CALABRESE, Omar
1974   "Bibliographia Semiotica", *VS* 특별호, pp. 8~9.

WEINREICH, Uriel
1965   "Explorations in Semantic Theory", in *Current Trends in Linguistics*, ed. by T. A. Sebeok, Den Haag: Mouton, vol. 3, pp. 395~477.
1980   *On Semantics*, Philadelphia: University of Pennsylvania Press.

WHORF, Benjamin Lee
1956   *Language, Thought and Reality*. Selected writings, Cambridge: M. I. T. Press(Technology press books in the Social sciences). *Linguistique et anthropologie*, Paris: Denoël, 1969.

WILSON, N. L.
1967   "Linguistic Butter and Philosophical Parsnips", *The Journal of Philosophy* No. 64.

WINSTON, Patrick H.
1977   *Artificial Intelligence*, Massachusetts: Addison-Wesley.

WITTGENSTEIN, Ludwig
1922   *Tractatus Logico-Philosophicus*, in *Investigations philosophiques* (초판 1953), Paris: Gallimard, 1961 (Bibliothèque des idées).

찾아보기

가로니 Garroni, Emilio 145, 234
고프먼 Goffman, Erving 68
괴테 Goethe, Johan Wolfgang von 76, 234
그레마스 Greimas, Algirdas Julien 53, 155~157

노이바우어 Neubauer, Fritz 165

단테 Alighieri, Dante 226, 270
데리다 Derrida, Jacques 213
데 마우로 De Mauro, Tullio 223, 235
도나투스 Donatus 216
뒤 마르세 Du Marsais 219
뒤러 Dürer, Albrecht 92
디오니시우스 아레오파기타 Dionysius Areopagita 206

라랑드 Lalande, André 84
라이언스 Lyons, John 116, 150, 159, 217
라이프니츠 Leibniz, Gottfried Wilhelm 222
라캉 Lacan, Jacques 203
랭어 Langer, Suzanne 201
러셀 Russell, Bertland 41, 135, 161, 259~261, 264, 269
레비스트로스 Lévi-strauss, Claude 71, 125, 126
로시엘로 Rosiello, Luigi 219, 223
로크 Locke, John 209, 226, 230~233

마르 Marr, Nikolay Yakovlevich 221
마르쿠제 Marcuse, Herbert 273
매클루언 McLuhan, Marshall 213
모리스 Morris, Charls 28, 29, 41, 44, 47, 53, 54, 67, 83, 87, 89, 94~101, 103,

109, 134, 273, 278
민스키 Minsky, Marvin　164
밀 Mill, John Stuart　41, 135, 258

바로 Varro, Marcus Terentius　216
바르트 Barthes, Roland　60, 137, 203
바인리히 Weinreich, Uriel　154, 159
버클리 Berkeley, George　209, 226, 231~233
베론 Verón, Eliseo　90
베이컨 Bacon, Roger　217, 227
베테티니 Bettetini, Gianfranco　88
보드리야르 Baudrillard, Jean　60
보스코 Bosco, Ninfa　235
볼프 Wolff, Christian　56
뷔상스 Buyssens, Eric　41, 47, 53, 62, 71, 78, 101, 156, 181
비어비슈 Bierwisch, Manfred　154
비코 Vico, Giambattista　222, 227
비트겐슈타인 Wittgenstein, Ludwig Josef　91, 241, 271, 273

섕크 Schank, Roger　164
세그레 Segre, Cesare　53
세보크 Sebeok, Thomas Albert　52, 70, 72, 235
소쉬르 Saussure, Ferdinand de　27, 41, 42, 57, 59, 110~112, 125, 133, 140, 141
슈미트 Schmidt, Siegfried　163
스코투스 에리우게나 Scotus Eriugena 206
스탈린 Stalin, Joseph　220, 221
스트로슨 Strawson, Sir Peter Frederick　265, 266, 268, 269

아리스토텔레스 Aristoteles　26, 38, 45, 46, 205, 215, 216, 221, 224, 269
아바냐노 Abbagnano, Nicola　56
아우구스티누스 Augustinus　91
아인슈타인 Einstein, Albert　27
안토니오니 Antonioni, Michelangelo　68
야콥슨 Jakobson, Roman　80, 102, 114, 118
에크만 Ekmann, Paul　90
에피쿠로스 Epicuros　226
옐름슬레우 Hjelmslev, Louis　28, 41, 123, 132~137, 140~148, 167, 182
오스굿 Osgood, Charles Egerton　136
오일러 Euler, Leonhard　248, 251, 255
오컴 William of Ockham　230
워프 Whorf, Beniamin Lee　224
이시도루스 Isidorus　26, 212

촘스키 Chomsky, Avram Noam　113, 150, 218, 219, 221

카시러 Cassirer, Ernst　201
카츠 Katz, Jerrold　150, 153~155, 159
칸트 Kant, Immanuel　224, 234, 252, 256

콜럼버스 Columbus, Christopher 57
콩디야크 Condillac, Étienne Bonnot de 222, 234
콰인 Quine, Willard Van Orman 164, 258
쾨니히 Koenig, G. K. 60
크레스티 Cresti, Emanuela 187
크로체 Croce, Benedetto 209, 235

타넨바움 Tannenbaum, Frank 136
토마스 아퀴나스 Thomas Aquinas 207
트래거 Trager, George Leonard 73
트루베츠코이 Trubetskoy, Nikolai 118

파솔리니 Pasolini, Piero Paolo 207, 208
퍼스 Peirce, Charles Sanders 26, 30, 41, 43, 48, 49, 58, 81, 83~85, 87, 88, 93, 94, 96, 103, 104, 106, 107, 109, 135, 145, 168, 203, 208, 223, 224, 233~236, 241, 243~245, 247~254, 267, 271, 275~279
퍼트넘 Putnam, Hilary 164, 166, 167
페퇴피 Petöfi, Sándor 165
포더 Fodor, Jerry 150, 153~155
포티에 Pottier, Bernard 157, 158
푸시킨 Pushkin, Aleksander Sereyevich 221
프레게 Frege, Gottlob 41, 42, 135, 144, 257
프리에토 Prieto, Luis 181, 183, 187
프리즌 Frissen, W. V. 90
플라우투스 Plautus, Titus Maccius 68
플라톤 Platon 26, 38, 206, 209, 211, 227, 242

하이데거 Heidegger, Martin 26, 210
하이만 Haiman, John 159
하이젠베르크 Heisenberg, Werner Karl 27
호메로스 Homeros 247
홀 Hall, Edward Twitchell 60, 72
홉스 Hobbes, Thomas 56, 222, 226, 230
후설 Husserl, Edmund 144, 145, 234, 239, 240
흄 Hume, David 226, 231, 233

기호학 관련 용어표

한국어	영어	프랑스어	이탈리아어
가추법, 추정법	abduction	abduction	abduzione
가족 유사성	family similarity	la similarité de famille	similarità di famiglia
개별 기호	sinsign		
계열체	paradigm	paradigme	paradigm
골격체	armature	armature	armatura
공감각	synaesthesia	synesthésie	sinestesi
공범주적 술어체	co-categorial predicate	prédicat co-catégoriel	predicato co-categorico
공시적(共時的)	synchronic	synchronique	sincronico
공지시	co-reference	co-référence	co-referenza
공(共)텍스트	co-text	co-texte	co-testo
구조 의미론	structural semantics	sémantique structurale	semantica strutturale
군대 기호	military signals	signaux militaires	segnale militare
기의, 시니피에	signified	signifié	significato
기표, 시니피앙	signifer	signifiant	significante

한국어	영어	프랑스어	이탈리아어
난해한 비례 관계, 어려운 관계	ratio difficilis		
논증	argument	argument	argomento
논증 기호	argument sign	signe d'argument	segno d'argomento
단일면 체계	monoplanar system	système monoplane	sistema monoplanare
단자적 서술어	monadic predicate	prédicat monadique	predicato monodico
담론, 담화	discourse	discours	discorso
대화의 준칙, 대화 규칙들	conversational maxims	maximes conversationnelles	regole conversazionali
도상	icon	icône	icona
동위소	isotopy	isotopie	isotopia
동일성	identity	identité	identità
등치성	aequalitus numerosa		
랑그(언어 체계)	langue		
맥락적 코드	contextual code	code contextuel	codice contestuale
발화 행위/화행	speech-act	acte de parole	atto linguistico
발화 기호, 진술 기호	dicisign	decisigne	dicisign
법칙 기호	legisign	légisigne	legisign
변별적 자질	distinctive feature	traits distinctifs	tratto distintivo
부류소, 유소(類素)	classeme	classème	classema
분절	articulation	articulation	articolazione
분할	segmentation	ségmentation	segmentazione
비언어적	non-verbal	non-verbale	non-verbale
사회 법칙	nomos		
상호 주관성	intersubjectivity	intersubjectivité	intersoggettività
상호 코드	intercode	intercode	intercodice
서술어	predicate	prédicat	predicato

한국어	영어	프랑스어	이탈리아어
선험성	a priori		
성질의 준칙, 질의 원칙	maxime of quality	maxime de qualité	massima di qualità
세메이온	sēmeîon		
세미오시스	semiosis		
쉬운 관계	ratio facilis		
스키마, 도식	schema	schéma	schema
시그눔	signum		
실질	substance	substance	sostanza
실현체, 사례	token	occurrence	occorrenza
양태성	modality	modalité	modalità
어휘소	lexeme	lexème	lessema
언어적 상호 작용	verbal interaction	interaction verbale	interazione verbale
언어 철학	language philosophy	philosophie du langage	filosofia di linguaggio
엠블럼 코드	emblem-code	emblème-code	codice di emblema
연접(連接)	conjunction	conjonction	congiunzione
외시	denotation	dénotation	denotazione
외시 의미론	denotative semantic	sémantique dénotative	semantica denotativa
외연	extension	extension	estensione
유의미성	significance	signfiance	significanza
유표	markedness	marqué	marca
음소	phoneme	phonème	fonema
응축	condensation	condensation	condensazione
의미론적 보편소	semantic universal	universaux sémantique	universale semantico
의미소	sememe	sémème	semema
의소	seme	sème	sema
이접(離接)	disjunction	disjonction	disgiunzione

한국어	영어	프랑스어	이탈리아어
잉여성	redundance	redondance	ridondanza
자의성	arbitrariness	arbitrarité	arbitrarietà
성질 기호, 자질 기호	qualisign	qualisigne	qualisign
조응 현상, 전방 조응, 대용어	anaphora		
지시	reference	référence	referenza
컨텍스트, 문맥	context	contexte	contesto
코드	code	code	codice
코드화	coding	codage	codifica
통시적	diachronic	diachronique	diacronico
통합체	syntagma	syntagme	syntagma
파롤	parole		
표상	representation	représentation	rappresentazione
표상체, 재현체		representamen	
표시소, 표지	marker	marqueur	marca
표징	emblem	emblème	emblema
프레임, 틀	frame	cadre	frame
피시스(자연)	physis		
함의	implicature	implicature	implicatura
함축, 공시, 내포, 함축 의미	connotation	connotation	connotazione
해석소, 해석체, 행위소	interpretant	interprétant	interpretante
행위사	actant	actant	attante
형태소	morphem	morphème	morfema
화용론	pragmatics	pragmatique	pragmatica

옮긴이의 말

이 책을 접함으로써 아마도 독자들은 오랜만에 에코가 기호학자라는 사실을 떠올릴 수 있을 것이다. 그렇다, 에코는 소설가나 문화 비평가이기 전에 이론가이며 기호학자이다. 어쩌면 에코에게 이론적 토대가 없었다면 그는 『장미의 이름』이나 『푸코의 진자』와 같은 소설을 쓸 수 없었을 것이다.

독자들은 이 책이 에코의 신작도 아닌데 지금 출간하는 이유를 물을 수 있다. 그러나 세월이 지나도 읽히는 책이 있다. 특히 그중에는 다양한 응용이 가능한 기본 서적이 있는데, 바로 이 책이 그런 유에 포함되지 않을까 생각해 본다. 에코가 서문에서 밝혔듯이, 이 책은 오로지 기호를 정의하기 위해 쓰인 저술이다. 자체적으로 보면 기호학적 분석을 현실 세계에 응용하는 사례도 거의 없다. 그렇기 때문에 에코 특유의 〈재미〉는 물론이고 라틴 문화의 특징 중 하나인 문체의 화려함 내지는 유희성도 찾아볼 수 없다. 한마디로 이 책은 기호에 대한 포괄적인 정의를 제공할 뿐이다. 그러나 이 책은 기호의 개념과 그것이 역사 속에서 어떻게 정의되었는지를 그야말로 정확하게 이해할 수 있는 지침서가 될 것이다. 왜냐하면 이 책은 기호와 구조주의, 구조주의의 한계 그리고 기호의 철학적 문제를 인식론적으로 검토하는 동시에 기호의 인지 문제와 아직은 우리나라에 널리 알려지지 않은 퍼스의 기호 이론을 명확하게 설명하기 때문이다. 특히 포스트모더니즘 이론에서 흔히 말하는 표류의 개념을 기호 현상의 관점에서 이해할 수 있을 뿐만 아니라, 인터넷 시대에 더욱 광범위하게 쓰이는 도상 기호의 본질을 설명하기 때문이다.

이런 의미에서 이 책은 에코의 어떤 저술보다도 먼저 출간되었어야 했다. 나 자신도 오래전부터 이 책의 번역을 망설여 왔다. 솔직히 마음 한구석에는 다른 사람이 해주기를 기다렸다. 그러다가 어느 날 『일반 수사학』과 『시각 기호학 논고 Traité du signe visuel』를 집필한 그룹 뮤Group μ의 클린켄베르크Klinkenberg와 이야기를 나눌 기회가 있었다. 이 책의 프랑스어판을 번역하기도 한 그에게 나는 〈유럽에서도 번역은 주로 젊은 학자들의 몫인데, 어떻게 이 책을 직접 번역했냐〉고 물었다. 그는 다음과 같이 답했다. 〈한때 돈이 필요했습니다. 그래서 친구이자 동료인 에코에게 그의 책을 번역하겠다고 말했습니다. 그는 기꺼이 응했고 고마워했습니다. 그 돈으로 나는 한국 아이를 입양할 수 있었습니다.〉 이렇게 때로는 학문 외적 자극이 한 권의 책을 탄생시키기도 한다는 것을 나는 깨달았다.

김광현

움베르토 에코 연보

1932년 출생 1월 5일 이탈리아 피에몬테 주의 소도시 알레산드리아에서 태어남. 에코라는 성은 〈*ex caelis oblatus*(천국으로부터의 선물이라는 뜻의 라틴어)〉의 각 단어 머리글자를 딴 것으로 알려져 있는데, 한 시청 직원이 버려진 아이였던 그의 할아버지에게 붙여 줬다고 함. 아버지 줄리오 에코Giulio Eco는 세 차례의 전쟁에 징집당하기 전 회계사로 일했음. 어린 에코와 그의 어머니 조반나Giovanna는 제2차 세계 대전 동안 피에몬테에 있는 작은 마을로 피신함. 거기에서 움베르토 에코는 파시스트와 빨치산 간의 총격전을 목격했는데, 그 사건은 후에 두 번째 소설 『푸코의 진자』를 쓰는 데 많은 영향을 미침. 에코는 살레지오 수도회의 교육을 받았는데, 이후 저서와 인터뷰에서 그 수도회의 질서와 창립자를 언급하곤 함.

1954년 22세 아버지는 에코가 법학을 공부하길 원했지만 에코는 중세 철학과 문학을 공부하기 위해 토리노 대학교에 입학함. 토리노 대학교에서 루이지 파레이손 교수의 지도하에 1954년 철학 학위를 취득함. 졸업 논문은 「토마스 아퀴나스의 미학 문제Il problema estetico in San Tommaso」. 이 시기에 에코는 신앙의 위기를 겪은 후 로마 가톨릭 교회를 포기함.

1955년 23세 1959년까지 밀라노에 있는 라디오-텔레비전 방송국인

RAI의 문화 프로그램 편집위원으로 일하면서 저널리즘 세계에 입문함. RAI에서의 경험은 미디어의 눈을 통해 근대 문화를 검토해 보는 기회가 되었음. RAI에서 친해진 아방가르드 화가와 음악가, 작가들(63 그룹)이 에코의 이후 집필에 중요한 기반이 됨. 특히 학위 논문을 발전시킨 첫 번째 저서인 『토마스 아퀴나스의 미학 문제』를 출판한 1956년 이후부터 영향을 미침. 또 이 만남은 모교에서 강의를 시작한 계기가 되기도 함.

1956년 24세 『토마스 아퀴나스의 미학 문제』 출간. 1964년까지 토리노 대학교에서 강사를 맡음.

1959년 27세 『중세 미학의 발전 Sviluppo dell'estetica medievale』 출간(후에 『중세의 미학 Arte e bellezza nell'estetica medievale』으로 개정판 출간). 이를 계기로 영향력 있는 중세 연구가로 인정받음. 밀라노의 봄피아니 출판사에서 1975년까지 논픽션 부분 수석 편집위원으로 일하면서 철학, 사회학, 기호학 총서들을 맡음. 아방가르드의 이념과 언어학적 실험에 전념하는 『일 베리 Il Verri』지에 〈작은 일기 Diario minimo〉라는 제목으로 칼럼 연재. 이 기간에 〈열린〉 텍스트와 기호학에 대한 생각을 진지하게 전개해 나가기 시작하여 나중에 이 주제에 관한 많은 에세이들을 집필함.

1961년 29세 이탈리아 토리노 대학교 문학 및 철학 학부에서 강의하고, 밀라노의 폴리테크니코 대학교 건축학부에서 미학 강사직을 맡음. 잡지 『마르카트레』 공동 창간.

1962년 30세 토리노 대학교와 밀라노 대학교에서 미학 강의를 시작함. 최초의 주저 『열린 작품 Opera aperta』을 출간함. 9월 독일인 미술 교사인 레나테 람게 Renate Ramge와 결혼해서 1남 1녀를 둠. 밀라노의 아파트와 리미니 근처에 있는 별장을 오가며 생활함. 밀라노의 아파트에는 3만 권의 장서가, 별장에는 2만 권의 장서가 있었다고 함. 「일 조르노 Il Giorno」, 「라 스탐파 La Stampa」, 「코리에레 델라 세라 Corriere della Sera」, 「라 레푸블리카 La Repubblica」 등의 신문과 잡지 『레스프레소 L'Espresso』 등에 다양한 형태의 글을 발표함.

1963년 31세 『애석하지만 출판할 수 없습니다 Diario minimo』 출간함.

주간 서평지 『타임스 리터러리 서플리먼트 Times Literary Supplement』에 기고를 시작함.

1964년 32세 『매스컴과 미학 Apocalittici e integrati』 출간함.

1965년 33세 『열린 작품』의 논문 한 편을 떼어서 『조이스의 시학 Le poetiche di Joyce』으로 출간함. 제임스 조이스 학회의 명예 이사가 됨. 아메리카 대륙을 여행함.

1966년 34세 브라질 상파울루 대학교에서 강의함. 1969년까지 피렌체 대학교 건축학과에서 시각 커뮤니케이션 부교수로 일함. 어린이를 위한 책 『폭탄과 장군 La bomba e il generale』과 『세 우주 비행사 I tre cosmonauti』를 출간함.

1967년 35세 『시각 커뮤니케이션 기호학을 위한 노트 Appunti per una semiologia delle comunicazioni visive』를 출간함. 잡지 『퀸디치 Quindici』를 공동 창간함.

1968년 36세 『시각 커뮤니케이션 기호학을 위한 노트』를 개정하여 『구조의 부재 La struttura assente』를 출간함. 이 책을 계기로 중세 미학에 대한 관심이 문화적 가치와 문학에 대한 보다 일반적인 관심으로 변화된 후에 자신의 연구 방향을 위한 기조를 설정함. 『예술의 정의 La definizione dell'arte』를 출간함.

1969년 37세 뉴욕 대학교에서 초빙 교수 자격으로 강의함. 밀라노 폴리테크니코 대학교 건축학부의 기호학 부교수로 취임함.

1970년 38세 아르헨티나의 여러 대학에서 강의 시작함.

1971년 39세 『내용의 형식들 Le forme del contenuto』과 『기호: 개념과 역사 Il segno』를 출간함. 데달루스 Dedalus(그리스 신화에 나오는 아테나이의 명장)라는 필명으로 이탈리아 공산당 지도자들이 창간한 잡지 『일 마니페스토 Il Manifesto』에 기고함. 최초의 국제 기호학 학회지 『베르수스 VS』의 편집자가 됨. 볼로냐 대학교 문학 및 철학 학부 기호학 부교수로 임명됨. 이때부터 그의 이론들이 본격적으로 제자리를 잡기 시작함.

1972년 40세 미국 시카고 노스웨스턴 대학교에서 방문 교수로 강의함. 파리에서 창설된 국제기호학회 IASS/AIS 사무총장을 맡아 1979년까지 일을 함.

1973년 41세 『집안의 풍습 Il costume di casa』(1977년에 출간한 『제국의 변방에서 Dalla periferia dell'impero』의 일부로 수록됨) 출간함. 후에 『욕망의 7년 Sette anni di desiderio』과 묶어 『가짜 전쟁 Semiologia quotidiana』으로 재출간함. 『리에바나의 베아토 Beato di Liébana』 한정판을 출간하여 250달러에 판매함.

1974년 42세 밀라노에서 제1회 국제기호학회를 조직함.

1975년 43세 볼로냐 대학교 기호학 정교수로 승진함(2007년까지 재직함). 미국 UC 샌디에이고 방문 교수를 지냄. 『일반 기호학 이론 Trattato di semiotica generale』을 출간함. 『해석하지만 출판할 수 없습니다』 개정판 출간함.

1976년 44세 『대중문화의 이데올로기 Il superuomo di massa』 출간함. 『일반 기호학 이론 A Theory of Semiotics』을 미국 인디애나 대학교 출판부와 영국 맥밀란 출판사에서 동시 출간함. 미국 뉴욕 대학교 방문 교수를 지냄. 이탈리아 볼로냐 대학교 커뮤니케이션학 및 공연 연구소 소장으로 임명되어 1977년까지 역임함(1980~1983년 다시 소장직 역임). 63 그룹과 신아방가르드에 관한 연구 결과로 루티 G. Luti, 로시 P. Rossi 등과 함께 『아이디어와 편지 Le idee e le lettere』를 출간함.

1977년 45세 『논문 잘 쓰는 방법 Come si fa una tesi di laurea』과 『제국의 변방에서』 출간함. 미국 예일 대학교 방문 교수를 지냄. 『매스컴과 미학』 개정판 출간함.

1978년 46세 미국 컬럼비아 대학교 방문 교수를 지냄.

1979년 47세 『이야기 속의 독자 Lector in fabula』 출간함. 『독자의 역할 The Role of the Reader』을 미국 인디애나 대학교 출판부와 영국 맥밀란 출판사에서 동시 출간함. 문학 월간지 『알파베타』를 공동 창간함. 국제기호학회 부회장을 역임함.

1980년 48세   소설 『장미의 이름 *Il nome della rosa*』을 출간함. 〈나는 1978년 3월 독창성이 풍부한 아이디어에 자극받아 글쓰기를 시작했다. 나는 한 수도사를 망치고 싶었다〉는 말로 창작 배경을 설명함. 이 소설의 첫 번째 제목안은 〈수도원 살인 사건〉이었으나 소설의 미스터리 측면에 과도하게 초점이 맞춰졌다고 판단, 데이비드 코퍼필드의 제목에서 영감을 받아 〈멜크의 아드소〉를 두 번째 제목안으로 잡았다가 결국 좀 더 시적인 〈장미의 이름〉이라는 제목을 선택함. 에코는 이 책이 열린 — 수수께끼 같고, 복잡하며 많은 해석의 층으로 열려 있는 — 텍스트로 읽히기를 원함. 이탈리아에서만 1년 동안 50만 부가 판매됨. 독일어판과 영어판은 각각 1백만 부, 2백만 부 이상이 판매되었으며, 세계 40개국 언어로 번역되어 2천만 부 이상이 판매됨. 에코의 이름이 전 세계에 알려지는 결정적 계기가 됨. 1987년에는 장 자크 아노 감독, 숀 코너리 주연으로 영화화됨. 미국 예일 대학교 방문 교수를 지냄.

1981년 49세   『장미의 이름』으로 스트레가상 Premio Strega, 앙기아리상 Premio Anghiari, 올해의 책상 Premio Il Libro dell'anno 수상. 비매품으로 밀라노 공공 도서관의 『도서관에 대해 *De Bibliotheca*』를 출간함. 몬테체리뇨네 Monte Cerignone(이탈리아 중동부 해안과 산마리노 공화국에서 가까운 작은 소읍의 이름인데, 에코의 별장이 있는 곳)의 명예시민이 됨.

1982년 50세   『장미의 이름』으로 프랑스 메디치상(외국 작품 부문) 수상.

1983년 51세   『알파베타』에 발표했던 「장미의 이름 작가 노트 Postille al nome della rosa」를 『장미의 이름』 이탈리아어 포켓판에 첨부함. 『욕망의 7년: 1977~1983년의 연대기』를 포켓판으로 출간함. 볼로냐 대학교 커뮤니케이션학 연구소 소장 역임. 피렌체 로터리 클럽에서 주는 콜럼버스상 Columbus Award을 수상함.

1984년 52세   『기호학과 언어 철학 *Semiotica e filosofia del linguaggio*』 출간함. 상파울루에서 『텍스트의 개념 *Conceito de texto*』 출간함. 미국 컬럼비아 대학교 방문 교수를 지냄.

1985년 53세   『예술과 광고 *Sugli specchi e altri saggi*』를 출간함. 유네스

코 캐나다 앤드 텔레클로브로부터 마셜 매클루언상Marshall McLuhan Award을 수상함. 벨기에 루뱅 가톨릭 대학교에서 명예박사 학위를 받음. 프랑스 정부로부터 예술 및 문학 훈장을 받음.

1986년 54세 볼로냐 대학교 기호학 박사 과정 주임 교수가 됨. 덴마크 오덴세 대학교에서 명예박사 학위를 받음.

1987년 55세 독일 콘스탄츠 대학교 출판부에서 『해석 논쟁*Streit der Interpretationen*』을 출간함.『수용 기호학에 관한 노트*Notes sur la sémiotique de la réception*』를 출간함. 그동안 영어와 프랑스어로 썼던 다양한 글을 모아 중국에서 『구조주의와 기호학〔結構主義和符號學〕』 출간함. 미국 시카고 로욜라 대학교와 뉴욕 시립 대학교, 영국 런던 왕립 미술 학교에서 명예박사 학위를 받음.

1988년 56세 두 번째 소설 『푸코의 진자*Il pendolo di Foucault*』를 출간함. 즉각적인 성공을 거두어 세계에서 가장 중요한 소설가의 반열에 올라섬. 미국 브라운 대학교에서 명예박사 학위를 받음.

1989년 57세 그동안 썼던 에세이를 모아 독일 라이프치히에서 『이성의 미로에서: 예술과 기호에 관한 텍스트*Im Labyrinth der Vernunft: Texte über Kunst und Zeichen*』를 출간함.『1609년 하나우 거리의 이상한 사건*Lo strano caso della Hanau 1609*』 출간. 산마리노 대학교의 국제 기호학 및 인지학 연구 센터 소장을 맡음. 1995년까지 같은 대학교의 학술 집행 위원회도 맡음. 파리 3대학교(소르본 누벨)와 리에주 대학교에서 명예박사 학위를 받음. 방카렐라상Premio Bancarella을 수상함.

1990년 58세 『해석의 한계*I limiti dell'interpretazione*』 출간함. 그동안 쓴 글을 모아 독일에서 『새로운 중세를 향해 가는 길*Auf dem Wege zu einem Neuen Mittelalter*』을 출간함. 영국 케임브리지 대학교에서 열리는 태너 강연회*Tanner Lectures on Human Values*를 함. 불가리아 소피아 대학교, 영국 글래스고 대학교, 스페인 마드리드 콤플루텐스 대학교에서 명예박사 학위를 받음. 코스탄티노 마르모Costantino Marmo가 『장미의 이름』에 주석을 달아 책을 냄.

1991년 59세 『별들과 작은 별들*Stelle e stellette*』과『목소리: 행복한 해

결 *Vocali: Soluzioni felici*』 출간함. 옥스퍼드 클리 하우스 1(지금의 켈로그 대학)의 명예 회원이 됨. 「전쟁에 대한 한 생각Pensare la guerra」을 『도서 리뷰*La Rivista dei Libri*』에 발표함.

1992년 60세 『세상의 바보들에게 웃으면서 화내는 방법*Il secondo diario minimo*』을 비롯해 『작가와 텍스트 사이 *Interpretation and Overinterpretation*』, 『메모리는 공장이다*La memoria vegetale*』를 출간함. 파리의 프랑스 칼리지 방문 교수, 미국 하버드 대학교 노튼 강사를 지냈고, 유네스코 국제 포럼과 파리 문화 학술 대학교의 회원이 됨. 미국 캔터베리의 켄트 대학교에서 명예박사 학위를 받음. 어린이를 위한 책 『뉴 행성의 난생이들*Gli gnomi di Gnu*』을 집필함.

1993년 61세 『유럽 문화에서 완벽한 언어의 탐색*La ricerca della lingua perfetta nella cultura europea*』을 출간함. 1998년까지 볼로냐 대학교 커뮤니케이션학 학과의 주임 교수를 지냄. 인디애나 대학교에서 명예박사 학위를 받음. 프랑스의 레지옹 도뇌르Légion d'Honneur 훈장(5등) 수훈함.

1994년 62세 『하버드에서 한 문학 강의*Six Walks in the Fictional Woods*』와 세 번째 소설 『전날의 섬*L'isola del giorno prima*』 출간함. 룸리R. Lumley가 『매스컴과 미학』의 일부 내용을 엮어 인디애나 대학교 출판부에서 영어판 『연기된 묵시과*Apocalypse Postponed*』 출간함. 국제기호학회의 명예 회장이 됨. 볼로냐 학술 아카데미 회원이 됨. 이스라엘의 텔아비브 대학교, 아르헨티나의 부에노스아이레스 대학교에서 명예박사 학위를 받음.

1995년 63세 그리스의 아테네 대학교, 캐나다 온타리오 지방 서드베리에 있는 로렌시안 대학교에서 명예박사 학위를 받음. 「영원한 파시즘Il fascismo eterno」을 컬럼비아 대학교의 한 심포지엄에서 발표함.

1996년 64세 추기경 카를로 마리아 마르티니Carlo Maria Martini와 함께 『세상 사람들에게 보내는 편지*In cosa crede chi non crede?*』 출간함. 파리 에콜 노르말 쉬페리외르 외래 교수를 역임함. 뉴욕 컬럼비아 대학교 이탈리아 아카데미 고급 과정 특별 회원을 지내고, 폴란드의 바르샤

바 미술 아카데미, 루마니아 콘스탄타의 오비두스 대학교, 미국 캘리포니아 산타클라라 대학교, 에스토니아의 타르투 대학교에서 명예박사 학위를 받음. 이탈리아에서 수여하는 〈명예를 드높인 대십자가 기사 Cavaliere di Gran Croce al Merito della Repubblica Italiana〉를 받음.

1997년 65세 『신문이 살아남는 방법 Cinque scritti morali』, 『칸트와 오리너구리 Kant e l'ornitorinco』를 출간함. 4월 예루살렘에서 개최된 〈세 개의 일신교에서의 천국 개념〉 세미나에 참석함. 프랑스 그르노블 대학교와 스페인의 카스틸라라만차 대학교에서 명예박사 학위를 받음.

1998년 66세 리베라토 산토로 Liberato Santoro와 함께 『조이스에 대하여 Talking of Joyce』 출간함. 뉴욕 컬럼비아 대학교 출판부와 런던에서 『언어와 광기 Serendipities: Language and Lunacy』 출간함. 『거짓말의 전략 Tra menzogna e ironia』 출간함. 캐나다 토론토 대학교에서 〈고조 Goggio 강연〉을 함. 모스크바의 로모노소프 대학교와 베를린 자유 대학교에서 명예박사 학위를 받음. 미국 예술 문예 아카데미 명예회원이 됨.

1999년 67세 볼로냐 대학교 인문학 고등 종합 학교의 학장으로 취임함. 독일 정부로부터 〈학문 및 예술에 대한 공적을 기리는 훈장〉을 수훈함. 다보스 세계 경제 포럼에서 크리스털상을 받음.

2000년 68세 에코는 평소에 미네르바라는 브랜드의 성냥갑에 해둔 메모를 정리해서 잡지 칼럼에 연재하곤 했는데, 이 칼럼을 모아 〈미네르바의 성냥갑 La Bustina di Minerva〉이라는 제목으로 출간함(한국어판은 『책으로 천년을 사는 방법』과 『민주주의가 어떻게 민주주의를 해치는가』로 분권). 실제 에코는 하루에 여러 갑의 담배를 피우고 밤늦게까지 일하며 손님들을 재미있게 해주고 무엇이든지 탐구하며 녹음기 틀기를 즐겨하는 성격의 소유자. 네 번째 소설 『바우돌리노 Baudolino』 출간함. 토론토 대학교 출판부에서 『번역의 경험 Experiences in Translation』을 출간함. 몬트리올의 퀘백 대학교에서 명예박사 학위를 받음. 에스파냐의 오스투리아스 왕자상 Premio Principe de Asturias 수상함. 다그마와 바츨라프 하벨 비전 97 재단상 Dagmar and Vaclav Havel Vision 97 Foundation Award 수상함.

2001년 69세 『서적 수집에 대한 회상 Riflessioni sulla bibliofilia』 출간함. 개방 대학교에서 명예박사 학위 받음.

2002년 70세 『나는 독자를 위해 글을 쓴다 Sulla letteratura』 출간함. 옥스퍼드 대학교 비덴펠트 강의 교수직과 이탈리아 인문학 연구소 학술 자문위원장을 맡음. 옥스퍼드의 세인트 앤 칼리지 명예회원이 됨. 미국 뉴저지의 러트거스 대학교, 이스라엘의 예루살렘 대학교, 시에나 대학교에서 명예박사 학위를 받음. 유럽 문학을 대상으로 하는 오스트리아 상 수상. 프랑스의 외국인 지중해상 수상.

2003년 71세 『번역한다는 것 Dire quasi la stessa cosa』과 『마우스 혹은 쥐?: 협상으로서의 번역 Mouse or Rat? Translation as Negotiation』을 출간함. 알렉산드리아 도서관 자문위원회 위원을 맡음. 프랑스 레지옹 도뇌르 훈장(4등) 수훈함.

2004년 72세 비매품 『남반구 땅의 언어 Il linguaggio della terra australe』 출간함. 다섯 번째 소설 『로아나 여왕의 신비한 불꽃 La misteriosa fiamma della regina Loana』, 『미의 역사 Storia della bellezza』 출간함. 프랑스 브장송의 프랑셰 콩테 대학교에서 명예박사 학위를 받음.

2005년 73세 이탈리아 남부 레조 칼라브리아의 메디테라네아 대학교에서 명예박사 학위를 받음. UCLA 메달을 받음.

2006년 74세 『가재걸음 A passo di gambero』을 출간함. 이탈리아 인문학 연구소의 소장직을 맡음.

2007년 75세 『추의 역사 Storia della bruttezza』 출간함. 슬로베니아 류블랴나 대학교에서 명예박사 학위를 받음.

2008년 76세 스웨덴의 웁살라 대학교에서 명예박사 학위를 받음.

2009년 77세 프랑스 문학 비평가 장 클로드 카리에르와 책의 미래에 관해서 나눈 대화를 엮은 책, 『책의 우주 Non sperate di liberarvi dei libri』를 출간함. 세르비아의 베오그라드 대학교에서 명예박사 학위를 받음.

2010년 78세 『프라하의 묘지 *Il cimitero di Praga*』 출간함. 스페인의 세비야 대학교, 프랑스의 파리 2대학교에서 명예박사 학위를 받음.

2011년 79세 『적을 만들다 *Costruire il nemico e altri scritti occasionali*』 출간함. 체사레 파베세상 수상.

2012년 80세 네이메헌 조약 메달 수상. 이스라엘의 텔아비브 미술관으로부터 올해의 인물로 선정됨.

2013년 81세 『전설의 땅 이야기 *Storia delle terre e dei luoghi leggendari*』 출간함. 스페인의 부르고스 대학교에서 명예박사 학위를 받음.

2014년 82세 브라질 남부의 히우그란지두술 대학교에서 명예박사 학위를 받음. 구텐베르크상 수상.

2015년 83세 여섯 번째이자 마지막 소설 『창간 준비호 *Numero zero*』 출간. 토리노 대학교에서 행한 연설에서, 인터넷상에 갈수록 증가하는 거짓과 음모 이론을 비판하며 웹은 바보와 노벨상 수상자의 구분이 없는 곳이라고 함. 11월 21일 마지막 트윗을 남김. 〈멀티미디어 도구들은 역사적인 기억을 보존하는 것을 넘어서서 우리의 기억 능력 자체를 강화시키는 도구가 될 수 있을 것이다.〉〈신문은 적어도 내게 허락된 수명이 다하는 날까지는 사라지지 않을 것이다.〉

2016년 84세 2월 19일 2년간의 투병 끝에 췌장암으로 밀라노 자택에서 별세. 유언으로, 향후 10년 동안 그를 주제로 한 어떤 학술 대회나 세미나도 추진하거나 허락하지 말 것을 당부. 대통령, 총리, 문화부 장관이 애도 성명 발표. 〈이탈리아 문화를 세계에 퍼트린 거인이 떠났다.〉 2월 23일 밀라노 스포르체스코 성(현재는 박물관)에서 마랭 마레와 코렐리의 곡이 연주되는 가운데 장례식 거행. 수천 명의 군중이 모여 그의 죽음을 애도함. 2월 27일 에세이집 『미친 세상을 이해하는 척하는 방법 *Pape Satàn Aleppe*』 출간됨.

움베르토 에코 마니아 컬렉션 5

기호: 개념과 역사

옮긴이 김광현은 1959년 인천에서 출생하여 연세대학교 불어불문학과를 거쳐 파리 제3대학에서 언어학 석사와 박사 학위를 받았다. 현재는 대구대학교 인문대학 불어불문학과 교수로 재직 중이다. 논문으로는 「현대 불어에서 ça의 통사 및 기능의 연구」, 「언어 교육에서의 은유」, 「생략 현상에 대한 고찰」, 「한국어에서의 인칭 표현과 존대법 형태소」 외 다수가 있고, 저서로는 『기호인가 기만인가』가 있다. 역서로는 움베르토 에코의 『구조의 부재』, 『해석의 한계』, 로베르 에스카르피의 『정보와 커뮤니케이션』, 필립 아리에스 외의 『성과 사랑의 역사』 등이 있다.

지은이 움베르토 에코 **옮긴이** 김광현 **발행인** 홍예빈 **발행처** 주식회사 열린책들 **주소** 경기도 파주시 문발로 253 파주출판도시 **전화** 031-955-4000 **팩스** 031-955-4004 **홈페이지** www.openbooks.co.kr **이메일** humanity@openbooks.co.kr Copyright (C) 주식회사 열린책들, 2000, 2009, *Printed in Korea.* ISBN 978-89-329-0898-4 94100 978-89-329-0875-5(세트) **발행일** 2000년 10월 20일 초판 1쇄 2002년 11월 30일 초판 4쇄 2009년 10월 30일 마니아판 1쇄 2025년 4월 30일 마니아판 5쇄

움베르토 에코 마니아 컬렉션 UMBERTO ECO MANIA COLLECTION

1. 중세의 미학 손효주 옮김 ―『중세의 미와 예술』신판
탁월한 중세 연구가 에코의 등장을 알린 중세 미학 이론서로 당시 에코의 나이는 26세. 젊은 에코는 이 책에서 중세의 문화 이론과 예술적 경험, 예술적 실재 간의 관계를 탐구하면서 신학과 과학, 시와 신비주의 등 그동안 분리되어 있었던 중세 미학의 이론들을 종합하고 있다.

2. 애석하지만 출판할 수 없습니다 이현경 옮김 ―『작은 일기』신판
농담과 철학, 그리고 문학적 감수성이 절묘하게 합성되어 있는 에코식 패러디의 결정판! 『성서』와 『오디세이아』는 출판하기 부적절한 책으로 평가받고, 『롤리타』의 어린 소녀에 대한 동경은 할머니에 대한 성욕으로 바뀐다.

3. 매스컴과 미학 윤종태 옮김
대중문화의 주요 문제들을 다루는 동시에, 대중의 상상 세계를 사로잡았던 만화 혹은 대중 소설 속 영웅들을 흥미롭게 묘사하고 있다.

4. 구조의 부재 김광현 옮김 ―『기호와 현대 예술』신판
에코 기호학의 탄생을 알린 책. 이 책을 계기로 에코의 관심사는 중세 미학에서 점차 벗어나 일반적 문화 현상으로 확장되었고 자신의 기호학 이론을 체계화한다. 일반적인 기호학에서부터 사회 문화 전반에서 인식되고 있는 코드들, 영화나 광고, 건축과 같은 현대 예술에서의 미학적인 메시지 분석 등을 다루고 있다.

5. 기호: 개념과 역사 김광현 옮김
기호학의 이론적 토대인 〈기호〉에 관해 명쾌하게 설명하고 있다. 다양한 기호의 개념 분석과 기호 이론 소개, 기호가 제기하는 철학적 문제 등을 자세히 다루고 있다. 기호학 입문서로 손색이 없다.

6. 가짜 전쟁 김정하 옮김
일상에서 발견할 수 있는 〈기호〉의 개념을 추적한 책. 에코는 완벽한 진짜는 완벽한 가짜와 통한다고 말한다.

7. 일반 기호학 이론 김운찬 옮김
기호학자로서 정점에 올라선 에코가 진단하는 기호학의 가능성과 한계. 유럽에서 기호학이 본격적으로 관심을 끌던 시기에 출간되었는데 에코 스스로 자신의 기호학 서적 가운데 〈결정작〉인 것이라고 강조한다.

8. 대중문화의 이데올로기 김운찬 옮김 ―『대중의 슈퍼맨』신판
슈퍼맨이 나타나야 하는 이유? 본드걸이 죽어야 하는 이유? 바로 대중이 욕망하기 때문이다. 에코는 이 책에서 소설 속 영웅들의 탄생과 기능을 대중문화의 구조와 연결하고 분석한 뒤, 소설이 반영하는 시대와 그 시대를 넘어서는 문화 구조의 본질을 파헤친다.

9. 논문 잘 쓰는 방법 김운찬 옮김
논문 제대로 쓰고 싶은 학생들을 위해 논문 작성의 대가 에코가 나섰다. 공부하는 법, 글을 쓰는 기술, 정리된 사고를 하는 법 등 논문을 쓰기 위해 필요한 실질적 테크닉과 논문 작성 노하우들을 공개한다.

10. 이야기 속의 독자 김운찬 옮김 ―『소설 속의 독자』신판
에코가 우연히 접한 아주 짧은 텍스트에서 이 책의 모든 논의가 시작된다. 함정과 반전이 도사리고 있는 그 텍스트를 접하는 순간 대부분의 독자는 당황스러움과 모순을 느끼게 되고, 에코는 그러한 독자들의 반응을 토대로 텍스트와 독자 사이에 벌어지는 신경전을 치밀하게 추적한다.

11. 장미의 이름 작가 노트 이윤기 옮김 ―『장미의 이름 창작 노트』신판
『장미의 이름』을 읽지 않은 독자라면, 읽게 될 것이고, 이미 읽은 독자라면, 또다시 읽게 될 것이다. 『장미의 이름』을 집필하기 위해 놀라울 정도로 치밀하고 논리적인 계획을 세운 에코의 열정을 이 작가 노트에서 확인하는 순간!!

12. 기호학과 언어 철학 김성도 옮김
현대 기호학의 핵심 이슈를 다루고 있다. 특히 일반 기호학의 접근법인 기호와 세미오시스라는 두 가지 이론적 대상을 분석하고 있는데, 에코는 이 책에서 두 개념이 서로 양립할 수 있음을 보여 준다.

13. 예술과 광고 김효정 옮김
미학 논문, 대중문화의 현상을 분석한 글, 텍스트 비평, 철학 및 기호학에 관한 글이 실려 있다.

14. 해석의 한계 김광현 옮김
문학에서의 〈해석〉이라는 문제를 기호학, 철학의 관점에서 인식하고 그 한계와 조건을 살펴보고 있는 이 책은 서양사를 이끌어 온 문헌학 발전의 역학 관계를 파헤친다.

15. 세상의 바보들에게 웃으면서 화내는 방법 이세욱 옮김
에코는 이 책에서 유머 작가가 되고, 상대방의 얼을 빼는 논객이 되고, 썰렁한 웃음도 마다 않는 익살꾼이 되어 우리가 사는 삶의 실상과 빠른 변화의 시기에 상처받지 않고 살기 위한 처세법을 유쾌하게 이야기한다.

16. 작가와 텍스트 사이 손유택 옮김 ㅡ『해석이란 무엇인가』신판
움베르토 에코를 비롯하여 실용주의 철학자 리처드 로티, 탈구조주의자 조너선 컬러 등이 1978년 케임브리지 대학교에서 열린 〈해석과 초해석〉이라는 주제의 태너 강연회에서 발표한 글들이 실려 있다.

17. 하버드에서 한 문학 강의 손유택 옮김 ㅡ『소설의 숲으로 여섯 발자국』신판
에코가 하버드 대학교에서 한 여섯 번의 강의를 재구성하여 출간한 것으로 독자가 책을 읽는 데 필요한 요소들은 무엇인지, 어떤 관점에서 〈이야기〉에 접근해야 하는지, 저자와 독자 사이에는 어떤 관계가 있는지 밝히고 있다.

18. 세상 사람들에게 보내는 편지 이세욱 옮김 ㅡ『무엇을 믿을 것인가』신판
에코는 비신앙인의 입장에서, 마르티니 추기경은 신을 믿는 사람의 입장에서, 모든 이념적, 윤리적 근거와 희망을 잃어버린 채 새로운 천 년을 맞게 된 우리의 문제에 관해 편지를 주고받는다.

19. 신문이 살아남는 방법 김운찬 옮김 ㅡ『누구를 위하여 종은 울리나 묻지 맙시다』신판
텔레비전과 인터넷에 밀려 좌초 위기에 빠진 신문의 생존 전략을 명쾌하게 제시한다. 이탈리아 신문을 예로 들고 있지만, 한국의 신문에도 그대로 적용된다. 전쟁과 파시즘의 문제 등 현대 사회의 다양한 이슈도 다루고 있다.

20. 칸트와 오리너구리 박여성 옮김
우리가 어떻게 사물을 인식하고 명명하는가라는 고전적인 철학의 핵심 문제를 기호학적으로 접근해 풀어낸 책

21. 언어와 광기 김정신 옮김
인간의 역사를 형성해 온 실수의 층들이 위트와 박학, 놀라운 명석함으로 하나씩 벗겨진다. 신세계로 향하는 콜럼버스의 항해를 비롯해 장미 십자단과 성당 기사단의 비밀 그리고 전설적인 바벨 탑에 대해 고찰하는 이 책은 언어와 사고의 기이한 역사를 파노라마처럼 펼쳐 보인다.

22. 거짓말의 전략 김운찬 옮김 ㅡ『낯설게하기의 즐거움』신판
거짓말로 시작해 거짓말로 끝나는 이 책은 아이러니하게도 거짓말을 통해 진실을 밝히는 작업 또는 진실의 이면에 숨은 거짓을 드러내는 작업을 시도한다.

23. 책으로 천년을 사는 방법 김운찬 옮김 ㅡ『미네르바 성냥갑』신판
『세상의 바보들에게 웃으면서 화내는 방법』에 이은 촌철살인 세상 읽기! 글을 잘 쓸 수 있는 방법을 비롯해 책이 중요한 이유 등을 에코 특유의 익살스러운 문체로 풀어 냈다.

24. 민주주의가 어떻게 민주주의를 해치는가 김운찬 옮김 ㅡ『미네르바 성냥갑』신판
인권과 자유권, 평등권 등을 근본으로 삼는 민주주의는 현대 사회에서 가장 이상적인 사상으로 평가받지만, 에코는 그 민주주의 틈새를 파고들어 민주주의가 민주주의를 해치는 아이러니한 현상을 포착해 낸다.

25. 나는 독자를 위해 글을 쓴다 김운찬 옮김 ㅡ『움베르토 에코의 문학 강의』신판
글쓰기의 진짜 즐거움이란 〈하나의 세계를 만든다〉는 것. 글은 오로지 〈독자〉를 위해 쓰는 것이지 자기 자신을 위해서만 쓸 수 없다는 에코의 주장은 문학의 존재 이유를 매혹적으로 드러낸다.

26. 번역한다는 것 김운찬 옮김
It's raining cats and dogs라는 영어 문장을 개들과 고양이들이 비온다로 옮기는 번역가는 분명 멍청이일 것이다. 그러나 에코는 생각을 바꿔 보라고 조언한다. 만약 그 책이 공상 과학 소설이며 정말로 개와 고양이들이 비처럼 쏟아진다고 이야기하는 것이라면? 오로지 에코 자신의 경험을 바탕으로 번역의 의미에 대해 서술하는 책

책의 우주 임호경 옮김
움베르토 에코와 프랑스 문학 비평가 장 클로드 카리에르가 책의 미래에 관해서 나눈 대화를 엮은 책

가재걸음 김희정 옮김
전쟁과 평화, 파시즘, 인종 차별주의 등 20세기 초반에 나타난 사회 문화적 현상 전반에 대한 에코의 진단과 분석. 앞으로 나아가지 못하고 가재처럼 뒷걸음질치는 세태를 풍자하고 있다.